BAUSTELLEN
über den ruinenbaumeister und gesamtkunstwerker ARAMIS
ANDREAS STAUDINGER

ANDREAS STAUDINGER
1956 in scharnstein/oö geboren; studium der germanistik, geschichte und publizistik in salzburg; lebt seit 2011 als freier schriftsteller und regisseur auf schloss lind in st.marein/neumarkt
zahlreiche ortsspezifische theaterprojekte, ua.:
INVISIBLE CITIES, STROMLINIEN, NIGHTWALKS, NACHTDIENST, STADTLABOR, SCHOOL-EXERCISES, NACHTZUG, NACHTGARAGE, INSTANT HOME STORIES, TRAUER MARSCH!, FREI RAUM, SITZEN (GE)LASSEN, OBERWÖLZ SPERRT ZU
uraufgeführte stücke, ua.:
FREMD KÖRPER (schauspielhaus wien); SCHATTEN ROSEN SCHATTEN (stadttheater klagenfurt); NACHT WIND (volkstheater, wien); SLOW FLASH (kairo); CAMERA ECHO (beckett-center, dublin); SENSO (teatro vascello, rom); SCHLACHTFEST, (bregenzer frühling); URT, (spielboden, dornbirn); PARADIESEITS, libretto (bregenzer festspielhaus); DARK SIDE OF THE MOON (stadttheater klagenfurt); ZUKUNFTSMASCHINE (festspielhaus bregenz)
preise, ua:
KÄRNTNER KINDERBUCHPREIS; nominierung für den DEUTSCHEN KINDERTHEATEPREIS; mehrere DRAMATIKERSTIPENDIEN

BAUSTELLEN
über den ruinenbaumeister und gesamtkunstwerker ARAMIS
ANDREAS STAUDINGER

LEYKAM graz 2012

kultur des öffentlichen raums, band 2
herausgegeben in kooperation mit der steirischen gesellschaft für kulturpolitik

© by leykam buchverlagsgesellschaft m.b.H. nfg. & co. kg, graz 2012

kein teil des werkes darf in irgendeiner form (durch fotografie, mikrofilm oder ein anderes verfahren) ohne schriftliche genehmigung des verlages reproduziert oder unter verwendung elektronischer systeme verarbeitet, vervielfältigt oder verbreitet werden.
www.leykamverlag.at

lektorat: astrid tautscher
1.auflage mai 2012
ein projekt des ANDEREN heimatmuseums
ISBN 978-3-7011-7808-7

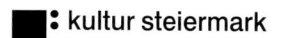

INHALT

VORWORT
9

ARBEITEN BAUEN
12

JUGEND BEWEGUNG
15

BLUMAU
24

WINZERHAUS IN GLANZ
36

GEHÖFT RUMPL
40

SCHLOSS LIND
52

ERINNERUNGSARBEIT/ das ANDERE heimatmuseum
65

TOTENTANZ AM LOCUS DOLENDI
76

LEBENSLAUF
86

BAUSTELLE SCHLOSS LIND neu
88

AUSGEWÄHLTE TEXTE
89

NACHRUF bernhard kathan
106

PORTRÄTS ARAMIS (bildtafeln)
110

SCHLOSS LIND (bildtafeln)
122

DAS ANDERE HEIMATMUSEUM/KZ-GEDENKSTÄTTE (bildtafeln)
138

ANMERKUNGEN
151

„die kunst ist wie das feuer:
sie lebt von dem, was sie verbrennt.

- soweit so gut.

aber die wahre kunst? (und ich setze das nicht in anführungszeichen)
lebt sie nicht von dem was <u>sie</u> verbrennt?
also von dem sie verbrannt wird.

- damit man mich richtig versteht.

das wäre dann lebenskunst."

(ARAMIS, letzte eintragung im „seufzerbuch")

VORWORT

wenn man sein leben schon in frühen jahren als inszenierung zu betrachen beginnt, als eine, in der man regisseur und hauptdarsteller in einem ist, dann scheint es nur zu logisch, dass man damit anfängt, aus einem hans peter sagmüller ARAMIS zu machen, also eine figur, die zwar auf einen realen grafen zurückgeht, von herrn dumas aber zu jenem wesen neu geschaffen wurde, das wie ein traumtänzer zwischen weltlichem und geistigem verlangen pendelt. so ein inszeniertes leben, das sich vor allem aus der permanenten betrachtung von außen (quasi durch den regisseurblick) von nun an steuern lässt, eröffnet seinem impresario aber auch die möglichkeiten, sich als hauptdarsteller die zum jeweiligen stück passenden kostüme und bühnenbilder zu entwerfen. so gesehen sind die orte, um die es im folgenden buch gehen wird, nichts anderes als die jeweiligen hüllen eines dazugehörigen lebens. dass ihr regisseur und arrangeur sie programmatisch „baustellen" nennt, ist da nur konsequent.

eine breitere rezeption dieser so „eigen-sinnigen" – im besten sinn des wortes – künstlerpersönlichkeit hat bisher, wenn man von berichten in der presse und einigen tv-beiträgen absieht, noch kaum stattgefunden. da ist also einer zu entdecken, wenigstens posthum, einer, der vorgab, ja gar nicht entdeckt werden zu wollen, der sich in seinen selbstgeschaffenen hüllen genug war, der aber gleichwohl alles noch so arrangiert hat, dass es vielleicht doch noch passieren könnte, der noch bis in die letzten augenblicke seines selbst beendeten lebens dafür sorge trug, dass das, was er als sein werk, sein lebenswerk ansah, ihn überleben würde.

dieses „nachgelassene" werk besteht aus unzähligen bildern, (un)orthodoxen ikonen, inszenierten objets trouvés (türen, schachteln, totenbrettern, etc.) aus unterschiedlichsten schaffensperioden, aus einem speziell für installationen zur österreichischen identität entwickelten heimatmusuem der anderen art, aus renovierten architektonischen objekten sowie zahlreichen briefen und texten (allein ARAMIS als anachronistischer briefschreiber in zeiten von facebook und twitter wäre ein lohnendes objekt der forschung, von seinem zwischen vielen gattungen changierenden malerischen und graphischen werk gar nicht zu reden).

hier eine gewichtung vorzunehmen, ist notwendig, denn der zugang zu diesem umfangreichen werk, das vom leben seines schöpfers meist schwer zu trennen ist, kann nur schrittweise geschehen. darum werden auf den folgenden seiten der avantgardistische volkskünstler, vor allem aber der baumeister, kunst-handwerker und wiederbeleber (re-novator, re-vitaliseur) ARAMIS mit seinen drei ersten baustellen (dem herrenhaus blumau in oberösterreich, einem kleinen winzerhaus in glanz in der südsteiermark und dem bauerngehöft am rumpl nahe graz) und seinem opus magnum, dem gesamtkunstwerk „baustelle schloss lind / das ANDERE heimatmuseum", vorerst einmal im mittelpunkt stehen, und damit insbesondere sein arbeits-, lebens- und wohnbegriff, den er auf eigenwillige weise mit seiner vorstellung einer wiederbelebten „volkskultur" verband. „wohnen dämmern lügen" heißt es bei botho strauss, „armut und einöde" bei ARAMIS. alles instant-mäßige, vorgefertigte und unreflektierte war ihm – nicht nur, was wohnen betraf – zutiefst zuwider, weil es die selbstentfremdung fördert und damit der systematischen zerstörung alles lebendigen und individuellen vorschub leistet. nur auf immer unfertigen „baustellen" im praktischen wie im übertragenen sinn konnte er so etwas wie „temporäre heimaten" finden.

sich einem derartigen leben nach-schreibend zu nähern, ist aber bei aller einschränkung auf ein paar teilgebiete ebenso reizvoll wie schwierig: welche rolle soll man selbst in diesem spiel einnehmen? die, die einem der „regisseur" noch zu lebzeiten zugeteilt hat, oder eine, die man sich selbst gibt? einige photos und die idee für dieses buch stammen noch von der zu beschreibenden person selbst, sind quasi abschließendes, noch eigens strukturiertes selbstinszenierungsmaterial. darf man da eingreifen? und wenn, wie?

„es scheint mir notwendig, eine bemerkung über meine ansicht von „geistigem eigentum" und „privaten rechten" am geistigen leben der gesellschaften zu machen: habe selbst in diesen begriffen immer nur die äußerste perversion, den schädlichsten endzustand kapitalistischer verhältnisse, den verrat der intellektuellen gesehen. solcherart bedient sich eine kaste von „geistesarbeitern", „kulturarbeitern" und ist ängstlich bemüht, sich den lohnabhän-

gigen anzugleichen; feilscht um anteile an einem wirkwerk, welches doch jede frage nach privaten anteilen ad absurdum führt. da doch der einzelne ein aufleuchtender funke, ein feuriger knotenpunkt besten falles ist, sein brennmaterial immer schon vorfindend, generationenlang, über jahrhunderte hinweg angehäuft. blinkfeuer zum allgemeinen nutzen. festliche feuerwerke des geistes will ich: großzügigstes weiterschenken des geschenkt erhaltenen." (ARAMIS, fw)
und:
„jede wiedergabe, vervielfältigung und verbreitung unserer publikationen ist im sinne der bereicherung des allgemeinen geistigen lebens erwünscht. es gibt kein geistiges eigentum. es sei denn, als diebstahl. der geist weht, wo er will. jede geschäftemacherei ist dabei auszuschließen. wir danken den toten und lebendigen für ihre zuarbeit und arbeiten unsererseits nach kräften zu." (inventarisierungsversuch II)

„blinkfeuer zum allgemeinen nutzen ... feuerwerke des geistes ... großzügigstes weiterschenken des geschenkt erhaltenen" – wahrscheinlich macht die beschäftigung mit einem derart unzeitgemäßen und archaisch anmutenden lebenswerk wie diesem nur so sinn: in der auseinandersetzung mit seinen unterschiedlichsten aspekten in hinblick darauf, was heute noch von nutzen sein könnte, was der befeuerung unserer postmodernen denkaschen dienen könnte. reine musealisierung und ikonisierung, das heißt mumifizierung und voyeuristische zurschaustellung eines lebenslaufs, würde zwar einen sicher vorhandenen markt bedienen, aber am wesen dieses ideengebäudes vorbei gehen.

jede beschreibung bleibt aber letzten endes eine annäherung mit beschränkter haftung, eine verfälschung notgedrungen, die aus disparaten einzelereignissen im nachhinein so etwas wie einen lebensfaden zu spinnen trachtet und immer mindestens soviel vom beschreiber wie von der beschriebenen person widerspiegelt. ganz besonders dann, wenn ein großteil des zu schildernden lebens nur über sekundärmaterialien wie texte, bilder und erzählungen erschlossen werden kann. was man also auf den folgenden seiten entdecken wird können, sind bestenfalls streiflichter, die unter künstlichen bedingenen, quasi im labor, im studio hergestellt wurden. schwerpunktmäßig werden es vor allem texte sein, die ARAMIS noch selbst autorisiert und mir anvertraut hat: seine noch unpublizierten autobiographischen skizzen, die er selbstironisch „flickwerk" (fw) nannte, und sein tagebuch, das „seufzerbuch" (sb), daneben die „wallfahrten zu den exotischen gefilden" (wf) aus dem jahr 1994 und der 2008 erschienene „linder totentanz" (lt), weiters aufsätze, artikel aus den zahlreichen publikationen der letzten zwanzig jahre sowie reflexionen anderer, ihm wichtiger autoren, die er – wie im oben ausgewählten zitat – selten mit genauen quellenangaben versah, weil es „geistiges eigentum" seiner ansicht nach gar nicht geben konnte, und abphotographiertes architektur- und installationsmaterial, das unter bestimmten gesichtspunkten arrangiert und zur erhellung bestimmter gesichtspunkte neu montiert wurde. gänzlich ausgespart müssen hier vorerst aber noch die große menge an briefen und die zeugnisse von weggefährtInnen bleiben. die aufarbeitung dieses verstreuten materials wird noch jahre brauchen.

abschließende editorische notiz:
da ARAMIS geistiges eigentum als solches nie gelten ließ, finden sich in seinen texten selten genaue quellenangaben. soweit es mir möglich war, habe ich diese ergänzt. dort, wo mir das nicht gelungen ist, bitte ich um nachsicht. sollte der eine oder die andere autorIn sich in einem nicht genau zugeordneten text wiederfinden, bitte ich um kontaktaufnahme, damit dies für eine mögliche weitere auflage korrigiert werden kann. dasselbe gilt für die photos – in einigen fällen war es trotz intensiver recherche nicht möglich, sie einzelnen photographen zuzuordnen.

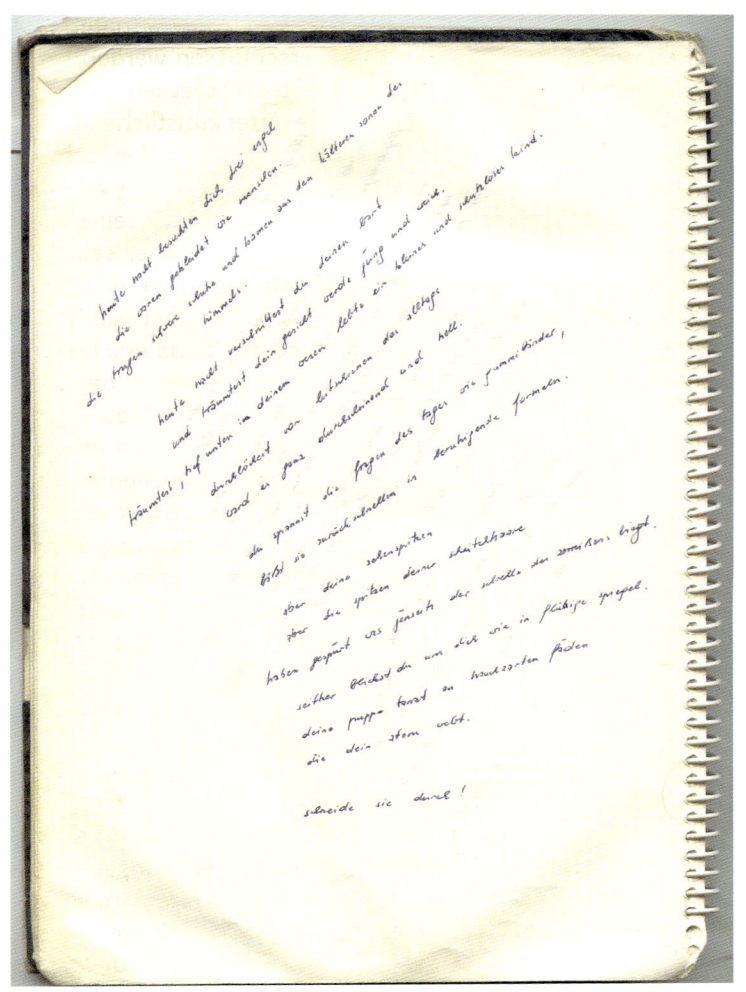

heute nacht bemühten dich die engel
die oberen gebändert wie manschetten.
sie trugen schwere schuhe und kamen aus den kühlen zonen der
himmels.

heute nacht verwandelt dir deinen bart
und träumelst dein gesicht wurde jung und weich.
träumelst, tief unten in deinem ohren lebte ein kleines und zentrischer
dunkelrödert er die bestandteile des alltags
und er spannt die finger durcheinander und hell.
du spannst die finger des tages wie gummibänder,
bist sie zurück schnellen in summende formeln.

über deine zehenspitzen
über die spuren deiner schattelhaare
hier gepaart ins jenseits der schnelle der zonen horn liegt.
seither blickst du um dich wie in flüssige spiegel.
deine puppe tanzt an hauchzarten fäden
die dein atem webt.

schneide sie durch!

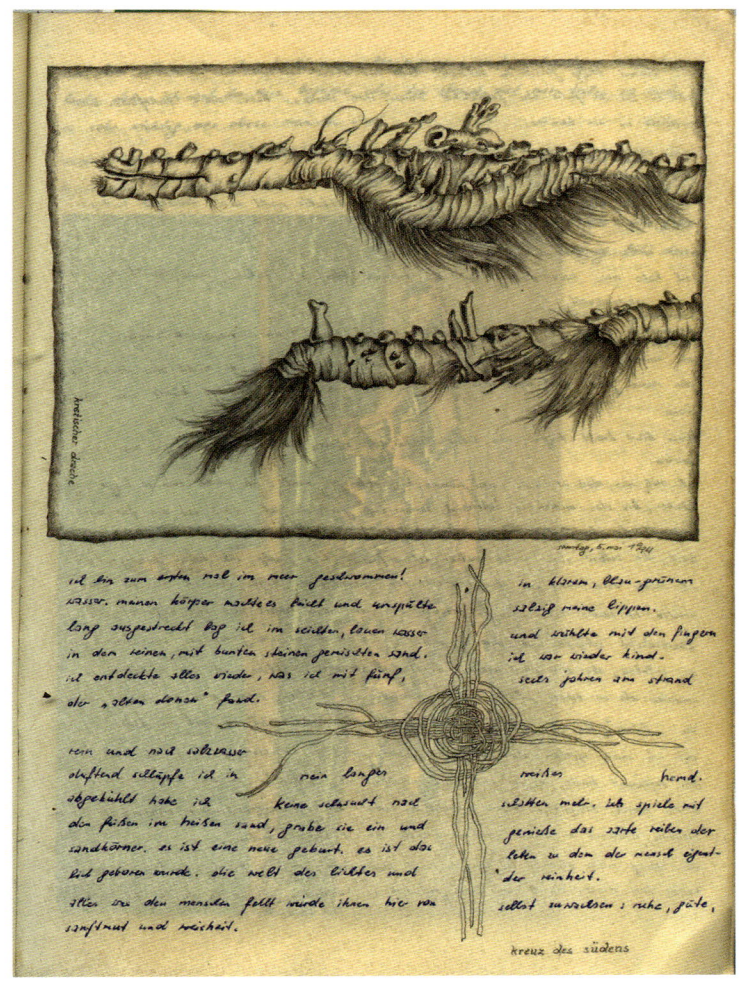

---

ich bin zum ersten mal im meer geschwommen!
wasser. meinen körper machte es kühl und umspülte
lang ausgestreckt lag ich im seichten, lauen wasser
in den seinen, mit bunten steinen gemischten sand.
ich entdeckte alles wieder, was ich mit fünf,
als „alten dingen" fand.

rein und neu wiedersauer
duftend schlüpfte ich in   ein langes   weißes   hemd.
abgekühlt habe ich   keine scheusucht noch   schütten mehr. ich spiele mit
den füssen im treiben sand, grabe sie ein und   genieße das zarte reiben der
sandkörner. es ist eine neue geburt. es ist das   leiber. so der mensch eigent-
kind geboren wurde. die welt der lichter und   lich reinheit.
aller was den menschen fehlt würde ihnen hier von   selbst zuwachsen: ruhe, güte,
sanftmut und weisheit.

in klarem, blau-grünem
salzig meine lippen.
und wühlte mit den fingern
ich war wieder kind.
sechs jahren am strand

kreuz des südens

ARBEITEN BAUEN

„BAUSTELLE
damit ist nicht nur die arbeit am gehäuse aus stein, holz, glas und mörtel gemeint, das errichten, restaurieren und pflegen der wände und dächer, mit denen wir uns gegen die rauheit der witterung schützen, das kultivieren der äußeren natur des gartens, von dem wir leben.

BAUSTELLE
das meint auch das ewig unfertige unseres tuns. die arbeit an den begriffen, die soziale konstruktion unserer wirklichkeit, das ringen um wahrheit und glaubwürdigkeit, der kampf gegen das vergessen, unsere in die zukunft geworfenen projekte, das kultivieren der inneren natur.

BAUSTELLE
ist unsere arbeit an allen fronten der existenz, über die der wind unermesslicher räume hereinbläst. ort und zeitpunkt, wo sich unser segel entfaltet, schlaff in der flaute hängt
oder zerreißt. werkleute wir in den gerüsten eines prozesses, auf immer unserem überblick entzogen – und doch voll verantwortlich.

BAUSTELLE
der ist ein narr, der die kultur von der arbeit trennen will. denn der mensch wird zunächst einer arbeit überdrüssig werden, die nicht mehr teil seines lebens ist, und sodann wird ihn auch eine kultur nicht mehr befriedigen, die nur noch ein spiel ohne einsatz darstellt. so ist es auch mit einem kind, das seinen sandhaufen baut, denn dieser bedeutet nicht eine handvoll erde, sondern zitadelle, berg oder schiff. es gibt keine kontinente mehr zu entdecken und zu erobern, doch vor uns breitet sich fremd und neu die exotik unserers alltags aus.

BAUSTELLE,
das klingt so aktiv, so als würde da ständig aufgebaut. in dieser zeit, dieser gesellschaft, wo ständig aller orten gebaut wird, auf- und zugebaut. verbaut. dabei sind meine baustellen das gegenteil: hier wird wiederhergestellt. revitalisiert. wiederbelebt. da wird kein flecken land neu bebaut. nur angebaut wird hier. es wird der versuch unternommen, die zeit anzuhalten. zu verlangsamen. ich habe kaum je maschinen verwendet. im wesentlichen nur das alte handwerkszeug. oft wurde rückgebaut in meinen häusern. späte zubauten abgerissen. zwischenwände entfernt. zugemauertes geöffnet. ich habe mich in „modernem wohnkomfort" noch nie heimisch gefühlt. es war mir wichtig zu erproben, wie viel man weglassen kann, um die „lebensqualität" zu steigern. wie niedrig die temperaturen sein können. welche art von heizung wirklich lebendig ist. wie ein haus, mit bis zu einem meter dicken steinmauern, mit hilfe von luftzirkulationen, also durch öffnen und schließen von fenstern und türen nach dem sonnenstand, angenehm temperierbar ist. was „wohnkultur" eigentlich ist und sein soll.

„den weg nicht zeige: zeige auch das ziel.
denn so verwachsen sind hienieden weg und ziel,
das eine sich stets ändert mit dem anderen und
andrer weg auch andres ziel erzeugt."
(f. lassalle, franz von sickingen, 3. aufzug)

auch das ist ein baustellen-sprüchlein. das ins herz zielt. ins herz der „kultur" nämlich. denn wo wäre diese, wenn nicht dort, wo sie verleiblicht wird. gelebt und nicht konsumiert. wie heutzutage allgegenwärtig, wo man glaubt, von kultur in den „kulturnachrichten" zu hören. während doch die abendländische und die morgenländische kultur aufgelöst, zersetzt untergeht in einer globalen massenzivilisation: dem umfassendsten totalitarismus, den niemand, jedenfalls niemand im lichte der öffentlichkeit, beim namen sich zu nennen getraut. vergessen breitet sich aus im schein einer gesellschaftlichen moral, wo der tumpste tölpl hans moser verfranzobeln darf. solche winde wirbeln im blätterwald. flatulenzen über den ölteppichen.

ich trage wasser. ich spalte brennholz. ich bringe den schafen heu im winter." (ARAMIS)

wasser tragen, brennholz spalten, die schafe mit heu versorgen und damit „ins herz der kultur zielen" – selten wurde über „arbeit" so eigen-artig und gleichzeitig umfassend – im sinn von betrachtung und gleichzeitigem tun – reflektiert. meinen nachruf habe ich mit „mit der sense philosophieren" überschrieben, und das war nicht nur als metapher gedacht, so wie auch in ARAMIS' leben selten etwas nur metaphorisch war, zu sehr war ihm alles eine einheit von tun und anschauen. arbeit war ihm immer hand-arbeit, handwerk, tag- und oft auch nachtwerk, soziale und geistige skulptur, gestaltung und der wesentlichste faktor von bildung – und davon ließ sich bei genauer betrachtung nichts, was wir zum leben brauchen, ausschließen. tätigsein war etwas, das sich seiner meinung nach von kultur nicht trennen ließ. einer gesellschaft, die sich jedoch längst der maschinellen produktion von waren und damit der trennung/aufspaltung der arbeit in unterschiedliche sphären ausgeliefert hat, einer zivilisation, deren träger immer „barbarischer und ferngelenkter" würden, konnte er daher nur mehr die radikale verweigerung entgegensetzen und ihr – auf und in selbstgestalteten *inseln, höhlen, oasen* (wie er schloss lind beispielsweise immer nannte) im rückgriff auf alte, verloren gegangene produktionsweisen der volkskultur – etwas selbst geschaffenes und damit sinn-volles entgegensetzen.

die durchsetzung der trennung von arbeit und freizeit gilt ja als zentrales merkmal der moderne. marx hat darauf hingewiesen, dass mit der etablierung der zeit als arbeitszeit zugleich die zeitliche beschränkung dieser arbeitszeit gesetzt ist. sie hat einen anfang und ein ende und bezieht sich auf ein abstraktes gegenüber – die frei-zeit. die daraus resultierende, vollständig auf den lebensweltlichen alltag ausgedehnte „tretmühlen-zeitlogik" (julian bierwirth, streifzüge), wie sie dem modernen kapitalismus zugrunde liegt, bewirkt aber nichts weniger als entfremdung, unruhe und betriebsamkeit – mit den folgen, die wir heute nur allzu gut kennen: burnout, stress, herzinfarkt, depressionen ... hier setzte ARAMIS an, indem er den versuch unternahm, die zeit anzuhalten oder sie wenigstens zu verlangsamen und mit den mitteln der kunst (sowohl der volks- als auch der avantgarde-kunst) über eine neubewertung der arbeit wenigstens temporär eine individuelle ganzheit zu rekonstruieren.

„die entgrenzte maschinerie der kranken krankmachenden systeme rast durch die menschenhirne. mit brutaler kahlschlaggewalt zieht sie ihre denk-, empfindungs- und gefühlseinbahnen im bewusstsein der menschen; bis alle menschen eingeebnet, zerteilt nur mehr unbewusste egogeisteskriegssoldaten der systeme sind. über jahrhunderte werden krankmachende kollektive neurosen generation um generation weitergegeben, bis jetzt ganze gesellschaften erblindet, ertaubt sind und die menschen diese tatsache nicht einmal mehr wahrnehmen können.

ich lasse meine geistesstruktur nicht zerstückeln, zerstören, zerteilen, um ausgebeutet auf den verschiedenen marktplätzen verkauft zu werden. ich stehe hier und stelle mich gegen den reißenden strom des entgrenzten ungeistes und fordere mein lebensrecht." (linder totentanz)

einfach betrachtet ist arbeit ja nichts weiter, als seinen körper und seinen geist ganz auf die erledigung einer gestellten aufgabe zu richten. dabei gibt es aufgaben, die viel körperliche anstrengung und/oder viel geistige konzentration erfordern, es gibt monotone und anregende arbeiten. alle haben aber grundsätzlich nur ein ziel: die erledigung einer aufgabe.

wer heute allerdings arbeitet (falls er überhaupt arbeit hat), tut dies in erster linie, um geld zu verdienen, und nur in zweiter linie, um aufgaben zu erledigen, und schon gar nicht, um seine „lebensqualität zu steigern", ja durch diese tätigkeit wie ein künstler oder kind beim sandburgen bauen befriedigung zu erlangen. arbeiten ist das einzige mittel, um an geld zu kommen, dieses ist wiederum das einzige mittel, um an güter zur bedürfnisbefriedigung zu gelangen. so hat im entwicklungsverlauf des kapitalismus „arbeit" einen anderen charakter erhalten: statt die erledigung einer sache zu meinen, steht sie dafür, dass sich menschen für geld (lohn) in den dienst anderer menschen (arbeitgeber) begeben. arbeitgeber (also die, die über kapital im umfassenden sinn verfügen) betreiben diese wirtschaftsform aber wiederum nur, um ihr geld zu vermehren, da geldwerter reichtum die grundlage ihrer macht und handlungsfähigkeit darstellt. wie krankmachend und krisenanfällig diese fetischierung von „geld" als handelsware ist, wissen wir aber nicht erst seit der „finanzkrise".

kehrt man nun gedanklich zurück in die vorindustrielle zeit und unterscheidet wie der junge marx „arbeit als produktive lebenstätigkeit" von rein „warenproduzierender arbeit" (stefan meretz, streifzüge) und hebt damit die sphärenspaltung in arbeit und nicht-arbeit auf, ergeben sich für den, der das denkt und zu leben versucht, ganz neue verhältnisse, in denen die besonderheiten des einzelnen wieder als gesellschaftlich allgemeines zum tragen kommen können. wie schwierig solche überlegungen in einem alle bereiche des lebens umfassenden kapitalistischem system in die tat umzusetzen sind, wo die grenzen, aber auch die möglichkeiten liegen, hat ARAMIS exemplarisch vorgelebt.

als stadtkind, aus bürgerlichen verhältnissen kommend, nicht einmal mit den einfachsten arbeitsvorgängen vertraut, musste er sich alles erst einmal „aneignen", musste all das durch tun „erlernen", was für bauern, landarbeiter und handwerker selbstverständlich ist, weil es zu ihrer lebenswirklichkeit gehört: landwirtschaftliche und handwerkliche arbeitsvorgänge vom mähen, säen bis zum schlachten, vom kachelofen setzen bis hin zum mauern, zimmern, malen und renovieren. begierig durchforstete er alte literatur über volkskultur, um elementare produktionsweisen zu studieren, unermüdlich sammelte er altes, weggeworfenes werkzeug, kontaktierte alte, erfahrene handwerker und häufte baumaterial an, um es in seiner ursprünglichen funktion und nicht als dekoration (wie es heute in jedem heimatmuseum oder als behübschung sogar auf den grauenhaftesten einfamilienhäusern im suburbanen umfeld zu finden ist) wieder zu neuem leben zu erwecken. ganz einem – bei aller distanz – romantischen, vorindustriellen und bei allem revolutionären, proletarischen und antibürgerlichen beiwerk doch bürgerlichen bild verpflichtet (nicht umsonst stammen alle wesentlichen beiträge zur volkskultur von bildungsbürgern, die die stadt flüchtend und fortan am land lebend doch immer den distanzierten blick bewahrten – die werke von rosegger, thoreau, etc. gehörten nicht zufällig zu ARAMIS' lieblingslektüre), schien ihm alles übel von der entfremdeten, nicht mehr durchschaubaren produktionsweise des industriellen zeitalters, das arbeit längst an die maschinen delegiert hat, auszugehen. dass das anachronistisch und völlig unzeitgemäß war, war ihm natürlich bewusst (und muss schon bei der programmatischen wahl seines zweiten namens eingesetzt haben), aber überzeugt davon, dass nur anachronisten und unzeitgemäße die wahren „zeitgenossen" sein könnten, weil sie stark genug wären, sich dem herrschenden „ungeist" (wie er den zeitgeist synonym zu etikettieren pflegte) entgegenzustellen, ja als lebende provokation ein stachel im fleisch einer in seinen augen degenerierten zivilisation sein würden, schien ihm nur mehr ein „konservativer", also bewahrender revolutionär möglich.

so wollte er sein leben und sein werk gelesen sehen: als insuläres gesamtkunstwerk, und sich selbst darin als radikal konservativer, elitärer einzelgänger, der durch sein einzelgängertum der masse (die er immer und gegen sein lebensende hin zusehends angeekelter und misanthropischer verachtete – hier war er ganz ein kind von nietzsches gnaden) als gegenpol diente.

diese haltung des sich trotzig und selbstbewusst dem zeitgeist gegenüberstellens und „unverwechselbar" werden wollens (alpenländische identitäten, s 9), des sich heraushebens, „aussteigens" aus gesellschaftlichen zusammenhängen, um das „ganz neue, ganz andere" auf selbstgestalteten „inseln", die wiederum in die gesellschaft ausstrahlen sollten, leben zu können – ohne rücksicht auf verluste, zeichnete sich in seiner biographie (die es hier wenigstens in grundzügen nachzuzeichnen gilt) schon früh ab.

JUGEND BEWEGUNG
„wallfahrten zu den exotischen gefilden" 1968 – 1975

„wenn ich als kind selbstständigkeit zeigte, kleinen abenteuern eigenmächtig nachging, löste dies bei meinen eltern große angst aus. besonders meine mutter erging sich bei verspätungen angehörigen gegenüber in den schauerlichsten befürchtungen. aufwachsend in der klemme der ängste und vermutungen, der verwirrung der gefühle und empfindungen, schloss sich das moralische netz immer dichter um mich zusammen. ich lernte, jedes abweichen von der norm als angriff gegen die anderen zu empfinden. angst, jemandem zu schaden oder weh zu tun.

es ist der nachhallende ruf meiner mutter: „wenn du mich verlässt, bringe ich mich um!"

nun muss ich sie immer wieder töten." (sb, s 4)

„als ich zur schule ging, begann ich mich auf papier auszudrücken. die einzige möglichkeit, die mir – einziges kind unter den zahlreichen unverständigen erwachsenen – blieb. während ich eingeklemmt zwischen ihren großen körpern saß, die mich zu erdrücken drohten, bedeckte ich stöße von papier mit der darstellung von massenmorden. zwei stetige motive variierte ich: die schiffe, die mich über das große meer in die freiheit bringen sollten, und die indianer- und ritterschlachten. eine der wenigen frühen zeichnungen, die erhalten blieben, zeigt einen von pfeilen gespickten recken, der sich ungebrochen über einen haufen geschlachteter feinde erhebt. da ich niemanden hatte, der mir als schwächerer, zur abfuhr meiner aufgestauten wut dienen konnte, begann ich mich aufzuspalten: spielte selbst die rollen des gequälten und quälenden. ich mordete blutrünstig und bestrafte mich grausam, genoss die befriedigung des verbrechers und des richters.

welch ein fortschritt gegenüber dem kleinen fünfjährigen, der seine eigene art als schreckensvision in der außenwelt verfolgte! die riesigen glotzäugigen fische, die ihre langen zungen hochstreckten, die löwen, die wie goyas katzentiere durch ihren starren blick töteten. nun glaubte ich, herr zu sein, weil ich mir eine welt im kopf erschuf. nun konnte ich zum schein sklavendienste in der erwachsenenwelt leisten und lebte „in wirklichkeit" das leben eines grausamen despoten, der die puppen tanzen ließ.

so wurde ich künstler.

die brutalität des alltags ließ meine welt immer unzerstörbarer werden. meine liebenden erziehungspersonen konnten sie zerreißen und zerstampfen, verbrennen oder zur größe eines taubkorns zusammendrücken: sie breitete sich immer weiter aus – elastisch und schillernd. mit der zeit wurde sie so stark, dass sie auszustrahlen begann. ich fand anhänger und förderer. alles wissen, das man mir eintrichterte, wurde zur waffe gegen meine lehrer. jahre später triumphierte ich tollwütig, indem ich mit hilfe der wissenschaften beweisen konnte, dass die „welt der erwachsenen" nur eine mittelmäßige fiktion von ihnen ist. aber erst seit ich dies wirklich und zuinnerst weiß, fange ich an, selbst menschlicher zu werden – freundlicher, nachsichtiger, verständnisvoller. langsam, ganz langsam verheilen die tiefen wunden – nicht ohne schmerzhafte aufbrüche und blutungen. das nachlassen des schmerzes, des inneren brüllens lässt mich die anderen um mich herum hören." (sb, s 8)

„wenn ich darauf hinweise, „vorzugsschüler" gewesen zu sein – so hieß man damals, zählte man zu den klassenbesten – wenn ich das betone, so deshalb, weil mir wichtig ist, nicht für einen versager gehalten zu werden. einerseits bedeutete gute noten zu haben eine gewisse freiheit. andererseits konnte jeder sehen, meine abweichenden ansichten resultieren nicht aus unfähigkeit, die geforderten leistungen zu erbringen. naiverweise dachte ich, wenn klar wäre, meine andersartigkeit stünde über der geforderten norm, fände ich als vorbild nacheiferer und mitstreiter. dass man mich dafür noch mehr ablehnen, ja hassen könnte, bemerkte ich erst langsam. es gab übrigens in meiner karriere eine ausnahme: in der dritten klasse des gymnasiums nach der übersiedlung nach krems verweigerte ich das lernen gänzlich. meine noten bestanden nur mehr aus „genügend" und „nicht genügend". es war mir ein vergnügen, bei den schlechtesten in der klasse zu sitzen und die lehrer feixend auszuspotten. mädchen! donaustrom! weinberge! solcherart fiel die entscheidung gegen das übliche studium früh. meinem vater machte ich dann das geschenk, als bester dreier jahrgänge abzuschließen. es war das abschiedsgeschenk für eine zeit, in der ich ohne anstrengung fast nebenbei von ihm ein *altes feines handwerk erlernte und weitgehend frei blieb für alles, was mich wirklich anzog. eine ruhige warte- und vorbereitungszeit für den aufbruch. aller pflichten ledig, sogar vorzeitig „großjährig" gesprochen, verließ ich mein elternhaus. frei mich zu binden, wo und woran mir beliebte. den zufall walten zu lassen. vom besuch der akademie rieten mir alle, die bescheid wussten, ab: ich sei bereits zu „fertig". mein erster malerfreund war aufgrund seiner eigenwilligkeit aus der akademie geworfen worden."* (fw)

im urbanen wien als behütetes einzelkind heranwachsend, „früh-reif" und sich seiner eigen-art, seines „eigen-sinns" von anfang an bewusst – zumindest wenn man den eintragungen im autobiographischen „flickwerk" trauen darf –, geriet der mittelschulabbrechende goldschmied-lehrling, karl-may-, hesse- und tolstoiinfizierte schon sehr früh in den sog der heute gern so genannten „68er-bewegung", deren teil er für kurze zeit wurde, dessen grundethos er im unterschied zu fast allen ehemaligen protagonisten aber zeitlebens treu blieb, von der er sich jedoch schon bald angewidert zurückzog, weil sie ihm zu theoretisch, zu blass, zu lebensfremd erschien. und so wie ein teil dieser bewegung in den kämpferischen untergrund ging, um das proletariat, das sich so gar nicht freiwillig befreien lassen wollte, in die klassenlose gesellschaft zu „bomben", ging er den weg zurück ins vorindustrielle lost paradise. auf der suche nach einem selbstbestimmten, ökologischen leben und einer volkskultur, die es wiederzuentdecken und den händen der heimattreuen lederhosenträger und alltagsfaschisten zu entreißen galt.

„*eine grundabsicht der – überwiegend mittelbürgerlichen – jugendlichen gegenkulturen der ersten jahrhunderthälfte liegt im versuch, zumindest zeitweilig die moderne (urban-industriekapitalistische) welt zu verlassen und ihr neue lebensformen anzupassen. hauptmedien dieses „aussteigens" waren der weg nach innen – zur selbsterfahrung; und nach außen, zu einem ideologisch heterogenen kollektivbewusstsein sowie einer physisch und spirituell fundierten landschaftserfahrung. diese projekte haben die ausbrüche der sechziger und siebziger jahre präformiert.*" (farkas, wallfahrten s 6) und diese experimente haben ihre spuren überall hinterlassen: dass wir heute ein anderes bewusstsein der natur, der bildung, frauen und der kapitalistischen produktionsweise gegenüber haben, wurzelt in den revolutionären experimenten dieser kurzen zeitspanne zwischen dem kalten krieg und dem neu erwachten neoliberalismus und kann inzwischen aus der distanz heraus nüchterner und klarer beurteilt werden. der lange zeit von gesellschaftlichen widersprüchen ablenkende blick auf irrtümer, aber auch die heroisierung gewisser errungenschaften dieser bunten und bei allem gemeinsamen doch disparaten bewegung genauso wie die im moment grassierende nostalgisierung (und die damit verbundene verharmlosung) sind dabei natürlich immer mitzudenken.

„*wenn die revolution vorbei ist, bleibt ein großes gerede, weil sonst nichts bleibt: alle fangen an zu schwätzen, wie leute, die einen schrecklichen verkehrsunfall gesehen haben und nun in grüppchen am gehsteig zusammenstehen, um den vorfall zu kommentieren.*" (linder totentanz)

„schwätzen" wollte ARAMIS nie.

hier muss man ansetzen, wenn man einen lebenslauf wie diesen verstehen will. nur aus diesem sog, der die sensiblen und wachen geister dieser generation unwiderstehlich anzog, wird die rastlose suche dieses frei-geistes auf der suche nach dem „unverwechselbar werden" erklärbar, der sich der „matura" bewusst verweigerte, um als selbstbewusster autodidakt auf eigene, nicht vom staat vorgeschriebene weise „reif" zu werden.

die jahre, die nach ARAMIS' auszug aus dem elternhaus folgten (68–75), waren gekennzeichnet von dieser im fluss der zeit liegenden, unsteten, gleichwohl aber hochgestimmten suche, einer von ihm im nachhinein romantisierten und ironisierten rucksack-wanderschaft, einer marihuanageschwängerten „*magical mystery tour*" durch stadt, land, wohngemeinschaften und institutionen, auf denen er unter anderem elfriede jelineks, hermann nitschs und otto mühls bahnen kreuzte (und von der unveröffentlichte tage- und reisebücher sowie zahllose briefe und bilder zeugen).

wesentliche stationen (aus dem von ARAMIS verfassten „lebenslauf") dabei sind:

1967/68
– erste ausstellungen von bildern
der erfolg provoziert selbstkritik und wandel von thema und stil.
„für diese leute will ich keine bilder machen!"

1969 – 1971
– sozialkritische popart zum thema KRITK DER WARENÄSTHETIK

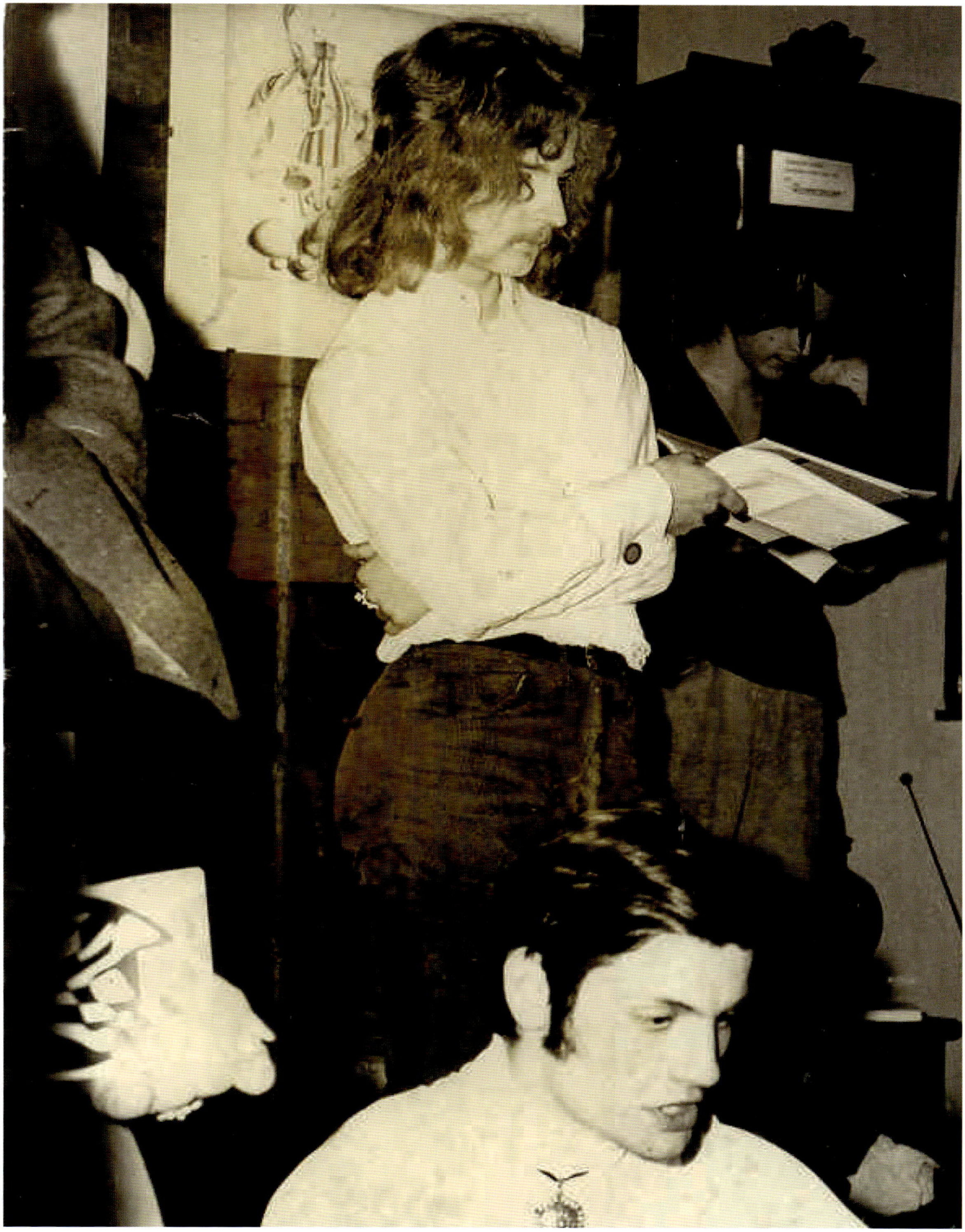

– organisiert mit befreundeten künstlern (wilhelm zobl, elfriede jelinek) die „SALZBURGER TESTSPIELE"
– peregrinatio durch deutschland, frankreich, schweiz, italien, schweden (die abenteuer der landstraßen – flüsse, seen, berge, wälder, heide – das MEER – mädchen und frauen und freunde); zeichnet nach lust und laune: wenig – studiert, was ihn interessiert: viel (immer die schweren bücher im rucksack)
– zurück in wien organisiert er 1970 mit eltern das „1. WIENER KINDERKOLLEKTIV" hinter der wagnervilla in wien-hietzing auf psychoanalytisch-sozialistischer grundlage – arbeit als erzieher
– lebt völlig besitzlos in wohngemeinschaft mit verschiensten menschen (u.a. praterstraßenkommune, otto mühl)

1971 THEODOR-KÖRNER-PREIS

1971 – 1973
– erforschung der innerseelischen räume mit hilfe bewusstseinserweiternder drogen (was ist wirklichkeit? – psychoanalyse)
– mit dem lehrer josef dvorak zieht er in die einschicht des waldviertels unweit der seen von dobra-ottenstein: der hof „vogeltenn"; (beschäftigung mit MEDITATION: das dröhnen der stille hören ... zeichnet mystische landschaften)

eine kleine auswahl aus der textsammlung „wallfahrten zu den exotischen gefilden" (1994), die er viel später, schon aus der perspektive des alten, illusionslosen mannes, geschrieben hat, gibt ein lebendiges bild dieser zeit wieder:

„*TRAU KEINEM ÜBER DREISSIG!* –
denn die meisten haben die ideale ihrer jugend verleugnet und in seichtem wohlleben erstickt. aus abstand von +/- zwanzig jahren gewinnt ein phänomen klarere konturen: jene lautstarken, bunten und exalierten bewegungen einer jugend, welche noch von hoffnung beflügelt war. „no future" kam bald nach. mitte der 60er jahre bis ende der 70er jahre ging ein großer teil der jugend auf wallfahrt – und nicht der unintelligenteste und wenig schöpferische. ob fahrten nun nach griechenland, indien, nepal, in die innerpsychischen räume oder an den „pflasterstrand" der metropolen gingen, immer ging es um die suche nach einer besseren welt, dem GANZ ANDEREN, nach dem heil. „wallfahrt" beinhaltet das eintreten in eine andere bewegungsform als die gesellschaftlich übliche. der pilger steigt aus dem sich stetig beschleunigenden tempo des zivilisatorischen prozesses aus und tritt ein in tiefere strömungen. vorzüglich fußgängerzeit. er trachtet nicht den weg zu beherrschen, sondern gibt sich ihm hin. indem er diese „barfüßigkeit" wählt, gewinnt er eine neue empfindsamkeit und erlebnisfähigkeit, die hinter windschutzscheiben undenkbar ist. lange bevor „fußgängerzonen" auch diese fortbewegungsart in massenhaftes strömen beschleunigten, schlenderten, saßen und lagerten die jugendlichen auf den brunnenstiegen, den rampen der öffentlichen gebäude oder warfen münzen in den parkometer, um sich dann zum sonnen hinzulegen. sie verwandelten so profane arbeitszeit in geheiligte zeit der muße.

südliches und antikes lebensgefühl wehte herauf aus versunkener ferne. durch kleidung, attribute und gesten machten sie sich als pilger kenntlich. sie entfalteten ihr buntes segel über dem alltagsgrau der daheimgebliebenen und lockten zum mitkommen. diese fahrten blieben nicht ohne einfluß auf die passanten ringsum. was durch die peregrination „erfahren" wurde, färbte ab und erfuhr seltsame integration bei den daheimgebliebenen. der auszug fand einzug in die freizeitwelt. wundersam wucherte der zauber des heiligen gral zum künstlichen urwald. freilich in form von ware, welche gekauft zu werden verlangt. es ist die absicht unserer arbeit, diese wucherungen einer üppigen konsumwildnis etwas zur seite zu schieben und den blick auf die wurzeln freizumachen. manch hoffnungsvollen ansatz sehen wir da sich ins gegenteil verkehren. sehen vereinzelte pilgrime unter mühsal ihre wege bahnen, kleine horden sanftmütig die inseln der seligen betreten. da bricht sich hinter ihnen schon brausend die stetig steigende touristenflut ein breites bett, welche nun eben das zerstört, was zu suchen sie aufbrach ... während die werbesprüche und -blasen zunehmend exotisches beschwören, entzieht sich dieses in beständiger flucht über die erdteile.

wir sehen aber auch, wie von jugendlichen erstmalig erprobte formen des widerstandes gegen unmenschliches und ökologisch katastrophales allgemein eingang finden in politisches handeln „erwachsener", direktere formen von demokratie sich herausbilden und wesentliche bereiche der alltagswelt die neuen sichtweisen annehmen. „wallfahrt" oszilliert wie eh und je zwischen asketischer hingabe und profitablem ablaßhandel. wie immer auch: vielleicht ist es tiefes erinnern an unsere nomadische herkunft, welches menschen zu heilswanderungen und jugend zum aufbruch nach neuen weidegründen treibt. im produktiven widerspiel von beharren beim gewohnten und auszug zum neuen erprobt sich jede gesellschaftsform durch die zeiten.
meditieren wir darüber in ruhe und distanziertheit. vielleicht wird uns so der eigene weg zum ziel klarer." (ARAMIS, einleitungstext zu den „wallfahrten")

„seid realisten – fordert das unmögliche!

WALLFAHRERLEGENDE
(1968 – 1974)

es war das abschiedsgeschenk für meinen vater, dass ich die abschlussprüfung als bester dreier jahrgänge absolvierte: man sollte nicht denken, unfähigkeit triebe mich in das geplante leben. sobald das wetter warm geworden war, packte ich meine sieben sachen in die schultertasch – kaum mehr als das klassische mönchsgepäck – und füllte mit meinen büchern einen koffer. die verführer und vorbilder wollten jetzt gelebt sein. die bücher brachte ich zu brigitte herrmann. ihre buchhandlung bildete eines der zentren der begegnung. es war eine der wohnungen, in denen ich lebte: die bücherstube eben. traulich verschmökerte stunden und hitzige diskussionen. doch ich greife vor. noch sehe ich die eltern winken, durchs zugfenster zurückbleiben, verlassen: ich bin einzelkind. eine unermessliche weite tat sich vor mir auf. ich reiste endlich zu den exotischen gefilden: dreiviertelstunden nur – in die hauptstadt, wo ich geboren wurde, labyrinth meiner kindheit, jetzt PFLASTERSTRAND. viel später erst prägte man das wort. aber es trifft genau unser erlebnis von damals: wir liebten das pflaster, die straßen, plätze, den asphalt – sogar die betonpisten der autobahnen. barfüßig oder in stiefeln. bürgersteig verwandelte sich uns in pflasterstrand. in salzburg hielt uns die polizei an, weil wir barfüßig waren. 1969 war das noch ein sakrileg! ich zog meine stiefel über, lachend, mein trumpf war das stück haschisch, unser blauer rauch, im stiefel versteckt. wie zu st. nikolaus. die abenteuer purzelten aus seinem großen sack. die masse der erwachsenen schien uns unglaublich beschränkt. alltagstot. einmal waren wir 21 personen im gartenhaus von lois. lagen wie sardinen eingebüchst. willi war zum totlachen am morgen, wenn er sich aus dem schlafsack entpuppte. zum offenen fenster hingen die rosen herein. harry stand der anarchistischen küche vor. in der großen pfanne im offenen kamin schmorte tibetanischer feuertopf oder eines der ungezählten experimentellen reisgerichte. dann kreiste die pfeife. friede zog ein in die jungmännerhorde. wir gingen die stadt erobern. passanten starrten die fremdlinge an. unser übermut formte kunstaktion: „salzburger testspiele". als sie uns aus der hohenfeste warfen, spielten wir in der mensa der universität weiter. alma mater. erotisch klang uns das. es kamen genossen aus wien angereist. alte bekannte und neue. teach in im hörsaal I, spektakel und paradeiser für die autoritären popanze am pult. martina war da, mit der man unbedingt ins bett musste. und sabine trat aus dem publikum hervor und setzte sich zu uns auf den boden. ich versank in tiefste umarmungen und küsse mit ihr. der schleier ihres schwarzen haares war vorhang genug. und die betäubende lautstärke der musik: erstmals in der festspielstadt hatten die „mothers of invention" das wort. wir lernten damals elfriede (anm. jelinek) kennen. sie röstete ihr kühles literaturpreisgehirn auf unserem feuerchen. oh, wir planten große dinge gemeinsam!" (wf)

Elfriede Jelinek, 1969

„es war mein irrtum, in blindwütiger solidarisierungsabsicht literatur nur für jene klasse produzieren zu wollen, die außer ihrer arbeitskraft nichts besitzt. (...) ich als literaturproduzent habe klassenbewußtsein zu entwickeln, ich als literaturproduzent habe die KOMMUNIKATION mit jenen gruppen zu fördern, zu denen ich selbst gehöre (vordringlich gehöre) & die von ihrer position aus die revolutionäre veränderung der grundlagen dieser gesellschaft vorbereiten können: zum beispiel für studenten und intellektuelle kampfmaterial hervorzubringen. ich als kunstproduzent muß die wirkung eines kampfgases besitzen. etwas, das aufsteigt und von allen blicken verfolgt wird. es stinkt es stinkt gewaltig es stinkt zum himmel es stinkt mehr es stinkt unerträglich woher kommt dieser gestank ..."
(textfragment zu dem publikumsterrorstück, das jelinek, zobl und aramis für den club bastion in kirchheim an der teck erarbeiteten)

„(...) ich zog mich erst aus der praxis der kinderarbeit und dann auch aus dem theoriearbeitskreis zurück. die aufbruchstimmung der 68er suchte sich neue gebiete. die zur routine gewordene projektarbeit langweilte mich. otto (anm. mühl) kam aus amerika zurück. mit bart und langem haar. in bunten flickenkleidern. bei ihm in der praterstraßenkommune nähten alle an solch buntem zeug, und für den winter fertigten sie patchworkpelze. die verlassenschaft eines pelzhändlers sicherte ihnen eine erste ökonomische basis. trotz allem pelzwerk mangelte es der gruppierung für meinen geschmack aber an weicheit, feinheit und zärtlichkeit. das stieß mich – bei aller faszination – ab. es gab da diese gelage in den kahlen räumen mit den nackten glühbirnen über den näh- und arbeitstischen. an der langen tafel waren häufig über 20 leute versammelt. es gab wein und haschisch in mengen, doch war die stimmung nicht fröhlich. eine permanente spannung gegenseitigen belauerns, der hackordnungskämpfe und der versuche, einander die „charaktermaske" abzureißen, machten mir die aufenthalte wenig anheimelnd. otto hatte den vorsitz: ein feixender etwas fetter burgenländischer faun. zur weinernte fuhr ich mit auf ottos familiengut zwischen zurndorf und gols. der rohbau des einfamilienhauses war nach seines vaters tod unverputzt geblieben. wir alpha-tiere nahmen auf der rohen betonterrasse platz. ottos mutter brachte den gulaschkessel aus der küche. setzte ihn auf den tisch und brach in verwünschungen gegen ottos lebensgefährtin elke aus. „du hure!" die feixte aus dem gebüsch unten. der sohn entwand der alten den schöpflöffel, mit dem sie los wollte, fiel auf die knie und schrie händeringend: „muater verstoß mi net!" die im kreis gelagerten kommunarden grölten und klapperten mit den löffeln. mir schlug das ganze aufs gemüt.

meine beziehung zu gabi steckte in der endkrisis. heimatlos zog ich zwischen den verschiedenen gruppierungen herum. mein studium der psychoanalyse trat in die praxisjahre ein. josef (anm. dvorak) hatte mich als schüler angenommen. ich nahm zweimal wöchentlich einzelstunden und war mitglied zweier gruppen, deren kern aus wohngemeinschaften bestand. die arbeitsweise von josef war recht unorthodox: neben den methoden der klassischen psychoanalyse verwendete er techniken der gestalttherapie, encountersequenzen und psychodelische drogen. ich fühlte mich wie ohne haut, lebte in traumhafter betäubung oder überwach. flüchtige beziehungen zu menschen beiderlei geschlechts und unser gelegentlicher gruppensex wärmten nur wenig. schnell verflog die hochstimmung, mit der wir tabus und gewohnheiten brachen. flach und schal wurde mir all das. die entscheidung, in den frischgekauften friedrichshof nicht mitzuziehen, fiel bald. bei einem gelage orfeigten otto und ich uns, er zerriß mir die kleider und seine weinselige entschuldigung um mitternacht machte die sache nicht besser. josef zog bald darauf in die einschicht des waldviertels. ich blieb allein zurück. gabi und andere alte freunde und geliebte gerieten in ottos bann. sie protzten mit ihrer neuen gruppenidentität, ohne mich überzeugen zu können. mir drehte sich das herz um, wenn ich sah, wie hohläugig, entpersönlicht mir die einstigen vertrauten begegneten. gabi wurde bald ernüchtert: ein dichterisch begabter, empfindsamer junge hatte sich in sie verliebt. im banne des kommuneklimas verwirrte er sich völlig: man zog seine leiche aus der donau. er hatte an dem badeplatz der gruppe einen kleinen altar errichtet. IHR bild angebetet, dann hatte er sich ins wasser gleiten lassen. wellen der erschütterung breiteten sich in der szene aus. der skandal wurde jedoch niedergeschlagen. und auf jahre hin war die AAO ein florierendes unternehmen. mit geschäften, transportunternehmen, landwirtschaft, kindergarten, wöchentlichem fickplan und POSOS und NEGOS, zweigstellen im ausland etc.

mich ekelte das alles an. ich zog mich immer mehr zurück, las viel. der sommer legte sich stickig auf die stadt. die menschen flüchteten vor dem gifthauch aufs land, in die berge, ans meer. ich trampte nach kärnten, entwickelte auf dem musikforum in ossiach kritische thesen zur musiksoziologie. wir fuhren im boot über den see, brieten kartoffeln im feuer, liebten uns in den heubergen des riesigen stadels, in dem dutzende besucher die ganze woche schliefen. nur das land strahlt in meiner erinnerung, sonst war alles seltsam bleich und ein schmerz saß mir im magen. das erste mal packte mich der jazz im blut. ich gab mich der schwingung hin und lebte ganz im hier und jetzt der töne. der auftritt der pink floyd hingegen ließ mich kalt. es war völlig sterile routine, um das

TESTSPIELE SALZBURG
Feste Hohensalzburg
21.-29.6.69 Siehe Programmspiegel
Atelier Lindner
Architektur.
Malerei. Musik.
Plastik. Theater.
A. Vorstellung progressiver Kunst der letzten Jahre
Analyse der Funktion dieser Kunst
Analyse der in der Kunst reproduzierten Gesellsch
Fronten zwischen Publikum und Akteur
aller Punkte in einer »Testwoche«

zu hören, kamen doppelt so viele menschen angereist. nur für diesen einen abend. 4000 trampelten den rasen flach, drückten die sperre ein, streckten sich eingekifft ins gras. darüberhin wälzte sich aus den lautsprechertürmen das altbekannte. ich gab adorno recht: das war sie nicht, die freiheit, die wir meinten." (wf)
„wiener aktionismus des hermann nitsch und otto mühl als folge des unterganges der bäuerlichen österreichischen kultur sehen: wühlen in blut, boden und kot verlieren ihre gesellschaftliche funktion. landwirtschaft wird rationalisiert und industrialisiert. konzentrationslager für tiere. die bäuerliche triebhaftigkeit wird eingespannt in städtische tretmühlen. in der kunst überlebt das alles." (sb, 1973)

„1974 – waldhausen, zu gast bei sepp laimer
die schmale harte bank auf dünnen beinen über dem boden / den schlafsack untergebreitet / das gras noch naß vom tau / glänzende tropfen in blättern / neben mir das seltsame zwillingspaar von lichtmast und föhre / ineinandergewachsen / die langen schatten ziehen sich zurück / zwischen dem hohen gras murmelt der bach / unverstellt durch kulissen spannt sich der horizont / der phantasie freiraum gebend / festgehalten vom letzten ausläufer der großen wälder / aber mit stall und tenne vorspringend ins helle der wiesen / steht unser hof.

ich selbst / wanderer zwischen licht und schatten / wasche das geschirr im trog vor dem haus / drinnen hämmert sepp die eisen ins holz / schneidet flockige späne / am herd kocht die marmelade / der winter ist weit / doch die sorge stetig / ich lächle und koste gerne / den ganzen tag hallen die vögel.

abends gehe ich in die scheune schlafen / weil mir das haus zu voll ist / über mir in der hohen halle / dunkeln etagen und nischen / luftige bretter über schwere balken gelegt / das heu duftet lind / und durch den spalt im torflügel schimmert das letzte leuchten des abends / und gewinnt in den lücken und rissen der wände / ein ungewöhnliches strahlen." (sb, 07. august 1974)

„das stroh beginnt feucht zu werden. die warme trockene atmosphäre der ersten tage umgibt mich nicht mehr. der regen weicht alles auf. das dach ist undicht und es regnet herein. über mir faulen und schimmeln bretter. von zeit zu zeit weht der wind feine schauer durch die dachluke zu mir herein. dann hülle ich mich fester in meine windjacke. ich liege auf einem großen strohaufen, weich wie in kissen gebettet. kaum spüre ich meinen körper. vor mir sind die planken aus der frontwand gerissen, und in den grauen vorhängen des regens hängt starr die landschaft. die bäume wippen nur manchmal unwillig, schwer neigen sich die gräser im gleißend grauen licht. die wiesen sind vollgesoffen wie ein schwamm. bei jedem schritt gehen sie über. es gluckst und gurgelt unter den schuhen. ich wate durch den morast hinüber zum haus, wo die anderen in überheizter stube leben. ein leben mit kleinen sorgen und nöten, kleinen freuden ohne gewicht. daher auch nicht bedrückend. sie sind unaufdringlich um mich wie kulissen, nur ein wenig lauter als die alten möbel, die staubig vor sich hinschweigen. meines nassen schuhwerks ledig, strecke ich mich auf dem strohsack aus. mein blick gleitet über die decke. wie windgepreßter schnee hängt sie da. die jahrzehnte haben schicht für schicht kalk übereinander gelagert, bis eine wolkenhafte halbwelt entstand. aus diesem urnebel tauchen gestalten auf. endlose prozessionen von wesen in ständiger verwandlung ziehen im wechsel von schatten und licht. der zukunft entgegen, die dicht wie ein block vor uns steht. nur spärlich durchzogen von den linien der hand und den kurven der astrologie. unsere gewohnheiten dringen in sie ein, stricknadeln in einen halbgaren kuchen gestoßen. teig klebt an unseren händen. ich steige auf den weißgekachelten herd und fahre hinaus in die endlosen weiten des regens. meine zahnbürste habe ich dabei, und von zeit zu zeit wärme ich mir die hände über dem feuer. und irgendwann, ermüdet vom nassen fahrtwind, lande ich wieder im stroh."
(sb, juli 1974 – waldhausen)

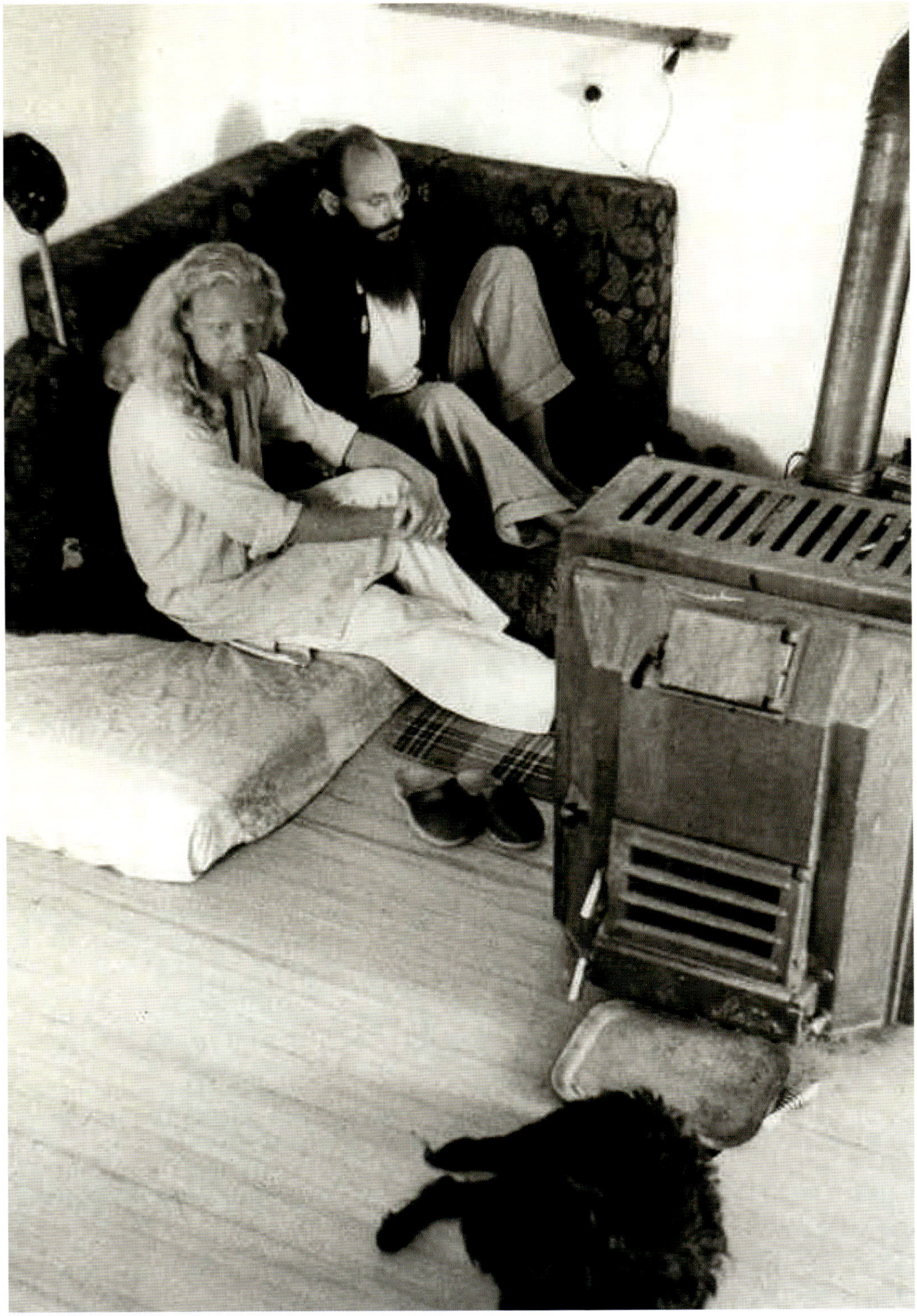

BLUMAU 1975 – 1980

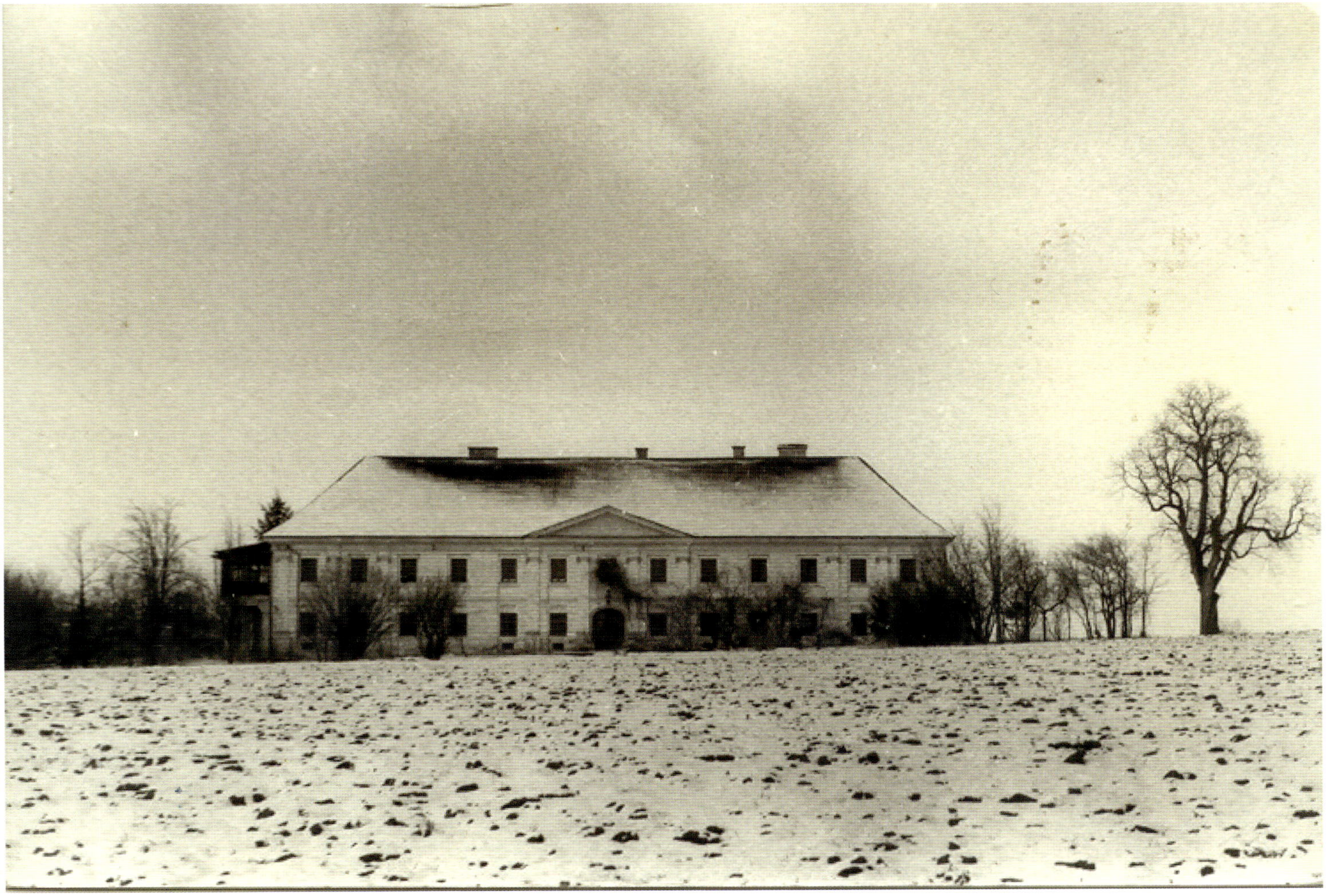

wie sehr ARAMIS das leben in der stadt inwischen anödete, gibt eine eintragung aus dem jahr 1974 im „seufzerbuch" wieder. dieser angeekelte zuseherblick aus dem fenster auf eine welt, die nicht mehr die seine ist, würde ihm zeitlebens zu eigen sein.

„manchmal lehne ich, geschwächt durch den alb zähflüssiger stunden, am fenster. taste mit den augen die häuserfronten ab, die meinen horizont ummauern. dahinter brodelt die stadt. ein riesenhafter waschkessel, in dem millionen tonnen schmutzwäsche kochen – bis nur mehr eine meterdicke steinharte kruste übrig ist. mein blick stößt sich an der ölbefleckten betonfläche wund, gleitet vom kalten glanz der augen ab. hinter dürren sträuchern verirre ich mich zwischen den blumen, die einige rechteckige flächen abteilen: gras in käfigen. in einer kiste aus beton stehen zwei nußbäume, denen der asphalt über ihren wurzeln die luft nimmt. erstarrtes denkmal ihrer artgenossen, die noch vor wenigen jahren einen kleinen wald da unten gebildet hatten. einen g'stettnwald. in dem ein kind und ein erwachsener auf abenteuer ausziehen konnten. alle fernen exotischen länder erstanden aus dem gewirr der zweige. dazwischen eingebettet fanden sich bruchstücke von geräten unbekannter herkunft und verwendung. ziegel und schutt von gebäuden aus längst vergangenen zeiten …

der soziale aufstieg brach wie eine katastrophe herein. beton und asphalt ertränkten alle welten außer dieser einen, welche eiskalt und eindeutig mit unmäßigem appetit die phantasie in ihrem stilgebiß zerkaut. was blieb, ist eine kulisse für kriminalfilme letzter kategorie.

ich stehe am fenster und sehe ohnmächtig zu, wie die kinder der neubauten in die konfektionierten träume schlüpfen. zwangsjacken schließen sich nahtlos über ihnen. opfer jener wohlstandsfallen, deren fronten mein küchenfenster zumauern. ich habe lange zeit die scheiben nicht gewaschen, um eine dünne schutzsicht zwischen mir und den klaffenden fronten zu haben. eine dünne schicht aus schmutz, die den aufprall mindert.

dieselben stores vor jedem fenster. und abends die genormten segmente erleuchteter wohnzimmer, deren einrichtung das wohnen erst verhindert. brutstätten zur regeneration von arbeitskraft."
(sb 74)

im oktober 1974 heiratete ARAMIS beatrix gulyn, eine ärztin, und lebte und arbeitete mit ihr ein jahr als gruppentrainer auf psychonalytischer basis in wien. es sollte die letzte zeit sein, die er im urbanen umfeld verbringen sollte. aber schon da sammelte er alles, was man am land brauchen könnte (vor allem bücher zur volkskultur), und am ende des jahres 1975 übersiedelten die beiden in die tiefste provinz – nach kirchdorf an der krems in oberösterreich.

da er über kein geld verfügte und ihm in den vorangegangenen jahren klar geworden sein musste, dass herkömmliche lohnarbeit für ihn gar nicht oder nur im äußersten notfall in frage kommen würde und dass selbstbestimmtes leben/arbeiten und werk nicht voneinander zu trennen wären (eine karriere als vom staat subventionierter und mit preisen ruhig gestellter „maler", der auf den verkauf seiner bilder angewiesen wäre, verwarf er nach anfänglichen erfolgen in der wiener szene), bedeutete das für ihn, dass er von nun an mit einem minimum an geld auszukommen hatte (viel geld verdienen und gelebte volkskultur schlossen sich seiner meinung nach sowieso aus). und so erfand er im lauf der jahre (erst im nachhinein stellt sich ja manches als „system" dar) für seine projekte – inspiriert von den damals aufkommenden hausbesetzungen, aber auch vom mittelalterlichen lehenswesen – schließlich eine moderne variante des alten „lehens" oder „naturaltausches": wiederholte male suchte und fand er eigentümer, die mit den häusern auf ihren gründen nicht zurecht kamen und diese volkskulturell bedeutsamen objekte bereits seit jahren dem verfall preisgegeben hatten. für temporäres wohnrecht sowie zur verfügung gestelltes baumaterial erklärte er sich bereit, diese häuser in eigenarbeit zu sanieren. an die stelle von geld (miete, pacht) wurde so im sinn von tauschhandel leistung, arbeitsleistung gesetzt – arbeiten und leben konnten so endlich zu der von ihm angestrebten einheit werden.

„grundsätzlich gehe ich davon aus, dass land niemandem oder allen gehört. die geeignetsten menschen mögen es anvertraut bekommen und das für viele beste daraus machen. in meiner jugend gab es besetzungen von orten, häusern, die von ihren eigentümern nicht genützt, meist als spekulationsobjekte verwendet wurden. ich habe mich, abgesehen von solidaritätsaktionen mit den „landlosen", hauslosen, anders verhalten – suchte nach grundstücken und häusern, die jahrzehntelang verlassen, dem verfall preisgegeben waren, und schloss mit den eigentümern verträge in form von naturalpacht: freies wohnen und gestalten für eine gewisse zeit, nach ablauf derer ich grund und häuser in restauriertem zustand zurückgebe. durch diesen zugang wird arbeiten und leben zur einheit. das einfühlen in historische bauten

und anlagen zur „bildung": indem ich am bilden bin, bildet sich meine persönlichkeit heraus.

bei den orten meines lebens handelt es sich also immer um „temporäre" heimaten. wer lebt, übe sich bei zeiten im abschiednehmen: der tod ist uns allen gewiss. un-heimlicher aber als abschied und tod ist mir stets ein „totes leben", ein in gewohnheit, wohlstand, abgesichert sein versandendes existieren erschienen. dem un-heimlichen dieser wohlstandsgesellschaften, von denen diese meine inseln umzingelt sind, deren kultur zersetzendes, fressendes technisches überformen immer größere teile der welt zur ortlosigkeit verdammt, gilt mein kampf: ich verteidige, solange es geht, oasen einer anderen kultur gegen die herrschende zivilisation, deren bewohner immer barbarischer und ferngelenkter werden. zu sehen, wie sich dieser totalitäre formierungsprozess von menschen, orten und ganzen landschaften immer schneller bahn bricht, ist das un-heimlichste für mich.

die möglichkeiten historischer „substanz" liegen für mich im erinnern. im gegensatz zu einer bildungsvorstellung, die nur mehr aus-, fort-, weiterbildung kennt und deren durch „lebenslanges lernen" getriebene schüler immer mehr vom kopf und den wuchernden virtuellen anschlusswelten bestimmt werden, betrachte ich die arbeit mit dem ganzen körper als grundvoraussetzung von bildung. das leben und arbeiten in und mit historischen substanzen formt über die jahre persönlichkeiten, die sich gegen die abziehbilder des stets wechselnden zeitgeistes abheben: das ziel, „ein mensch" zu werden, wird so nicht verloren.

„wohnen, dämmern, lügen" heißt ein band eines zeitgenössischen dichters nicht ohne grund. mein ganzes selbstständiges leben habe ich so etwas wie ein „wohnzimmer" nicht eingerichtet. ich lebe mit meiner familie, den freunden und gästen in gehäusen, die in zimmer, säle, kabinette, galerien gegliedert sind und wo dies und jenes möglich ist und geschieht. die weihnachtsbäume wandern durchs haus und versammeln um sich die feiernden in verschiedenster umgebung. im sommer wohnt unsereins so viel als möglich draußen. da ist alles weit. im winter zieht man sich auf wenige räume zurück. lebt um die kachelöfen und herde herum. aber immer „wohnt" man arbeitend am land: ob heu machend oder den schafen zutragend. ob holz schneidend und hackend oder im garten pflanzend, jätend, laub rechend. ob am gemäuer restaurierend, am hölzernen bundwerk, an den dächern: immer ist es ein leben auf der bau/stelle. immer ist für „gymnastik" gesorgt, für ein „sportliches" leben. bis der tod uns das werkzeug aus der hand windet und alles erneut zur dispositi-

on stellt." (ARAMIS, „ortsansässig?", pirsch)

sämtliche objekte, die er so wiederbeleben sollte, waren entweder ohne wasserleitung, öfen, sanitäranlagen, türbeschläge oder durch diverse umbauten beeinträchtigt, die erst wieder beseitigt werden mussten, etc. die restaurierung erfolgte weitgehend in eigenarbeit und mit dem traditionellen handwerkszeug (mauern, verputzen, ofen setzen, holzarbeiten, freilegungen, streich- und konservierungsarbeiten).

zusammengelebt wurde ausschließlich in traditionell ländlicher form: gekocht wurde z.b. auf den großen tischherden (es gab in all diesen häusern nie einen e-herd oder eine mikrowelle), geheizt wurde nur mit kachelöfen, gemäht wurde mit der sense, mit tragtüchern wurde das heu eingebracht, die schafe wurden selbst geschlachtet. familie, gefährtInnen, gäste und interessierte hatten gelegenheit, durch mitleben und arbeiten traditionelles kulturgut zu erlernen.

„sozialisten fast aller spielarten, kinder der großstadt, haben mit dem ackerbau nie etwas anfangen können. dabei gibt's in der langen geschichte des sozialismus – dort gibt's ja fast alles – eine ganze strömung von agrarsozialisten, die aber von den staats- und industriesozialisten erfolgreich untergebuttert wurden.

„das sozialistische dorf", so nennt das gustav landauer, „mit werkstätten und dorffabriken, mit wiesen, äckern und gärten, mit großvieh und kleinvieh und federvieh …" der sozialismus ist rückkehr zur natürlichen abwechslungsreichen verbindung aller tätigkeiten, zur gemeinschaft von geistiger und körperlicher, von handwerklicher und landwirtschaftlicher arbeit, zur vereinigung auch von unterricht und arbeit, von spiel und arbeit … gewöhnt euch an den gedanken, so fremd und seltsam er euch im anfang auch anmuten mag, dass dies der einzige anfang eines wirklichkeitssozialismus ist, der übriggeblieben ist." (wallfahrten, s 31)

derart inspiriert von agrarsozialisten und utopisten, des jahrelangen flanierens auf den „pflasterstränden" und der sinnsuche durch psychotherapie, meditation und bewusstseinserweiternde drogen müde, machte er sich auf die suche nach einem objekt, in dem die symbiose von arbeit und kunst nachhaltig gelingen könnte, und entdeckte mitte der 1970er jahre (1975) das 1831 erbaute herrenhaus blumau der sensenschmiedfamilie zeitlinger nahe kirchdorf an der krems. es war so etwas wie der idealfall, denn das desolate gebäude war groß genug für mehrere menschen, hatte nutzbare landwirt-

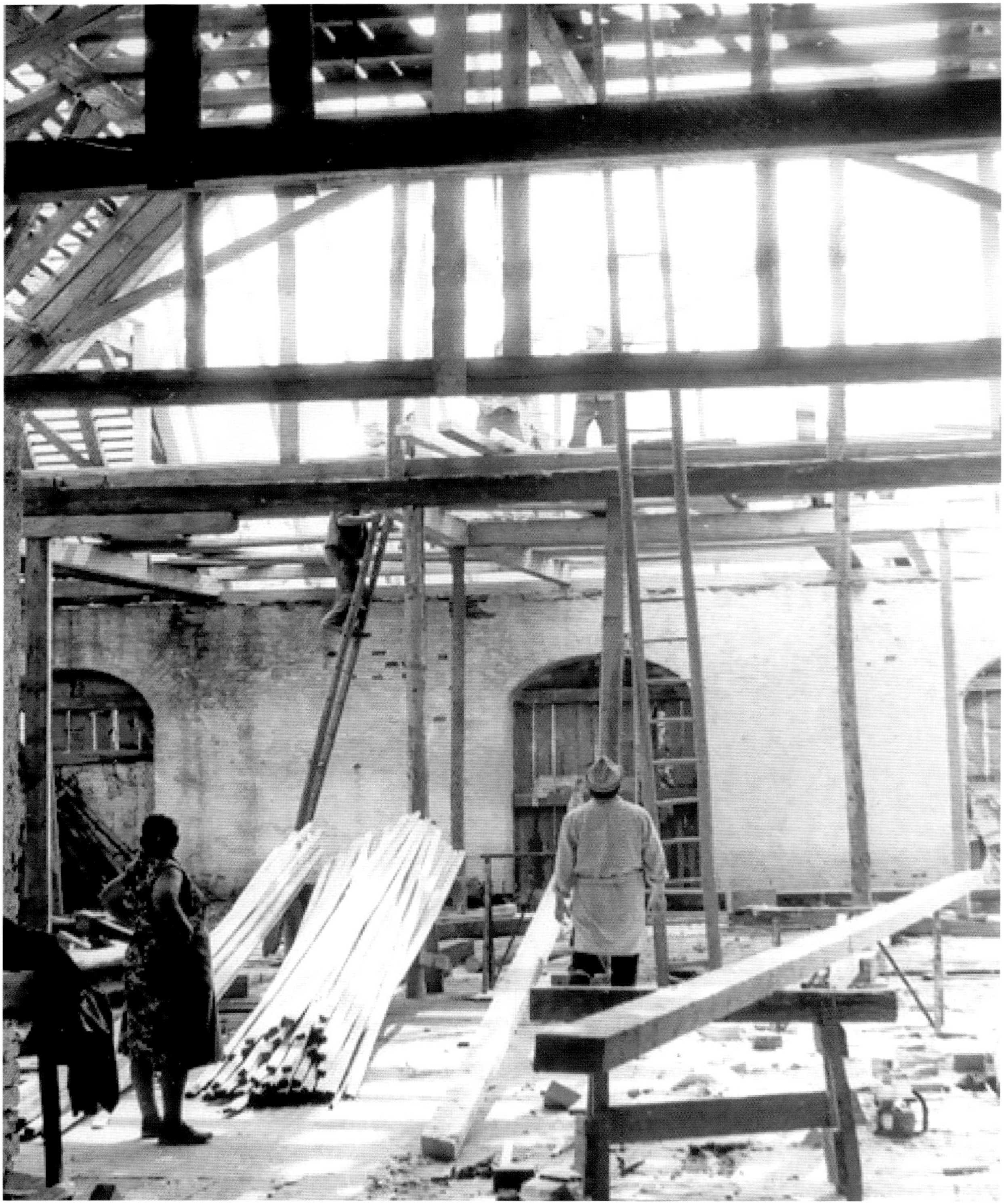

schaftliche flächen rundherum und bot einem arbeitssuchenden jede menge betätigungsfelder.

in den nächsten fünf jahren rettete er so mit seiner frau und freunden sein erstes gebäude vor dem ruin. die gruppe (zeitweise waren es bis zu zwölf personen im alter von 16 – 72 jahren), die sich hier zusammenfand, um beflügelt von der aufbruchsstimmung der sich gerade entwickelnden ökologiebewegung – die ja die nach praxis suchenden freigeister der längst im theorienebel oder im „gang durch die insitutionen" dahindämmernden 68er aufnahm – in der form einer offenen lebensgemeinschaft zusammenzuleben, belebte das gehäuse und das umfeld durch gemeinsames wirtschaften. das spektrum der aktivitäten reichte von gartenbau, viehzucht, tischlerei, den gerade wiederentdeckten elementartätigkeiten der jungen „grünbewegung" wie holzschnitzerei, töpferei und weberei bis zu gesprächsgruppen und einer ärztlichen ordination unter einbeziehung von volksmedizin und alternativen heilmethoden.

„als ich das erste österreichische landschloss renovieren und beleben wollte, lud ich sepp (anm. laimer) ein, mit beatrix und mir zu leben. und sepp kam. mit den ziegen, den katzen, den werkzeugen. irgendwann kamen auch christel, norbert und dann andere. aber solange sepp mit uns lebte, war er es, von dem die kraft ausging. seine anordnungen gaben allem tun einen klaren sinn. fraglos war das fallobst zu klauben, an nasskalten oktobertagen im verwilderten obstgarten. wir griffen mit den nackten händen zwischen die brennesseln. die birnen wurden in riesigen töpfen am herd angedünstet. dann auf den hölzernen rosten in den dörrofen geschoben. zwei tage wurde geheizt. es waren die besten kletzen, die ich je aß. dann das kletzenbrot! das selbst gebackene brot. der duft in der küche, wenn der sauerteig aufging und dann das fertige brot aus dem ofen kam. im jahr danach schlachteten wir zwei schweine, „sonderlinge", die man uns geschenkt hatte und die wir im innenhof großgezogen hatten. damals hieß es in wien, wir machten biologischen schinken. das war vor der zeit des ausbrechens der bio-moden. wir jedenfalls streiften das gedärm aus, wuschen es und füllten würste ab, die im rauchfang geselcht wurden. als wir uns in die haare kriegten, zu ebener erd und im ersten stock, da rangelten wir, dass die gänge hallten." (alpenländische identitäten, s 8)

wie hoch die erwartungen an alle, die an diesem experiment teilnahmen, waren, zeigt ein gemeinsam verfasstes programmpapier aus der anfangszeit:

„arbeitsmappe des vereins zur förderung zwischenmenschlicher beziehungen und schöpferischer prozesse. blumau/kirchdorf:

der wunsch, der unserem arbeitsvorhaben zugrunde liegt, ist einerseits ein forum zu schaffen, in dem sich menschen aller weltanschaulichen gruppierungen, verschiedener berufe, der unterschiedlichsten sozialen und altersmäßigen schichtung begegnen und ins gespräch miteinander kommen können. andererseits sind wir uns darüber im klaren, dass diese begegnung nur sinnvoll verlaufen kann, wenn dazu die nötigen voraussetzungen geschaffen werden. hier sind die wichtigsten zu nennen:

die sanierung des hauses. es wurde 1831 von m.u.th. zeitlinger erbaut und stellt eine liebevoll und stilvoll durchkomponierte mischung aus schloss und bauernhof dar. als „herrenhaus" von vornherein angelegt als großzügiges wohnhaus und als produktionsgemeinschaft. dies beinhaltet eine große anzahl von wohnräumen (über 20 zimmer, davon 10 etwa 50m^2 groß), einen geräumigen innenhof, wirtschaftsgebäude, studioräume, große gemeinschaftsküche etc. es ist geplant, zur wiederherstellung des gebäudes freiwillige helfer der näheren und ferneren umgebeng heranzuziehen. interessenten finden sich bereits. als spezielle arbeitsgruppe innerhalb des vereins hat sich das „komitee zur sanierung des hauses" gebildet, dessen aufgabengebiet den gesamten wirtschaftlichen komplex umfasst. als fernziel ist angestrebt die errichtung einer kleinen versuchslandwirtschaft auf biologischer grundlage (vermeidung künstlicher düngemittel, verwendung natürlicher stoffe, verstärkte wiederverwertung ...), die die hausgemeinschaft ernähren und als modell zur verbreitung gesünder lebensmittelproduktion dienen soll.

die hausgemeinschaft selbst wird sich aus einer gruppe von menschen zusammensetzen, die alle im weiteren sinn sozial tätig sind. tätig im sinn der entfaltung von eigenschaften, die zu intensiverer gemeinsamkeit im arbeits- und freizeitbereich nötig sind. darunter fallen sowohl körperliche faktoren (harmonisierung von atmungs-, kreislauf-, verdauungs- und sexualtätigkeit, allgemeine entspannung) wie auch psychische faktoren (freude, vorurteilslosigkeit, kooperationsbereitschaft, allgemeine entspannung). wir wollen auch versuchen, die trennung zwischen „doma" und „psyche" aufzuheben und den menschen als ganzes zu betrachten. vom therapeutischen arbeitsziel her betrachtet, bedeutet das die erstellung einer ganzheitlichen diagnose und die anschließende behandlung mit verschiedenen methoden im wechselspiel miteinander. für die durchführung sind dann wieder einzelne ärzte, psychologen, gymnastiktrainer verantwortlich. sie erarbeiten je-

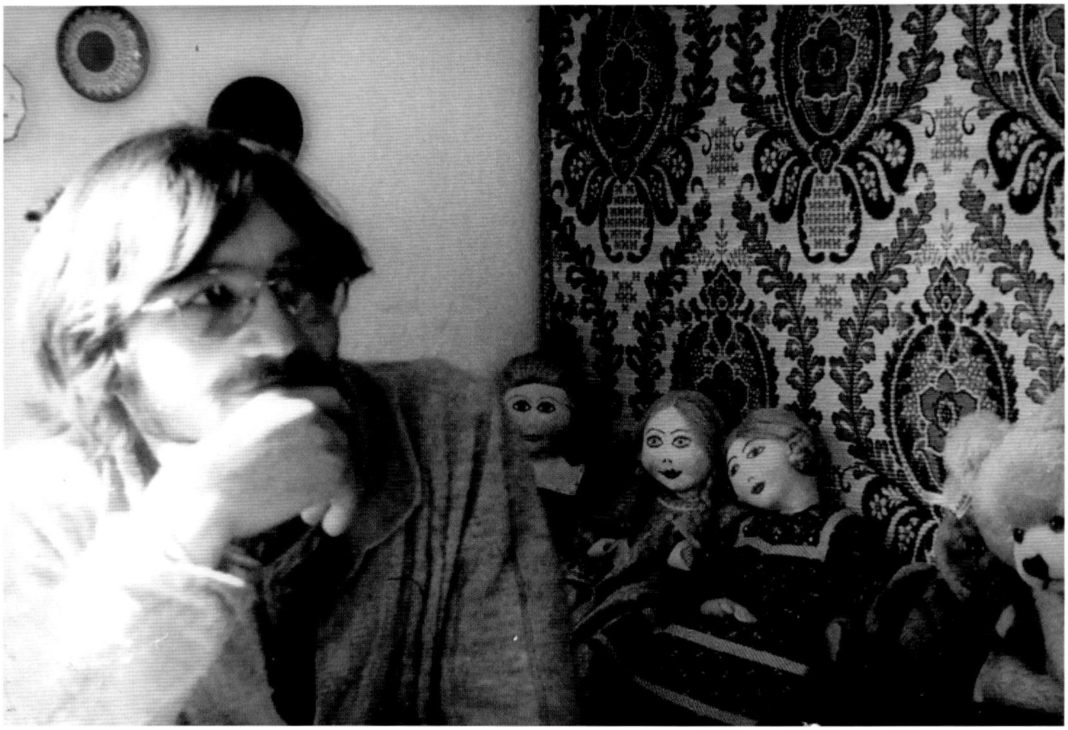

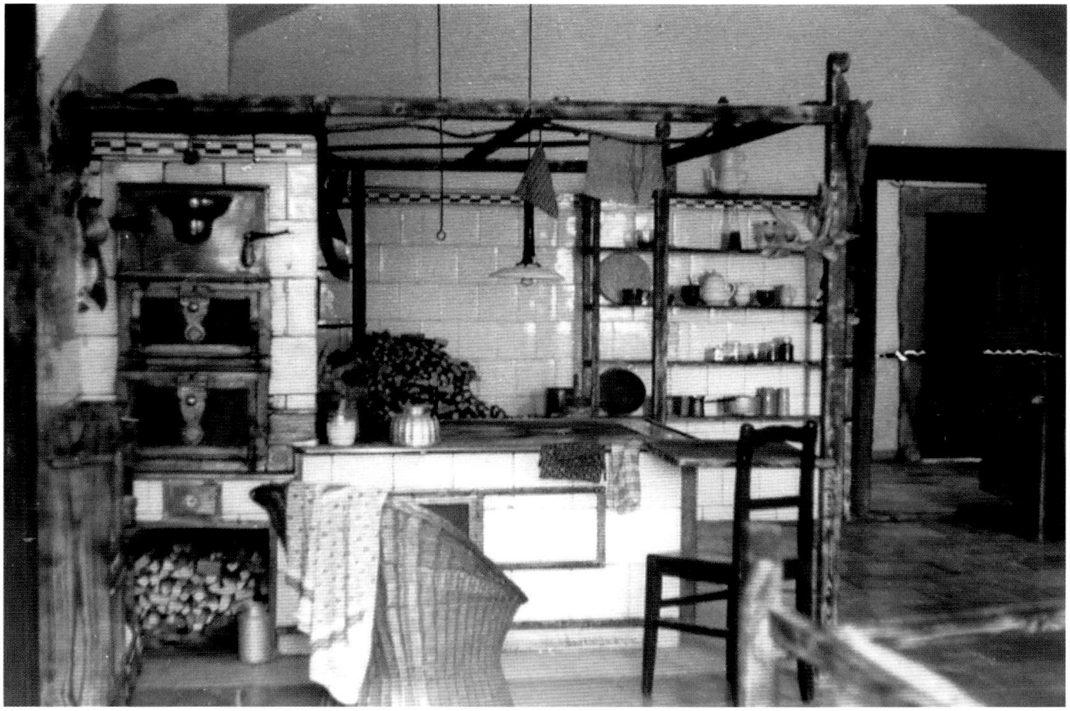

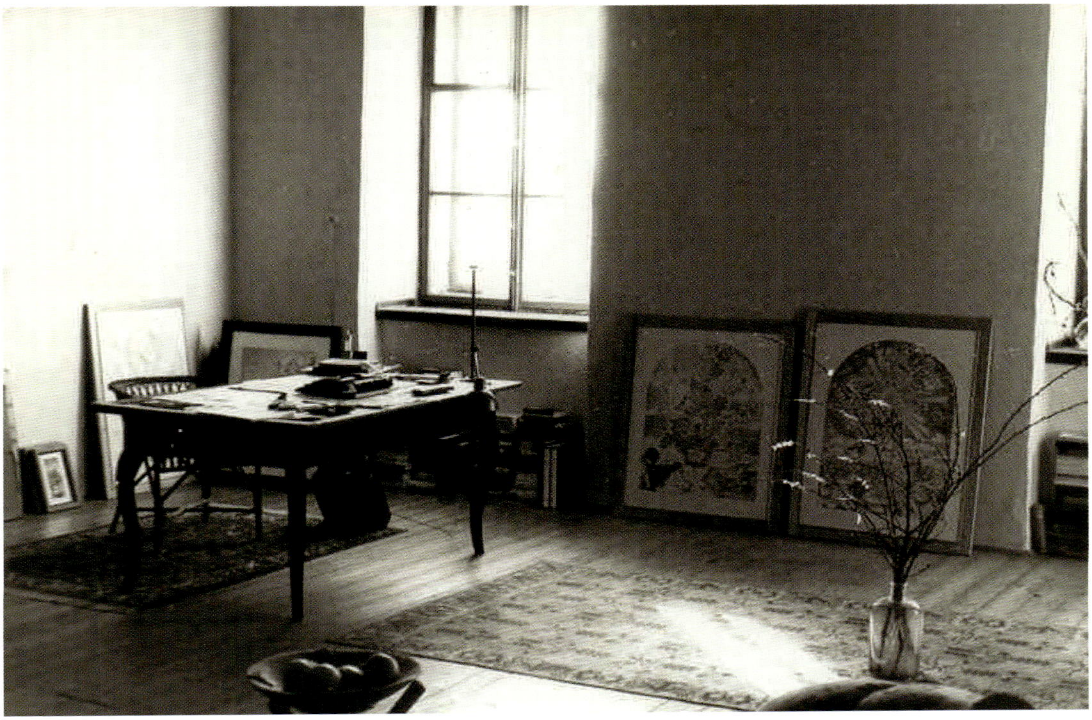

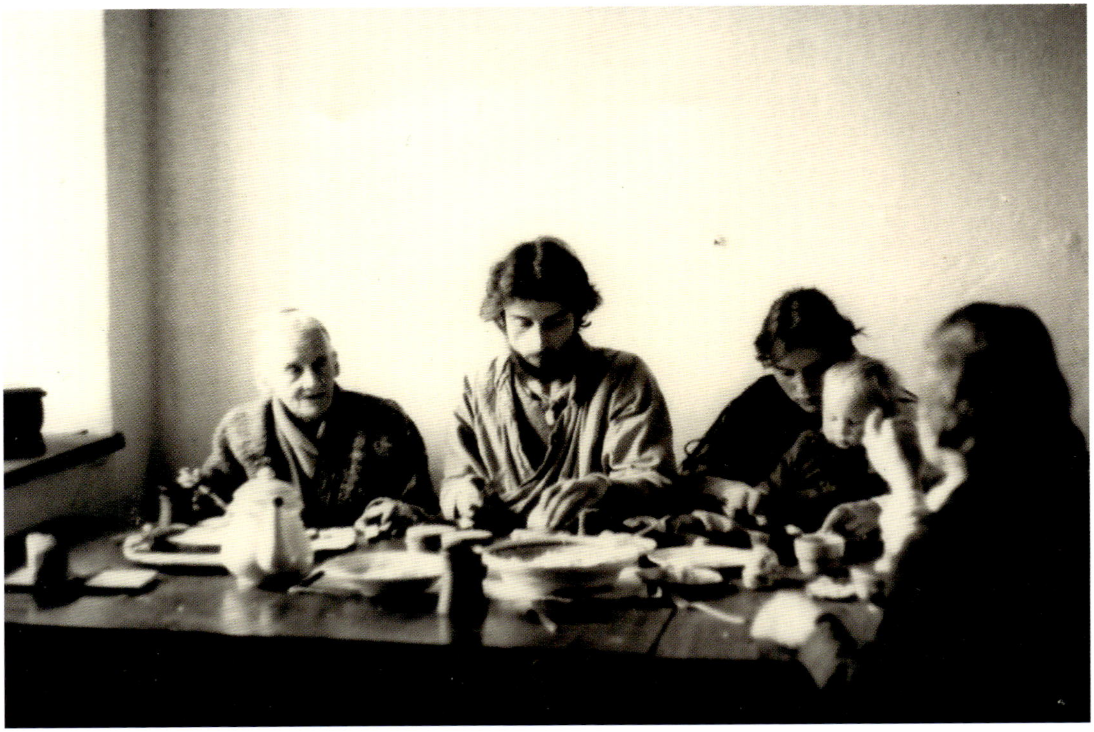

doch im gemeinsamen gespräch die für den jeweiligen klienten wahrscheinlich erfolgreichsten heilmethoden. durch diese vorgangsweise scheint uns der anspruch der wissenschaftlichkeit des therapeutischen handelns am ehesten erfüllbar und dem klienten ein optimum an betreuung gesichert.

als ansatzmöglichkeiten bieten sich vorderhand jene heil- und behandlungsmethoden an, die von der schulmedizin nur am rande oder gar nicht erfasst werden: naturheilverfahren, akupunktur, massage, entspannungsmeditations- und atemübungen, psychologische einzel- und gruppenbehandlung, tänzerische gymnastik.

hier ergibt sich bereits ein fließender übergang zu künstlerischen aktivitäten wie konzerten, theateraufführungen, ausstellungen, aktionen, die das publikum miteinbeziehen und im betrachter schöpferische impulse auszulösen vermögen.

ein sehr wichtiger punkt unseres programms beschäftigt sich mit der errichtung von werkstätten (töpferei, weberei, holzverarbeitung, kunsthandwerk überhaupt). besonders die auf entwicklung der intellektuellen fähigkeiten ausgerichteten bildungsanstalten vernachlässigen in zum teil krasser weise manuelle fertigkeiten. wir wünschen uns hier einen gesunden ausgleich zwischen kopf und hand. vor allem jungen menschen sollte die befriedigung aus handwerklich-schöpferischer arbeit ermöglicht werden.
vorträge, referate, diskussionen und publizistische tätigkeit sollten die ergebnisse wissenschaftlichen und künstlerischen arbeitens breiten schichten der bevölkerung zugänglich machen.

wir sind uns darüber im klaren, dass unser vorhaben einige jahre in anspruch nehmen wird und nur durch mithilfe vieler realisierbar ist. wir glauben jedoch, eine derartige einrichtung sei sehr wünschenswert für die förderung demokratischer verhaltensweisen, der regionalen und später überregionalen entspannung und zusammenarbeit.
wir bitten daher um ihre mithilfe." (archiv, schloss lind)

dass ein derartig ambitioniertes experiment des zusammenlebens und -arbeitens, das sich auch als eine art keimzelle des widerstands gegen den herrschenden zeitgeist verstand und durchaus sozialpädagogische ansätze hatte, zumindest in der anfangsphase für alle beteiligten etwas „paradiesisches" hatte, ist klar, dass die umsetzung jedoch nicht konfliktfrei zu gestalten war, ebenso (die geburt seiner beiden töchter fällt in diese zeit, aber auch seine scheidung von seiner frau beatrix und das dazustoßen von britta brauner, seiner nächsten lebensgefährtin).

schon bei diesem ersten objekt wurde deutlich, welche grenzen derartigen neuen partizipatorischen formen gesetzt sind: wie mühls sozialexperimente (die ARAMIS nur zu gut kannte) dürfte auch dieser erste versuch, den er hier zusammen mit gleichgesinnten unternahm, ehe und sexualität zu trennen und großfamiliär zusammenzuleben und zu arbeiten, nicht für alle gleichermaßen lustvoll gewesen sein. jemand, der so charismatisch menschen anziehen konnte und gleichzeitig so kompromisslos auf autorität bestand (auf der autorität des „besseren", ein attribut, das er, wenn man von sogenannten „experten des landlebens" wie sepp laimer und ein paar anderen absieht, immer nur sich selbst zugestand), musste unweigerlich in konflikt mit anderen mitbewohnern geraten. ein gewisser zug zum autoritären, zum doktrinär schullehrerhaften haftete ARAMIS von anfang an an und verfestigte sich im lauf der jahre mehr und mehr.

„was ist es eigentlich, das mich veranlasst, gegenständen (nicht auch menschen?) meine ordnung aufzuzwingen? (...)

sicher vermittle ich durch mein verhalten anderen den eindruck, mein leben immer zu meistern. sei es nur dadurch, dass ich tiefste emotionen fast nie einem größeren publikum zeige. es entsteht der „guru-effekt": leute sammeln sich um mich, welche rat suchen. nun beschäftige ich mich mit deren lebensproblemen, existenzängsten und komme so partizipatorisch zum durcharbeiten eigener konflikte. gelingt es mir, die konfliktlösung der jugendprobleme positiv zu beeinflussen, so wirkt die freude des anderen positiv auf mich zurück und ich fühle mich doppelt akzeptiert.

ich glaube, dass dies eine grundmotivation zur analytischen arbeit ist, die ich mit den meisten trainern teile. es ist auch der reiz größter reflexionsmöglichkeit (distanziert-heit) bei maximalem affektivem erleben.

die aufgabe ist: das diamantharte, klare licht des intellekts in ein wärmeres, heimeliges licht umzuwandeln, es durch die liebe zu filtern." (fw, 1975)

so reflektiert das in einer tagebucheintragung aus dem jahr 1975 auch noch klingt, sprach die realität der folgenden jahre oft eine andere sprache. dass dabei viele gefährten, vor allem aber seine frauen auf der strecke blieben (weil offenbar trotz der lektüre von sartre und beauvoir so unausrottbare

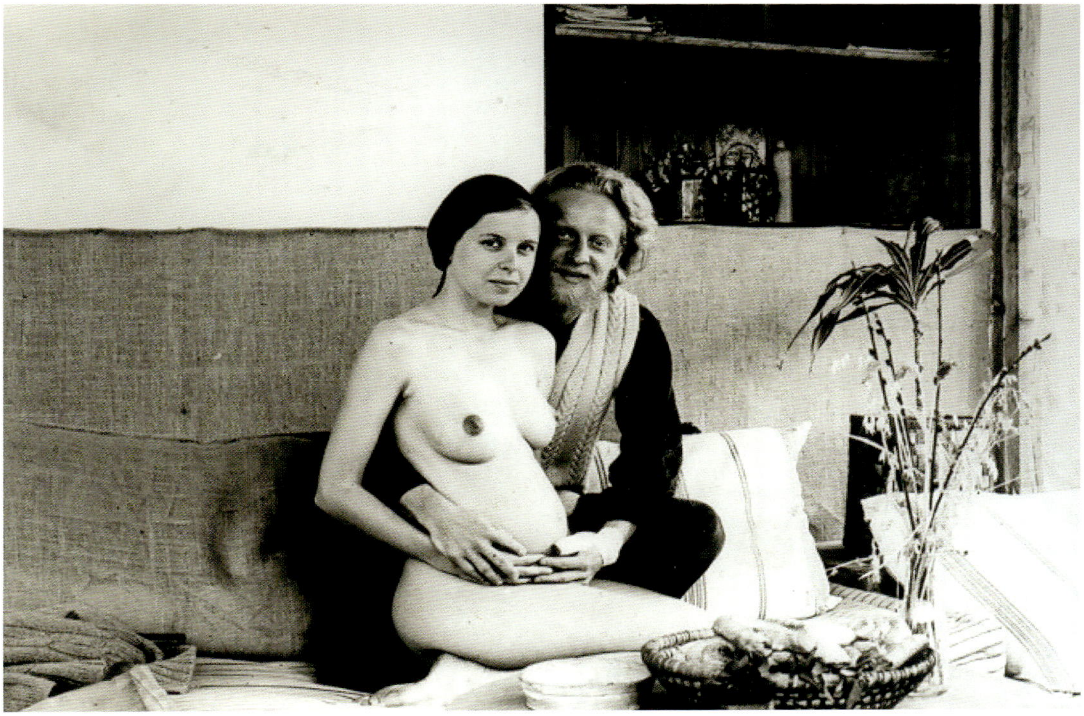

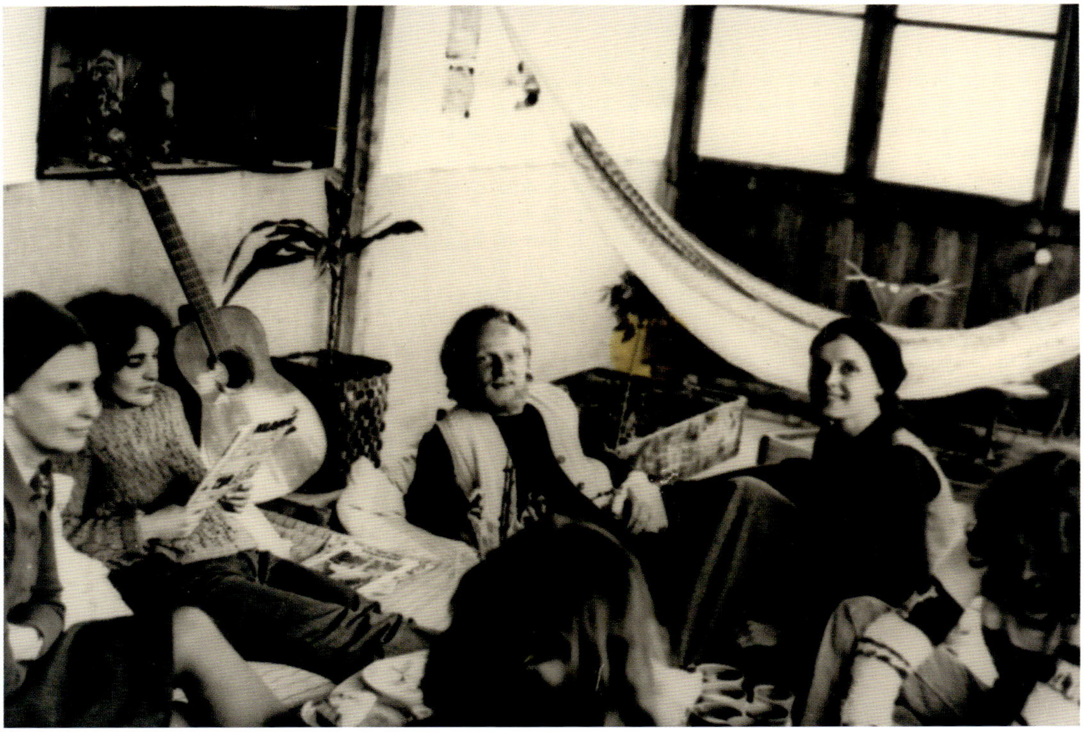

vorstellungen von liebe, exklusiven besitzansprüchen und der ausschließlichkeit von eheartigen beziehungen bei allen vorhanden gewesen sein dürften), wenn sie nicht mehr bereit waren, sich kompromisslos ARAMIS' ordnungsvorstellungen unterzuordnen oder an erotischer attraktivität verloren, gehört an dieser stelle jedoch auch festgehalten. das scheitern seiner ersten ehe (beatrix war die erste ehefrau in einer langen reihe von frauen und geliebten, die ihn verließ), die daraus resultierende tragische ablehnung seiner beiden kinder und die von nun an einsetzende suche nach „passenden" (das heißt: seinen vorstellungen entsprechenden) gefährtinnen und gefährten für solche wagnisse jenseits der herkömmlichen paarbeziehung, das erkennen der unmöglichkeit und die letzendlich damit einhergehende einsamkeit waren mit all dem verbunden. wie sehr ARAMIS das auch gesehen hat, spiegelt ein im anschluss wiedergegebener text aus der letzten, einsamen phase seines lebens wider.

nichtsdestotrotz sind solche – wenn auch nicht durchweg geglückten – versuche, das zusammenleben der menschen auf neue füße zu stellen, der humus, auf dem wir heute – noch immer/immer wieder – darüber nachdenken, wie im zeitalter des schrankenlosen individualismus gemeinschaftlichkeit jenseits der überkommenen vorstellungen von ehe überhaupt noch denk- und lebbar sein könnte.

„ich wiederhole meine kritik im zusammenhang mit den gemeinschaften: jeglicher sinn für – theoretische und experimentelle – forschung scheint der mehrheit unserer zeitgenossen, sogar den berufssoziologen, abhanden zu kommen, sobald sie sich mit sozialen experimenten konfrontiert sehen. kaum spiele ich darauf an, erklären mir alle sogleich, dass „das noch nie gelungen" sei. als wollten sie sich selbst beruhigen, indem sie die potentielle gefahr im keim ersticken. würden diese bedingungen auch für die technologische forschung gelten, besäßen wir keine einzige der maschinen, techniken oder heilmethoden, die im laufe der letzten jahrzehnte nur deshalb „erfolgreich" waren, weil gut unterstützte forschergruppen auch nach dutzenden, hunderten, ja sogar tausenden von ergebnislosen versuchen mit dem experimentieren fortfahren konnten. von den mehreren hundert gemeinschaften, die während des 19. jahrhunderts in den USA und in europa gegründet worden sind, hat nur eine einzige nahezu ein halbes jahrhundert überdauert; durchschnittlich wurden sie wohl nicht einmal drei jahre alt. von den etlichen zehntausend, die seit dem hitlerkrieg entstanden sind, haben die meisten nur einen einzigen sommer existiert und höchstens etwa hundert haben eine dauer von mehr als fünf jahren erreicht. aber wer hat sie moralisch und finanziell unterstützt? wer kann also behaupten, dass diese ersten versuche für den beweis ausreichen, dass „das nicht gelingen kann"?
trotzdem gibt es einen grundlegenden unterschied zwischen versuchen in weißen kitteln und arbeiten in blue jeans. denn eine gemeinschaft gründen und sich für sie engagieren heißt meistens, sich mit seinem leben engagieren. es handelt sich nicht um ein experiment, das man hundertmal oder auch nur zehnmal wiederholen kann, wenn es misslingt. man hat nur ein leben, das für die, die viel unternehmen, immer zu kurz ist. und das „experiment" schließt häufig den ehegatten, die kinder, ihre zukunft mit ein ... ein grund mehr, diejenigen, die es wagen, zu unterstützen, anstatt sie in allen klassen als klassenfeinde oder in allen kirchen als ketzer zu betrachten." (d.d. rougemont)

„die gewinne durch „maschinen", „techniken" und „heilmethoden" unserer zeit sind mir höchst zweifelhaft. möglicherweise wäre es um die gewinne auf sozialem gebiet ähnlicherweise bestellt. es ist mir unmöglich, diesen text von d.d.r. so vorbehaltlos wie vor fünfzehn jahren zu zitieren: welche institutionen sollten denn unterstützend und fördernd wirken? die staatliche verwaltung hat kaum interesse daran, zellen des widerstandes zu begünstigen. hier tendiert doch alles zum überwachungsstaat, je mehr die sozialen bindekräfte durch die auflösung der traditionen verschwinden und lenkungs- und flutungsmanipulationen die massen zu kontrollieren und zu steuern suchen. und politische organisationen? nun, darüber ist wohl kein wort zu verlieren. abgesehen davon: mit welchen sozial- und psychotechniken wären hilfestellungen möglich? erwünscht? die zersetzungsmechanismen aller versuche, in größeren gruppen als der kleinfamilie, mittlerweile teilfamilie zu leben – spricht man doch schon ganz ungeniert von „lebensabschnittspartnern" –, gingen meiner erfahrung nach von spaltungen des kernes aus: entweder wehrten sich meine frauen mit händen und füßen gegen eine erweiterung und gaben nur angesichts der drohenden trennung von mir nach. oder es gab rivalitätskämpfe unter uns männern. auch wenn die rangordnung quasi „natürlich" zum vorteil des unternehmens war. im übrigen empfand etwas in mir immer auch: „ich werde dir auch etwas erzählen: jedes mal, wenn ich an etwas gemeinsamem, irgendeiner rechten menschenangelegenheit habe teilnehmen müssen, ist es mir ergangen wie einem mann, der vor dem letzten akt aus dem theater tritt, um einen augenblick luft zu schöpfen, die große dunkle leere mit den vielen sternen sieht und hut, rock, aufführung zurücklässt, um davonzugehen."
(r. musil)

allein die räumliche struktur der bauwerke ist dem zusammenleben einer größeren anzahl von menschen feindlich: historische bauten sind für herrschaftliche familien und deren dienstboten eingerichtet. klosterbauten kalt und streng und auf entsagung ausgerichtet. alles beginnt mit der möglichkeit von neubauten. oh je! ein mir befreundeter architekt sagte so schön: bei einem historischen gebäude kenne man seinen feind. bei einem neubau sei er ganz ungreifbar.

in der jugend hatte eine übergreifende idee in ihrer glut alle trennenden abneigungen zwischen den kommunarden eingeschmolzen. jedenfalls für eine gewisse zeit. es war die vorstellung, es sei das paradies, aus dem wir vertrieben wurden und dessen eingang der engel mit dem schwert versperrt, am hintereingang offen. doch müsste man da erst um die ganze welt reisen ... nein, die „ferialen utopien", wenn wir hier rund um eine theaterproduktion für tage oder wochen zusammenleben und die einen am heuboden, andere im schlafsaal auf den feldbetten, dritte am dachboden des waldstadels nächtigen, gemeinsam in der moarstube gegessen wird, ein zeitlich begrenztes vorhaben alle eint, das ist möglich. weitergehendes scheint immer mehr ausgeschlossen. immerhin haben wir einiges versucht." (fw)

WINZERHAUS
IN GLANZ/SÜDSTEIERMARK 1981

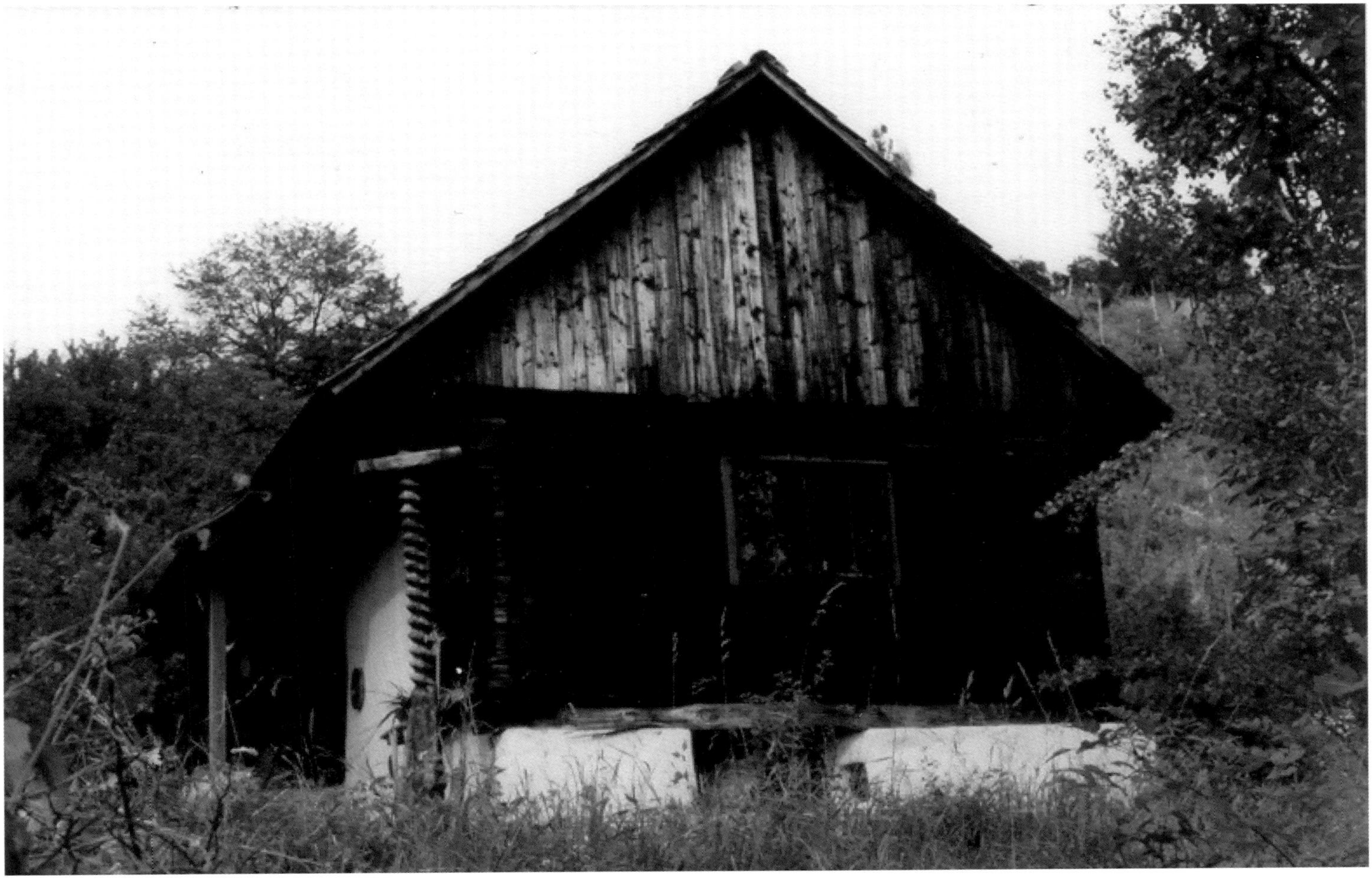

im februar 1981 wurde ARAMIS und seiner neuen frau britta brauner, die schon in der blumau teil der dort lebenden gruppe geworden war, ein neues objekt, ein kleines, desolates winzerhaus auf einem jahrzehntelang verkommenen grundstück in glanz in der südsteiermark, als wohnstatt gegen renovierungsarbeiten von peter gunzy, dem ARAMIS zeitlebens verbunden bleiben würde, angeboten. der aufenthalt hier war allerdings nur ein kurzes zwischenspiel, ein interludium getragen von der noch frischen liebe zu seiner nächsten gefährtin (übrigens der einzigen, die alle vier von ihm bewohnten gehäuse miterlebt hat).

im unterschied zu allen anderen renovierten gebäuden war dieses viel zu klein, um viele menschen in einer umfassenden lebensgemeinschaft aufzunehmen (was er nach den erfahrungen in der blumau vorerst auch gar nicht mehr wollte), und bot einem kreativen geist wie ARAMIS wenig möglichkeiten, sich zu verwirklichen. verwirklichen hieß bei ihm inzwischen, alles miteinzubeziehen: lebenskunst im sinn des ihm vorschwebenden „gesamtkunstwerks", die untrennbar mit arbeits-kunst verbunden war, beinhaltete für ihn das gestalten von wohnraum mit den dazu gehörenden, kunstvoll selbst gestalteten möbeln und bildern, die sehr oft für ganz konkrete räume entworfen wurden, das bemalen und renovieren alltäglicher gebrauchsgegenstände, das reflektieren der unterschiedlichen funktionen der räumlichen objekte, aber auch das zelebrieren des gemeinsamen essens, das miteinander reden (geschwätz und herkömmliche konversation – oder was er darunter verstand – waren ihm ein gräuel und jeder, der das jemals versuchte, wurde sehr schnell in seine grenzen verwiesen), die gestaltung des erotischen zusammenlebens und die suche nach den entsprechenden textilen hüllen für sich und die seinen.

so gehört auch sein unverwechselbarer kleidungsstil, der sich allmählich herausgebildet hatte, in diesen zusammenhang – die zeit der sixties-hippiekleider würde bald endgültig vorbei sein: feste, meist noch von alten schustern gemachte schuhe (mit vorliebe harte, komfortfreie haferlschuhe, die er zum entsetzen seiner gefährtinnen auch zum bergsteigen anzog, weil er gelesen hatte, dass der erzherzog johann sie zum bergwandern getragen hatte), holzpantinen oder gummistiefel, gestrickte „stutzen", die unvermeidliche kniebundhose, stehkragenhemden, steirerjoppen und selbst gestaltete umhänge oder mäntel aus loden oder handgewebten materialien. frauen sah er am liebsten in dirndlkleidern.

„als ich jung war, habe ich vom unverwechselbaren geträumt. ein alpenländler. sich so fremd fühlend, dass fremde länder ihn heimatlich anwehten. oder versunkene zeiten. (...) dirndlkleider als haus- und gebrauchskleider. der steireranzug als arbeitskleidung. 1938 wurde von den nationalsozialisten das trachtenverbot für juden ausgegeben. kurioses missverständnis der schleichwege und dialektischen sprünge, durch die kulturelles erbe weiter vermittelt wird. seither tragen die engel keine dirndln mehr. teufelinnen auch nicht. selbst die hölle ist nicht mehr romantisierbar. nach auschwitz. obwohl es durchaus denkbar ist, auf eine dirndlträgerin gedichte zu machen. auf eine mehr oder weniger alpenländische frau. (...) ist also so etwas wie „alpenländische identität" noch konstruierbar? es sieht nicht danach aus. sollen wir alles dem zufall überlassen?" (alpenländische identitäten, s 9)

dem zufall und den tourismusverbänden wollte ARAMIS nie etwas überlassen, und so griff er, gegen die zeitgeistige mode polemisierend, tief in den von den nazis und den blut- und-boden-verkäufern missbrauchten fundus der alpenländischen kleiderkultur (bis zu seinem lebensende waren ihm synthetische stoffe und knallbunte farben ein gräuel). es bereitete ihm geradezu diebisches vergnügen, alte, traditionelle kleidungsmuster mit ganz offensichtlich volkskulturfremden elementen (die durchaus auch aus anderen volkskulturen sein durften – „ethno style" war damals noch nicht in aller munde) zu kombinieren und so etwas zu schaffen, das ihn „unverwechselbar" machen würde.

dass das natürlich im lauf der jahre zu einer ganz bewussten ikonisierung und inszenierung seiner selbst als „anderen", auf den ersten blick sich schon unterscheidenden „außergewöhnlichen" führte, die es seinen mitmenschen (vor allem der landbevölkerung) zusehends schwerer machte, ihn als einen der ihren zu akzeptieren, gehört hier auch festgehalten. so wie er sich durch seine kleidung und seine handlungen dem durchschnitt (oder dem, was er dafür hielt) konsequent verweigerte, forderte er von allen anderen diese kompromisslosigkeit ebenfalls ein. die begriffe „haltung", „contenance" gehörten zu seinem fixen vokabular, „schwäche", „bequemlichkeit" ebenfalls. weichlichkeit („unmännlichkeit") war ihm der erproben wollte, wieviel herkömmlichen komfort man weglassen könne, um die „lebensqualität" – das, was er „wohnkultur" nannte – zu steigern, etwas, das es mit allen mitteln zu bekämpfen galt.

und so wie jemand, der fastet, sich besser, erhabener als die willenlosen fresser fühlt, wuchs in ihm allmählich ein überlegenheitsgefühl, das sich durch die tägliche kasteiung durch arbeit gegen ende seines lebens bis an die grenze des krankhaften steigerte und an gewissen photos gut ablesen lässt. studiert man die vielzahl der porträts (siehe die photogalerie von seite 111 bis 121), die von ihm über die jahre gemacht wurden, ist auch darin ein ungebremster hang zur selbststilisierung zu erkennen, die oft angelehnt an herrscherporträts der renaissance erscheint, also der ein aufblühendes selbstbewusstsein dokumentierenden hochzeit des individuums, das zu neuen ufern aufbricht. in all dem bildmaterial findet man nur äußerst selten spontanes, das heißt nicht von ihm kontrolliertes, natürliches verhalten abgebildet.

die „persona" der moderne ist aber das medienbild. auf dessen aussehen, mehr noch: auf dessen auratische präsenz richtet sich der gesamte gestaltungsaufwand. in dieser radikalen selbstbezogenheit, die er via photos in all seinen publikationen später zelebrierte (lange bevor begriffe wie „ich-AG" oder „facebook" in aller munde waren), stand ARAMIS – auch wenn er das noch so verneint hätte – doch ganz am boden der grundbefindlichkeit der kapitalistischen globalgesellschaft.

so umfassend sein lebens-, wohn- und arbeitsbegriff inzwischen auch schon entwickelt war, darf man sich aber jetzt nicht vorstellen, dass ARAMIS rastlos rund um die uhr gearbeitet hätte – es gab natürlich auch in diesem so angefüllten leben viele selbst geschaffene freiräume, die er in den warmen jahreszeiten vor allem mit wandern und erkunden der natur, nackt in der sonne baden (viele menschen haben ihn unbekleidet, nur mit gummistiefeln bewehrt wie aus einem bild der reform- und nacktkörperbewegung des frühen 20. jahrhunderts in erinnerung) und in den langen, kalten wintermonaten mit lesen/studieren von für ihn relevantem intellektuellem material ausfüllte.

vor allem das lesen war ihm im sinn von „geistiger arbeit" ein ungeheurer stimulans für sein körperliches tätigsein – lesen zum „zeitvertreib", als ablenkungs- und eskapismus-maschine kam für ihn sowieso nicht in frage. die wohlbestückte bibliothek, die heute noch in schloss lind zu besichtigen ist, und die zahllosen lese-spuren und kunstvoll gestalteten lesezeichen in den über die jahre angesammelten büchern geben ein beredtes zeugnis von der universalität dieses überaus willensstarken selbst-bildners ab.

„schön ist es zu arbeiten, aber ich weiß nicht, ob ich ein größeres vergnügen kenne, als über meinen büchern in der märzsonne zu sitzen und im trockenen wind, der die letzten blätter des vergangenen herbstes aufwirbelt, zu beobachten, wie die sommersprossen auf meinen brauner werdenden händen wachsen." (fw)

GEHÖFT RUMPL / SEMRIACH 1981

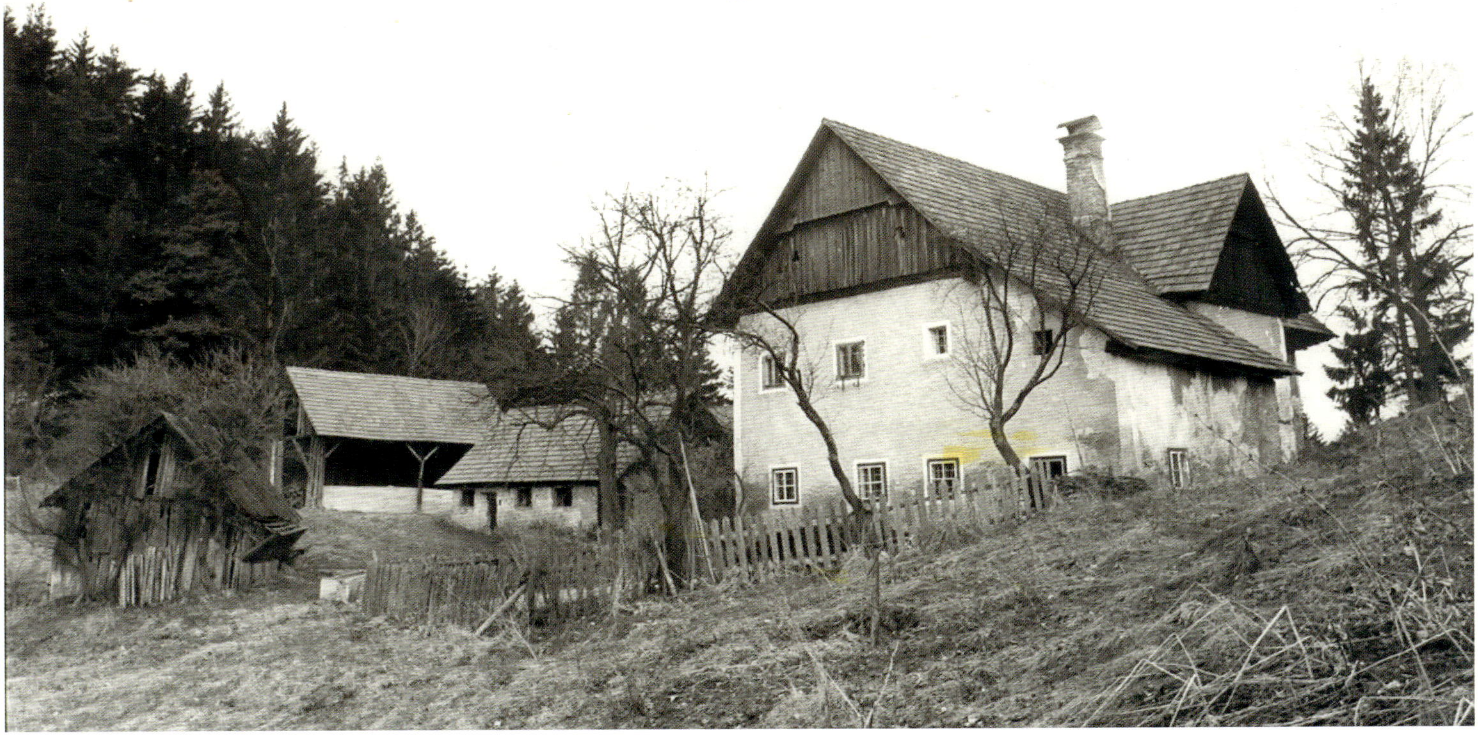

schon im september des jahres 1981 übersiedelte ARAMIS nach dieser kurzen episode wieder, diesmal auf den bereits seit 15 jahren leer stehenden bergbauernhof rumpl am westhang des schöckl bei graz in 800 m seehöhe. nach der enge des winzerhäuschens bot sich hier wieder ein gebäude an, das zwar nicht die größe der blumau hatte, aber trotzdem genügend raum für mehrere menschen und gleichzeitig rückzugsmöglichkeiten für ihn in sich barg.

„nun, beatrix zog mit den kindern aus, ehe sie richtig eingezogen war. julia (anm. seine tochter) *lebte dann neun monate bei uns am hof. im winter stand ich um fünf uhr früh auf. heizte den herd. weckte das kind zum frühstück. führte es durch den wald zum nachbarbauern. von dort wurde es mit dem nachbarskind die drei kilometer hinunter zur schulbushaltestelle geführt. am heimweg begleitete ich sie über die viehweiden nachhaus. Als wir uns an dieses leben ganz gewöhnt hatten und sie adoptieren wollten, schnappte sie uns beatrix einfach weg: nach den osterfeiertagen bei ihr kehrte julia nicht mehr zurück. robert aber blieb. so lebten wir zu dritt, zu viert, zu fünft. wochen, monate, so manches jahr. arbeiteten gemeinsam. feierten mit vielen gästen feste. ich las lange heimelige abende geschichten vor. es gab ja kein radio, kein fernsehgerät, keine zeitungen. nur viele bücher schon damals. derer wurden es immer mehr."* (fw)

„es war die zeit der pflanzengefärbten wollen und der handgesponnenen garne. britta brauner und ich webten damals im hause. ich saß viele abendstunden am webstuhl und fertigte wandbespannungen und decken aus griechischer schafwolle, die wir uns in großen plastiksäcken schicken ließen. donnerstags fuhr ich immer mit hinunter und erledigte den wöchentlichen einkauf. die marktfrauen kannten mich und meine vorlieben schon. regnete es, stieg ich durch die planken, mit denen das ruinöse palais trauttmansdorff vernagelt war, und montierte ganz ungestört alle alten türbeschläge ab. die container nicht zu vergessen: da gab es bodenplatten, fenster mit altem glas und schönen sprossen, ja sogar die teile für ein dutzend kerzenleuchter und die säule der alten marktwaage vom färberplatz aus schwerem messing, über halbmeterlang, mein schönster leuchter dann. als nämlich alles, was ich so zusammenraubte und sammelte, hier in lind ausgepackt und dort angebracht wurde, wo vorher andere alles abmontiert und ausgeraubt hatten. im palais trauttmansdorff aber wurde alles, alles funkelnagelneu, glatt und steril." (fw)

rückblickend entkleidete ARAMIS diese zeit aber jeglicher idyllisierung: das leben in einem derartigen komfortfreien umfeld verlangte von jedem ein höchstmaß an willen und umdeutung der notwendigkeiten in von freiem entschluss geprägte handlungen. ablesbar wurden diese mühen aber langsam auch an seinem körper: aus einem schwächlichen jüngling wurde ein muskelgestählter, zäher mann, ein land-arbeiter und abgehärteter mönchsartiger athlet, der von nun an den kult um seinen selbst geformten leib in zahlreichen photos knapp an der grenze zum narzissmus zelebrieren würde.

„jetzt, in dieser klammen kälte, sehr geschwächt und ohne jede lust auf bewährungsproben, erinnere ich auch diese vielen szenen, während jener zeiten, die ich im rückblick zu idealisieren pflege: am rumpl zum beispiel gab es damals noch richtige winter. einmal war das haus vier meter hoch zugeweht. wir bewegten uns in ausgeschaufelten laufgräben, übermannshoch, wochenlang zu den nebengebäuden, zu den schafen. die finger so blau gefroren wie in meiner kindheit. die schmerzen beim auftauen, hatte ich den krisenpunkt übersehen. aber gegen das alles setzte ich die phantasien eines kampfes, der zu bestehen sei. und sei es stundenlanges abschleifen von verrosteten herdteilen. feinster roststaub, der überall eindrang und aus dem ich einen wüstensturm romantisierte an meinem einsamen arbeitsplatz. in diesen zeiten, vor allem wenn ich allein die vielen wochen auf der noch völlig wüsten neuen baustelle campierte, umgeben von moder, schutt und verfall, taten auch gewisse schriften von peter rosegger und heinrich waggerl mir gut. wo hätte ich sonst die bilder finden sollen in dieser zeit? in diesen gesellschaften? aber das war es auch, was die menschen um mich herum an meinem leben faszinierte: hier übte jemand zäh seine asthenischen konstitutionsbestände zum athletischen hin. genau das, was thomas buddenbrook vergeblich von seinem kleinen sohne hanno zu erzwingen versuchte. wohl mag hier eine rolle spielen die verachtung, welche meine mutter der schwäche meines vaters gegenüber zum ausdruck brachte. und dass da in meiner herkunftsfamilie gar keine möglichkeit zur verweichlichung im sinne „höherer kultur" bestand. allerdings ließ mich die eingesperrtheit meiner kindheitssituation immer mehr in literarische vorbilder hineinwachsen. nein, ich nahm sie in mich hinein. so wie man etwas auch nicht „auswendig", sondern sich „inwendig" macht. irgendwann aber trat und tritt immer die zeit ein, da ich von dem mit so viel mühe und aufwand angestrebten genug hatte. bewährte ich mich endlich, verlor ich jedes interesse. versank in lethargie. so lange bis die neue aufgabe sich mir aufdrängte. erzwungen wurde durch äußere umstände. und ich diesen zwang zu meinem freien entschluss machte und ihm die richtung gab: innerlich vielfach gespalten ..." (fw)

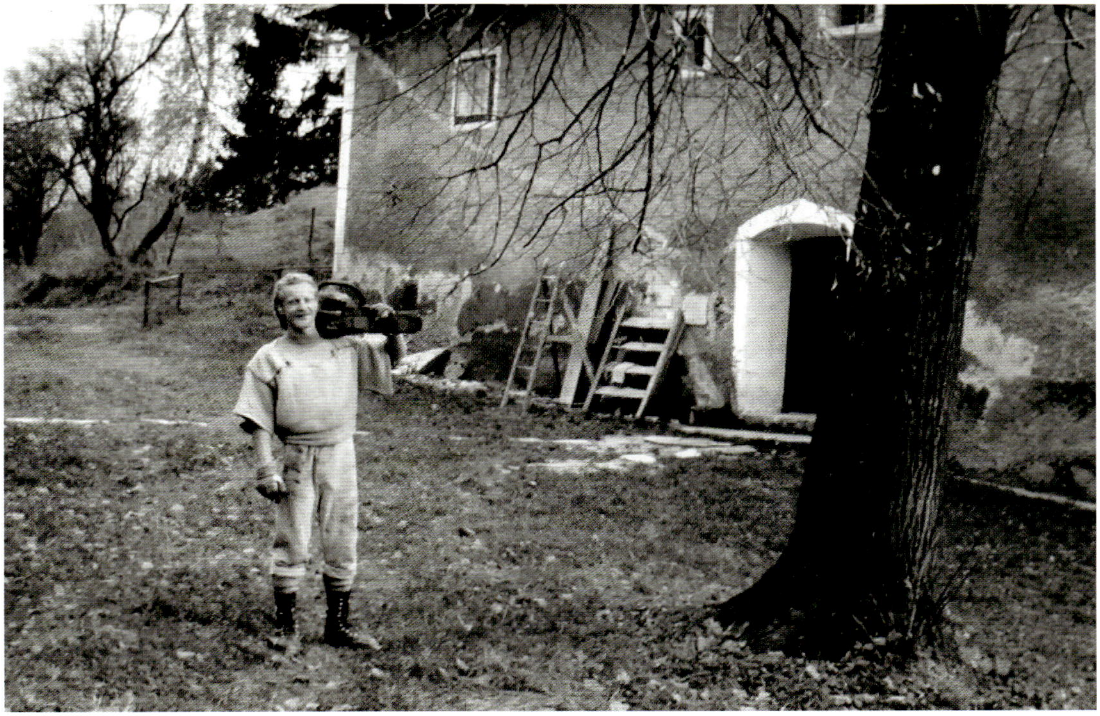

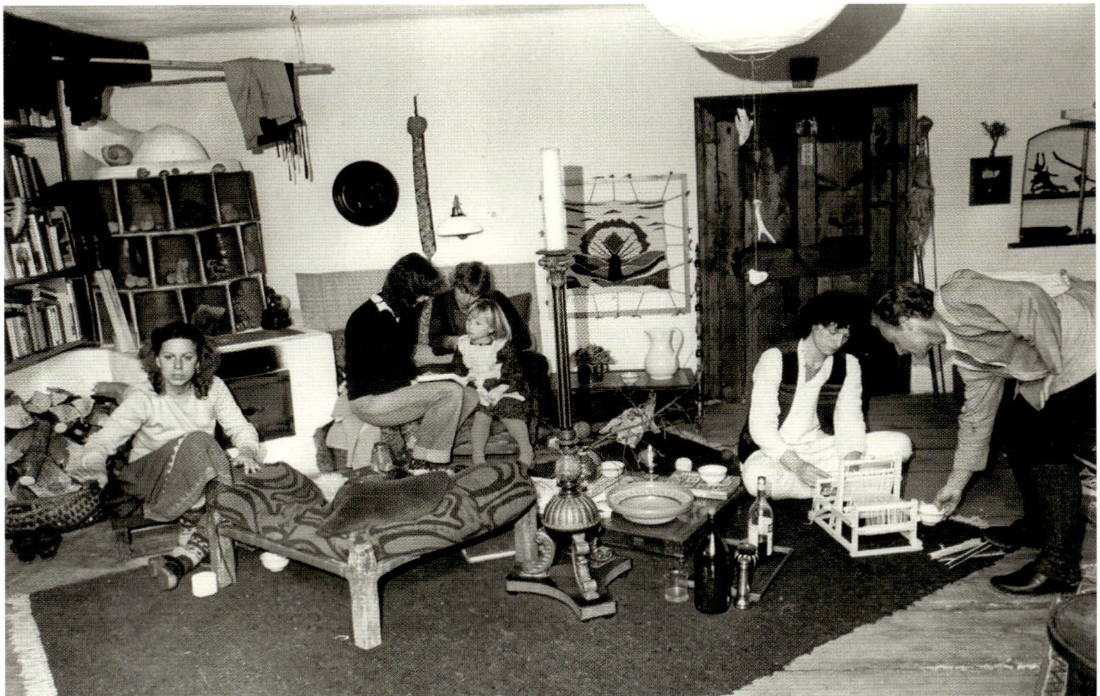

nach einigen jahren wurde ARAMIS aber auch dieses umfeld zu eng: er hielt seminare über „ALTERNATIVE LEBENSFORMEN" im bildungshaus retzhof und entwickelte in den unterschiedlichsten handwerklichen und landschaftspflegerischen techniken meisterlichkeit. aber auf die dauer brachte all das keine wirkliche befriedigung. enerviert durch die kleinlichen forderungen des verpächters, der die von ARAMIS und gefährtInnen hand-werklich erbrachten leistungen nur in geld zu bewerten vermochte, war er wieder auf der suche nach neuen herausforderungen, die ihn in auseinandersetzung mit der ihm immer bedrohlicher erscheinenden abfallgesellschaft zu neuen bildern und aktionen gegen den konsumismus der 1980er jahre bewegen würden.

„in den über zwanzig jahren, die ich mich mit bildnerischer kunst beschäftige, ist mir noch nie eingefallen, „kunst um der kunst willen" zu betreiben. es ist mir aber immer als ein mangel an hirn oder herz beim künstler und beim publikum erschienen. ich habe immer engagierte kunst gemacht, also mit künstlerischen mitteln versucht, ein brennendes problem anzupacken. meine freunde waren daher sehr erstaunt, als sie ein dekoratives stillleben erblickten mit vasen, violinen und anderen schöngeistigen erbauungsgegenständen. sie haben jedoch bald bemerkt, dass es sich nicht um eine midlifekrisis meiner so spitzfindigen muse handelt. ich habe nur den erhobenen zeigefinger zur abwechslung vom inhalt in die form bzw. in das material gesteckt. und das heißt – mitten in den abfall (ich darf hier anmerken, dass ich ihnen hier die direkten, feinen abfälle kredenze. ich habe die freude, ihnen den gröberen müll noch im verlauf des frühlings oder frühsommers am hauptplatz vorzuführen). nun, das ist ja wohl eines der brennendsten probleme dieser jahre: wir drohen in unseren abfällen zu ersticken. die erde verwandelt sich unter unserem berühmten erfindergeist in eine riesige müll- und abraumhalde, die luft in eine abgaskammer und die gewässer in kloaken. welch ein fortschritt! diesen alptraum hätten die so belächelten utopisten und träumer tatsächlich nicht zustandegebracht. dazu bedarf es beinharter, auch knallharter realisten. damit wir uns recht verstehen: ich sorge mich nicht um die natur – mutter natur wird, wenn wir vollends in die katastrophe schlittern, ihr mona-lisa-lächeln aufsetzen und mit donnergrollen lispeln: „das ist genau das, was ich liebe ...". um diese große natur sorge ich mich nicht. ich kämpfe nur für die menschliche natur, den natürlichen menschen. dieses durch die geschichte irrlichternde märchenbild einer menschheit, die im gleichgewicht lebt mit der natur. eine höchst diffizile angelegenheit. manchmal in entlegenen gegenden und zeiten gesichtet und auch gleich danach im trüben strom des zivilisatorischen fortschritts ertränkt. vielleicht auch nur neu verteilt. keime einer hoffnung. ich spüre in mir jedenfalls eine kräftige portion davon. wie dem auch sei ... es wäre nett, wenn sie ihren kindern ein paar meiner bilder vererben – schon deshalb, weil ich dann meine ökologischen machenschaften weiter ausdehnen kann. aber viel wichtiger ist mir, dass sie ihren kindern zeitgemäßes bewusstsein vererben: dass der ganze mensch in uns aufgerufen ist, aus diesen müllhalden und kloaken einen garten zu machen. der probleme werden es wohl immer noch genug sein, es wird schon nicht zu langweilig ... dieses bewusstsein bei unseren kindern wird aber wohl nicht das produkt von schönen worten sein, sondern von taten. daran wollte ich sie erinnern." (sb, 26. jänner 1989)

der sorg- und skrupellose umgang einer gesellschaft mit neuen materialien, die schon a priori für den verschleiß produziert waren, erfüllte ihn mit abscheu. müll, abfall, vorgefundenes aus abbruchhäusern (wie etwa dem schon erwähnten palais trauttmannsdorff) wurde ihm von nun an das basismaterial für viele seiner installationen, bilder und revitalisierungsprojekte: er, der so gut wie nichts wegwarf, sondern immer nach möglichkeiten der wiederverwertung suchte, so wie er es von den „alten" gelernt hatte, bewahrte durch seine sammlertätigkeit viele dieser abfallprodukte vor dem verschwinden aus dem verwertungskreislauf, indem er sie neu kontextualisierte. die zahllosen türen, fenster, geschmiedeten alten nägel aus abbruchhäusern und gegenstände des bäuerlichen lebens, die er auf seinen erkundungstouren zu verfallenen bauernhäusern, schlössern und abfallgruben – wie im folgenden eine, die er später in der zeit mit britta sievers unternommen hat – auflas, fanden schließlich auf schloss lind so zu neuer bestimmung.

„flaumfedern schweben aus blindem himmel vor schneeblinden augen. ein strich krähen schwarz über schneefeldern. im wald ist es dann dämmrig und heimelig. eine gedämpfte stille. wir haben unsere räuberkostüme an. gut gestiefelt. ich ziehe den schlitten mit den aufgebundenen stricken und gurten. nur unsere schritte sind zu hören und das schneiden der kufen. später werde ich immer solche stunden erinnern, wenn ich an unsere größte nähe denke. räubergeschwister. eine art federnball im tiefen wald, den wir hochsteigen. schweigend in die stille sinkend. oben auf der langgestreckten kuppe flüchten rehe. wir durchsteigen stacheldrahtzäune. steil schräg abwärts auf der anderen hügelseite nähern wir uns dem seit jahrzehnten verlassenen ruinösen gehöft von hinten. das dach ist bereits eingeknickt. der boden hängt wie ein schiffsdeck schief. du wartest draußen, blickst in die diffuse

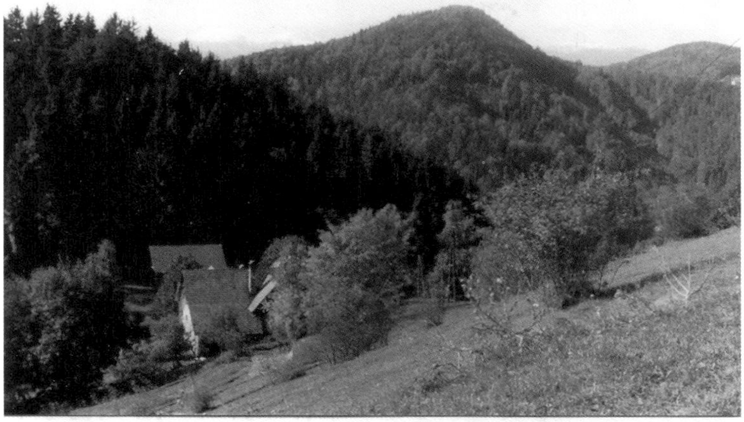

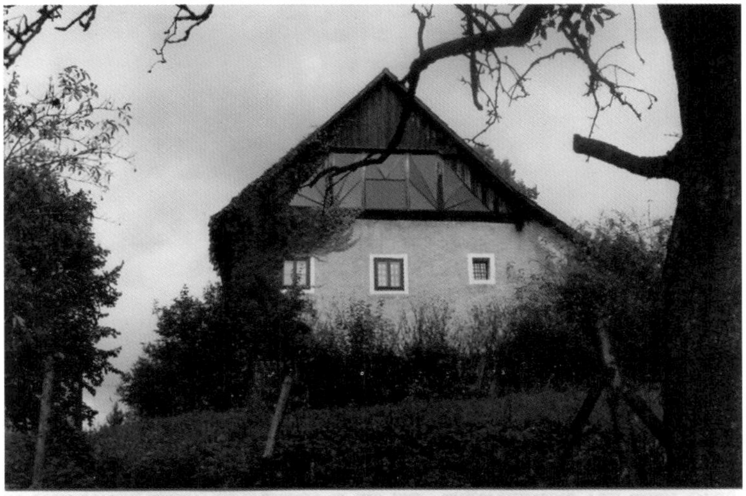

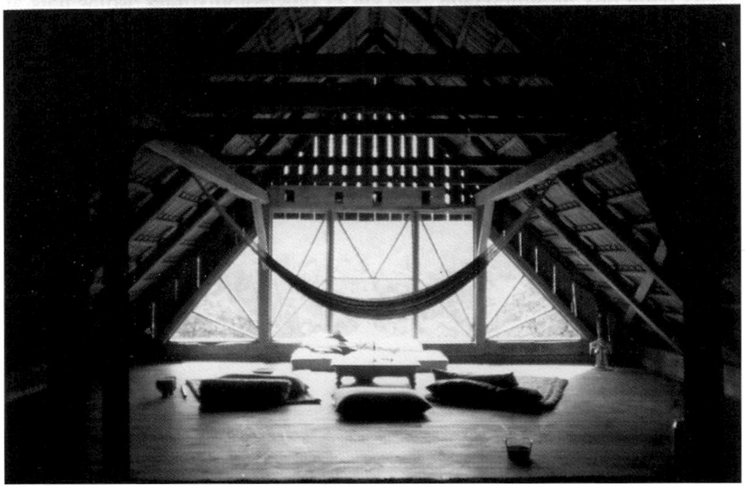

weite. ich trete in die verlassenen räume voller zurückgelassener häuslichkeit. asche im zerfallenden herd. um den es seltsam lebendig von toten seelen ist. immer ist es auch wie im traum. ich höre tief und laut mein herz. heiliges ist inmitten dieses zum unrat gewordenen hausrates. flügelrauschen. singen. sie singen „so leb' denn wohl, du stilles haus, wir ziehen betrübt aus dir hinaus, und fänden wir das höchste glück, wir dächten doch an dich zurück." in die rauchgeschwärzte wand sind initialen geritzt, jahreszahlen, herzen und pfeile. sommerliches liebesversteck halbwüchsiger. dann lagert das jungvieh auf der almwiese vor dem haus. ich beginne einzusammeln, was es zu retten gibt. reiche dir manches kleinteilige durch die fenstergitter. dann trage ich die niedrige tür mit den holzriegeln hinaus. eine kleine bank, wie sie die bauern früher selbst gemacht haben. das große messer eines futterschneiders. lese handgeschmiedete nägel auf. fetzen alten papieres. stockfleckige wäsche. was am schlitten vertäut wird, ist der inhalt einer bundeslade. es ist jetzt ein ritual, wenn wir den schlitten heimziehen. raub und flucht und bergung. und du gehst neben mir oder schiebst oder hältst den schlitten, als gäb es nichts wichtigeres auf der welt. im kommenden winter stürzt der dachstuhl ein. dann schleift der eigentümer die mauern. heute ist dort alles fremd." (fw, 2009)

im gegensatz zum modernen plastikmüll, der ja nur eine industrielle wiederverwertung zulässt, suchte ARAMIS, der sich im „totentanz" selbstironisch als „lumpensammler" beschrieb, fortan die haltbarkeit von weggeworfenen organischen dingen in seinen installationen zu transzendieren.

walter benjamin nimmt sich in seinen „passagen" (siehe dazu auch kunstforum 209, das sich mit der „heiligen macht der sammler" auseinandersetzt), das in ARAMIS' bibliothek einen prominenten platz einnimmt, der figur des sammlers an, weil er sich für dessen verhältnis zu den dingen interessiert. dabei unterscheidet er zwischen dem „lumpensammler", der, indem er den stinkigen unrat aufliest, der gesellschaft ihren ganzen kehricht unter die nase hält, und den „wahren" sammlern, zu denen er auch den büchersammler zählt. der steht im gegensatz zum lumpenproletarischen sammler nicht am rande der gesellschaft, sondern mitten in ihr.

dieser sammler hat im unterschied zu einem museumsbesucher, der die gesammelten dinge ja nur sehen kann, ein taktiles verhältnis, eine körperliche bindung zu den dingen. für den idealen sammler tritt in diesen dingen deren vergangenheit und geschichtlichkeit in erscheinung. nicht nur die „entstehung und sachliche qualifizierung" der dinge hat für ihn belang, sondern auch äußerliche details wie vorbesitzer, entstehungspreis oder wert.

der lumpensammler hingegen ist der mit dem karren durch die straßen ziehende, der die abfälle des vortags in der hauptstadt aufliest. von allem, was die große stadt ausscheidet, „abfällig" wegwirft, verliert oder zertritt, legt er sammelnd das register an. er sortiert nicht nur die dinge, er trifft auch „eine kluge wahl": den „abfall der geschichte" an sich nehmend, wie ein historiker die verlorenen, von anderen links liegen gelassenen, auch in vergessenheit geratenen, der zirkulationssphäre entronnenen, zudem entstellten, auf dem rücken der menschheit gehäuften reste „aufhebend". denn erst als ladenhüter lassen sich die dinge als „zeichen eines anderen, subversiven potentials" lesen. für benjamin ist die erlösung der menschheit erst geglückt, wenn deren „vergangenheit in jedem ihrer momente zitierbar geworden ist", wenn nichts mehr ausgelassen, verdrängt, vergessen, ausgesondert, geopfert oder verborgen werden muss. eine welt frei von schuld.

ARAMIS – auch wenn er sich kokettierend als „lumpensammler" bezeichnete – war aber auch mindestens so sehr „wahrer" sammler und nicht zufällig später auch museumsbesitzer und gründer, also ein sammler, der über das gestalten seiner sammlung körperlichen zugang zu den von ihm gesammelten dingen hatte. eine unterscheidung in wichtige und unwichtige dinge, wie sie ja sowohl abfallwirtschaft wie museum vornehmen, gab es für ihn nicht: alles schien ihm gleichermaßen wert und aussagekraft als erinnerungsspeicher zu haben.

„natur ist von grund auf chaotisch und durch fließende übergänge gekennzeichnet; kultur ist geordnet und in einzelne teile unterteilt. die natur droht also ständig, die einteilungen zu durchbrechen, die die kultur ihr aufzuzwingen versucht.

wir wollen annehmen, dass zunächst ein individuum in einer plötzlichen eingebung sozusagen einen gegenstand nicht als abfall, sondern als dauerhaft ansieht und dass einem beispiel weitere folgen und immer mehr, bis schließlich alle übereinstimmend der meinung sind, dass der gegenstand dauerhaft ist. vom gesichtspunkt der logik aus betrachtet mag ein derartiger kategorienwechsel ziemlich unwahrscheinlich sein, in der praxis jedoch kommt er vor, wenn auch nicht ohne hindernisse, widerstand und verwirrung.

tatsache ist, dass individuen ständig absonderliche und exzentrische bewertungen vornehmen, deren überwiegende mehrzahl nicht einmal eine einzige weitere derartige bewertung auslöst. sie werden höchstens als fessel empfunden, die sofort wieder zerrissen wird. der grund, warum wir dazu neigen, diese gärende masse widersprüchlicher und bedrohlicher bewertungen nicht zu sehen, ist der, dass wir die meiste zeit unvermeidlich jener massiven majorität angehören, deren hauptsorge es ist, solche möglichkeiten dadurch zu unterdrücken, dass sie sich weigert, ihre existenz anzuerkennen.

wir machen dinge wichtig, indem wir andere dinge unwichtig machen. das, was wir wegwerfen, meiden, verabscheuen, von dem wir unsere hände säubern oder was wir mit wasser wegspülen, überanworten wir der abfallkategorie. doch das ist nicht ganz richtig. wir bemerken abfall nur, wenn er sich am falschen ort befindet. etwas, das ausgeschieden worden ist, aber niemals zu stören droht, beunruhigt uns nicht im geringsten.

die menschliche lebensdauer und die zeit, die ein gegenstand braucht, um von der kategorie des vergänglichen über die des abfalls in die kategorie des dauerhaften zu gelangen, ist von ähnlicher art, und das erleichtert nicht nur den wechsel von „abfall" zu „dauerhaft" – da diejenigen, für die er nicht akzeptabel ist, wegsterben –, sondern erschwert auch unser verständnis dieses wechsels." (linder totentanz)

diese „gleich"-gültige haltung den dingen gegenüber, die es durch eine permanente neugier auf die „exotik des alltags" zu kultivieren galt, entwickelte sich jedoch erst langsam – ende der 1980er jahre hatte abfall für ARAMIS vorerst nur einen zivilisationskritischen aspekt, der in der marktplatzaktion „schöner müll" von st. lambrecht und seinen abfallskulpturen gipfelte, wie die folgenden texte zeigen.

48

1987 – 1989
– bilder aus abfall – gemeinschaftsbilder mit werner schimpl – skulpturen aus abfall
– zyklus: „STEIRISCHE KOANS" – kunst zur ökologischen katastrophe, handgemacht vom bauernhof mit echtem kuhdung
1990 – 1992
– aktion in st. marein im rahmen der st.lambrechter künstlerbegegnungen
– orthodoxe und unorthodoxe ikonen

„1989 marktplatzaktion in st. lambrecht - schöner müll
(der einzige skandal, der je bei einer künstlerbegegnung sich ereignete und durch den ich mich in der gegend bekannt machte und meinerseits die gegend kennen lernte)"

„die tyrannei der weltökonomie ist wohlbegründet, die begehrlichkeit als lebensprinzip allgemein anerkannt; die freiheit, auch die letzten ressourcen dieser welt zu verpulvern, gilt allenthalben als nicht aufgebbare grundlage zivilisierten lebens, und wenn es dabei schwefelsäure regnet – was ja keine scherzhafte übertreibung, sondern die reine wahrheit ist." (fw)

„man schmückt die altäre und verpestet die welt.
sehr geehrte damen und herren,
elende sklaven eurer wünsche und der industrie!
ehrenwerte mitbürger,
verbrecherische vergifter von luft, wasser und erde!
liebe brüder und schwestern in christus,
ihr habt euch die erde untertan gemacht und euch vermehrt ohne maß.
die tiere zittern vor euch.
erbarmungslos richtet ihr die lebensgrundlagen der kinder und kindeskinder zugrunde!
ich bitte euch um eine kleine weile geduld:
stellt ab die explosionsmotoren, an denen die wälder sterben!
greift noch nicht nach den verführerisch verpackten waren, deren rückstände flüsse und meere in sümpfe verwandeln.
steckt noch nicht den schlüssel in die türen eurer wohnungen angefüllt mit den gerätschaften eurer bequemlichkeit, durch die ihr schlaff und krank werdet.
ich bitte euch
erforscht mit mir unser gewissen:
welche sünden begehen wir gegen den kreislauf des lebens?
welche verfehlungen stürzen uns aus dem stoffwechsel der natur?
groß ist die zahl unserer todsünden wider die einheit der schöpfung.
und selbst die summe unserer lässlichen sünden wird durch ihre masse zur tödlichen last.
vielleicht seid ihr schon zu kraftlos zur umkehr.
vielleicht vergesst ihr schon heute abend
im hypnotischen bann des flimmernden bildergötzen
über den künstlichen träumen
die wirklichkeit unseres lebens.
vielleicht ist es bereits zu spät.
aber niemand kennt den tag und die stunde.
also ist es sinnvoll, wachsam zu sein." (fw)

zur illustration der auf allen „baustellen" anfallenden konfrontation des besitzlosen „arbeiters" mit dem die objekte besitzenden verpächter (und damit mit dem gesellschaftlichen system, dem sich natürlich auch ARAMIS nie grundsätzlich entziehen konnte) seien an dieser stelle abschließend noch zwei eintragungen aus dem „seufzerbuch" und ein typischer „ARAMIS-brief" zitiert. nicht nur, weil er in letzterem versucht, die fehlende wertschätzung anhand von geleisteter „wertschöpfung" darzustellen und so auch auf rechnerische weise sein lebensprinzip darlegt, sondern auch, weil er ein gutes beispiel für ARAMIS' eloquenten und pointierten briefstil abgibt:

„seit ende september 1991 prozession:
tscheppe (der besitzer, anm): räumungsklage gegen mich
ich: besitzstörungsklage gegen ihn." (sb, 1991)

„heute: zwei freundliche herren, sympathisch, von der kriminalpolizei/suchtgiftabteilung. jemand gab an, ich baue hanf an; ausgerechnet ich, der ich das zeug nicht riechen kann!

ich hab mich von den herren verabschiedet mit den worten: „sagens den denunzianten besten gruß! sie sollen sich was gscheiteres einfallen lassen, um mich zu sekkieren!"

man schied freundlich." (sb, 1991)

„aschermittwoch 88
NACHTRAG ZUR FASCHING-SAMSTAG-DISKUSSION: „PARASITENRECHNUNG":

lieber andreas,
du hast mich neulich von der durchschlagskraft einfacher rechnungen vollkommen überzeugt, und ich erstelle nun meinerseits folgende:

(im unterschied zu dir habe ich mir allerdings die mildeste form – für dich die mildeste – geleistet und fast ausschließlich zu meinen ungunsten abgerundet: so wurde z.b. nicht einbezogen: roberts halbjährige vollarbeitsleistung von ebenfalls 8 stunden täglich, wir waren ja zu zweit am werke und es wurde folglich doppelte arbeitsleistung erbracht – ca. 200 tage –, ich selbst habe oft 10-12 stunden gearbeitet, manchmal auch mehr und auch an sonn- und feiertagen usw.)

es folgen die kosten der haussanierung:
angenommen wurden 300 tage mit 8 stunden. berechne ich einen durchschnittlichen lohn von schilling 200.- (es handelte sich um arbeiten ganz unterschiedlichster art, die nach üblicher verrechnung zwischen schilling 100.- und schilling 500.- liegen), so ergibt sich eine summe von schilling 500 000.- erbrachter leistung. auf 10 jahre nutzung geschlagen ergibt das eine jahrespacht von schilling 50 000.-. dies dürfte zu hoch gegriffen sein. ich veranschlage schilling 30 000.-, also schilling 2500.- monatlich. es ergibt sich eine differenz von schilling 200 000,-. wie viele jahre ich dir also zum geschenk mache, wenn ich den platz nach 10 jahren verlasse, kannst du dir selbst ausrechnen ...

es ist wirklich ganz leicht, realitäten zu erkennen, wenn man emotionslos rechnet. ich danke dir für dein beispiel und hoffe, du wirst in zukunft erst vorher nachdenken und rechnen, bevor du andere etikettierst!
ps. DUDENDEFINITIONEN:
I. PARASIT (gr. lat. „tischgenosse"; „schmarotzer")
1. tierischer oder pflanzlicher schmarotzer
2. stehende figur des hungernden, gefräßigen und kriecherischen schmarotzers im antiken lustspiel
II. RENTE (lat. frz.)
regelmäßiges einkommen aus angelegtem kapital oder beträgen, die auf grund von rechtsansprüchen gestellt werden
RENTIEREN
zins oder gewinn bringen, einträglich sein, sich lohnen

pps.
was ist ein parasit?
was ist ein rentier?
ist ein rentier ein grober parasit?
wer bist du, was bin ich, andreas?
mit bestem gruß
ARAMIS" (archiv schloss lind)

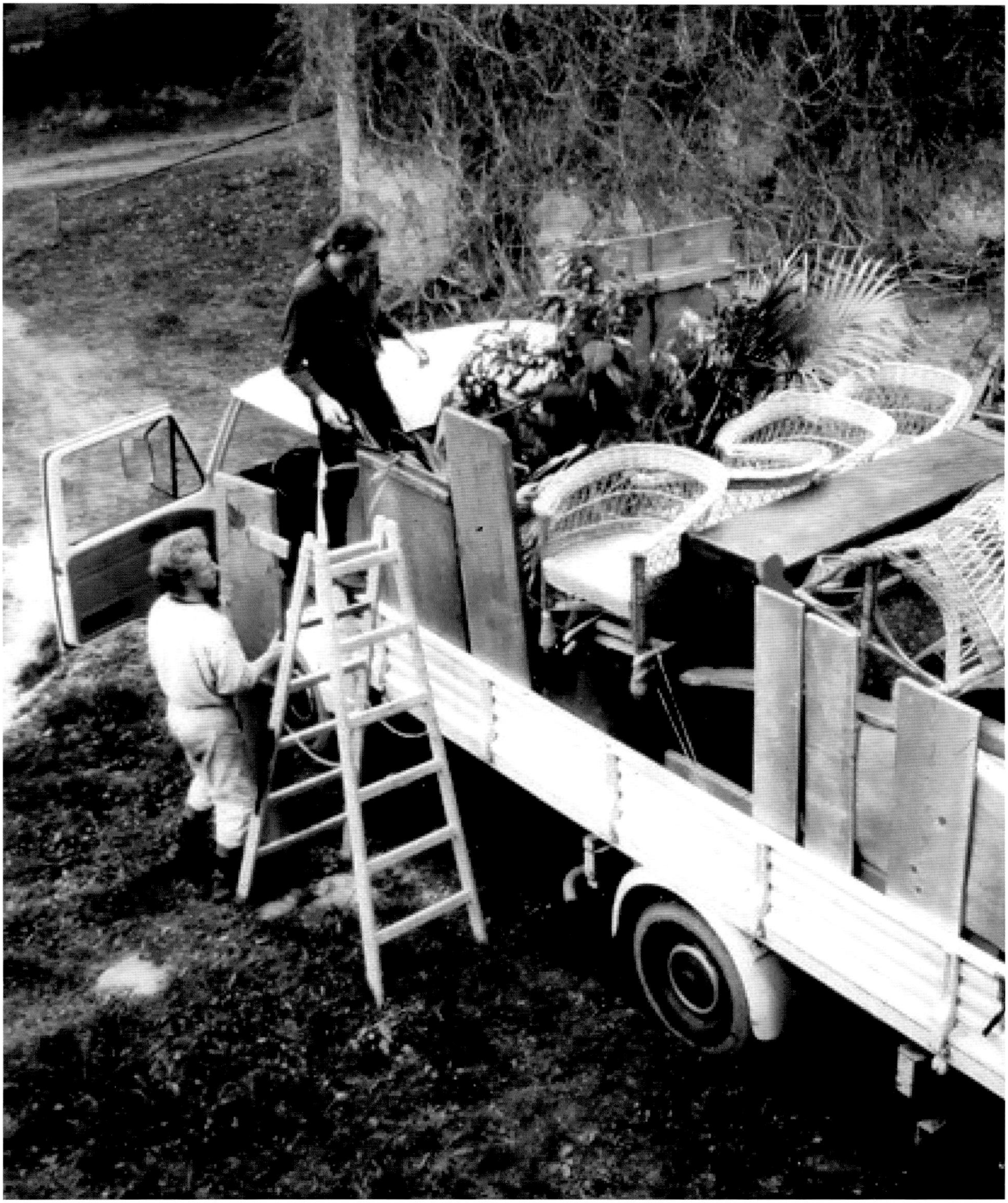

SCHLOSS LIND 1992-2010

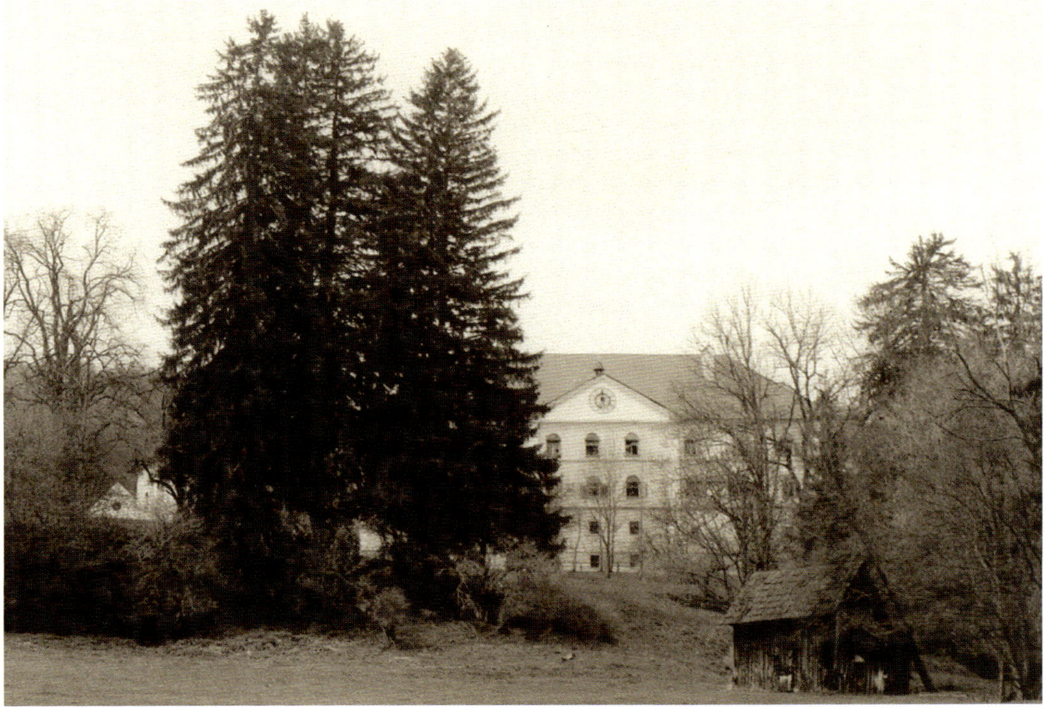

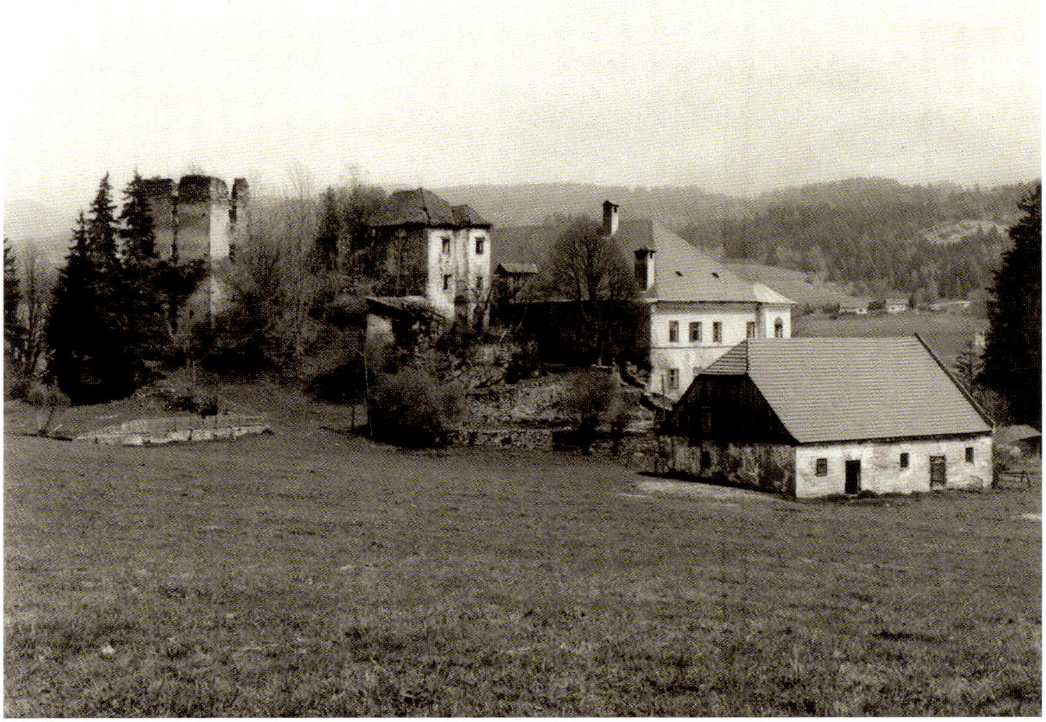

anfang der 1990er jahre entdeckte ARAMIS nach einem gespräch mit dem abt von st. lambrecht, den er bei der künstlerbegegnung und durch das malen von ikonen kennengelernt hatte, schließlich sein letztes objekt: schloss lind und die burgruine linth, die über 50 jahre als verfallen und unrettbar galten. in dieser anlage fand er endlich das, was ihm seit langem vorschwebte: ein vielfältiges ensemble österreichischer volksarchitektur mit kapelle, stadl, wagenschuppen, stallungen, seilzuganlage, antriebsmühle, barockem terrassengarten, etc.

durch schwierigkeiten mit dem verpächter des rumpl endgültig frustriert und nach erfolgreichen verhandlungen mit den mönchen des klosters st. lambrecht, die er davon überzeugen konnte, dass schloss lind noch zu retten sei, siedelte er 1992 mit freunden nach st. marein.

schon früh nannte er dieses lebens- und arbeitsvorhaben BAUSTELLE UND GESAMTWERKSTATT SCHLOSS LIND. das projekt umfasste im verlauf der nächsten zwanzig jahre die restaurierung und revitalisierung der gebäude und anlagen, themenzentrierte ausstellungen, lesungen, konzerte, film, tanz, theater, installationen, klausuren und alternative regionalplanungen sowie kunst in der landschaft.

„seit einem monat hier in lind an der arbeit – von früh bis spät, doch guter dinge: es herrscht aufwind hier! immer wieder erhebt und begeistert uns das land ums haus. heute erste arbeiten am teich. zwei karpfen. ich spüre erst jetzt am abend, wie schwer die arbeit war. vorher erfüllte mich das glitzern der quelle so sehr, dass ein einziges strömen da war. so hab ich wohl als kind gespielt?! wenn das nicht glück ist ..." (sb, 1992)

bereits am abend des 1. mai, kurz nach dem einzug, hielt ARAMIS auf dem schüttboden des baufälligen schlosses vor geladenen gästen eine programmatische lesung über „arbeit", die er mit einem zitat aus dem von ihm so hoch geschätzten grimm'schen wörterbuch einleitete. hier, in diesem riesigen areal, sollte er endlich die möglichkeit erhalten, all das, was sich in den jahren davor an erfahrungen und überlegungen angesammelt hatte, in die praxis umsetzen zu können. und wie hermann nitsch schloss prinzendorf nach seinen vorstellungen um- und auszubauen begann, bekam ARAMIS durch schloss lind sein prinzendorf. allerdings auf gänzlich andere weise als der inzwischen weltberühmte malerfürst (dessen zweite frau ja das geld für den kauf gegeben hatte).

„arbeit
das gemeingerm. wort mhd. ar(e)beit, ahd. ar(a)beit, got. araibs, aengl. earfode, aisl. erfidi ist wahrscheinlich eine bildung zu einem im germ. sprachbereich untergegangenen verb mit der bed. „verwaist sein, ein zu schwerer körperlicher tätigkeit verdingtes kind sein", das von idg. *orbho-s „verwaist; waise" abgeleitet ist (vgl. erbe). eng verwandt ist die slaw. wortgruppe von poln. robota „arbeit". das gemeingerm. wort bedeutet ursprünglich, im dt. noch bis in das nhd. hinein „schwere körperliche anstrengung, mühsal, plage". den sittlichen wert der arbeit als beruf des menschen in der welt hat luther mit seiner lehre vom allgemeinen priestertum ausgeprägt. er folgte dabei ansätzen zu einer wertung der arbeit, wie sie sich in der ethik des rittertums und in der mittelalterlichen mystik finden. dadurch verlor das wort arbeit weitgehend den herabsetzenden sinn „unwürdige, mühselige tätigkeit". es bezeichnete nun die zweckmäßige beschäftigung und das berufliche tätigsein des menschen. das wort bezeichnet außerdem das produkt einer arbeit. –
abl.: arbeiten" (fw)

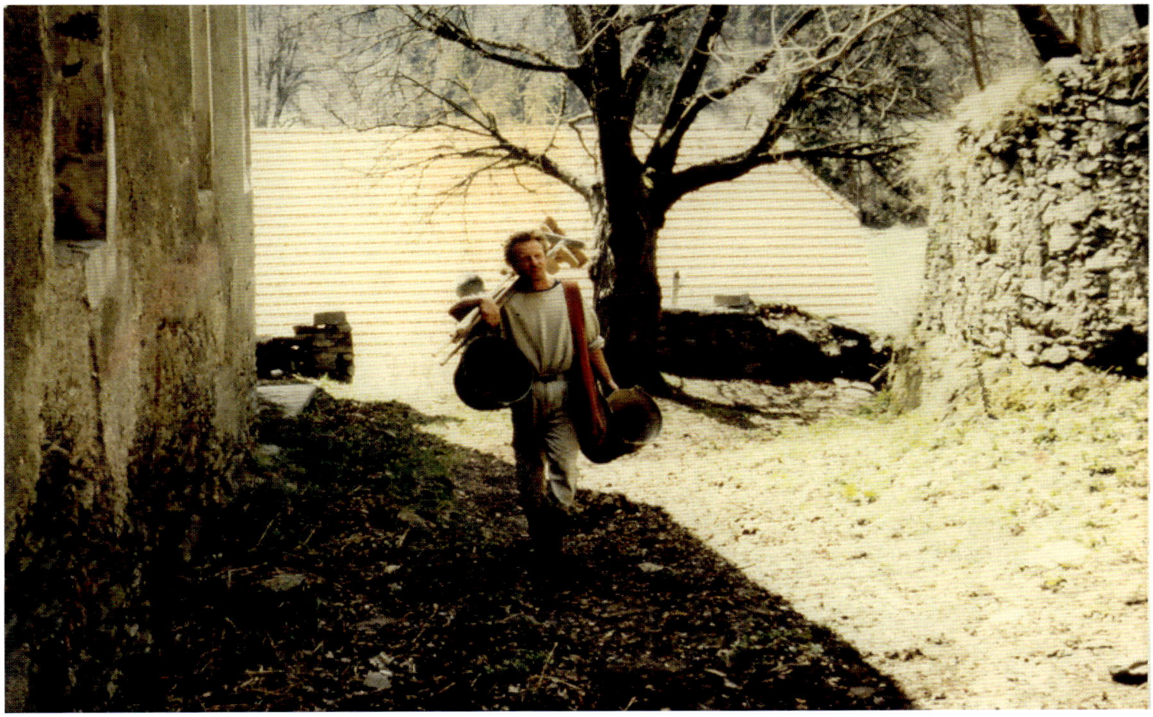

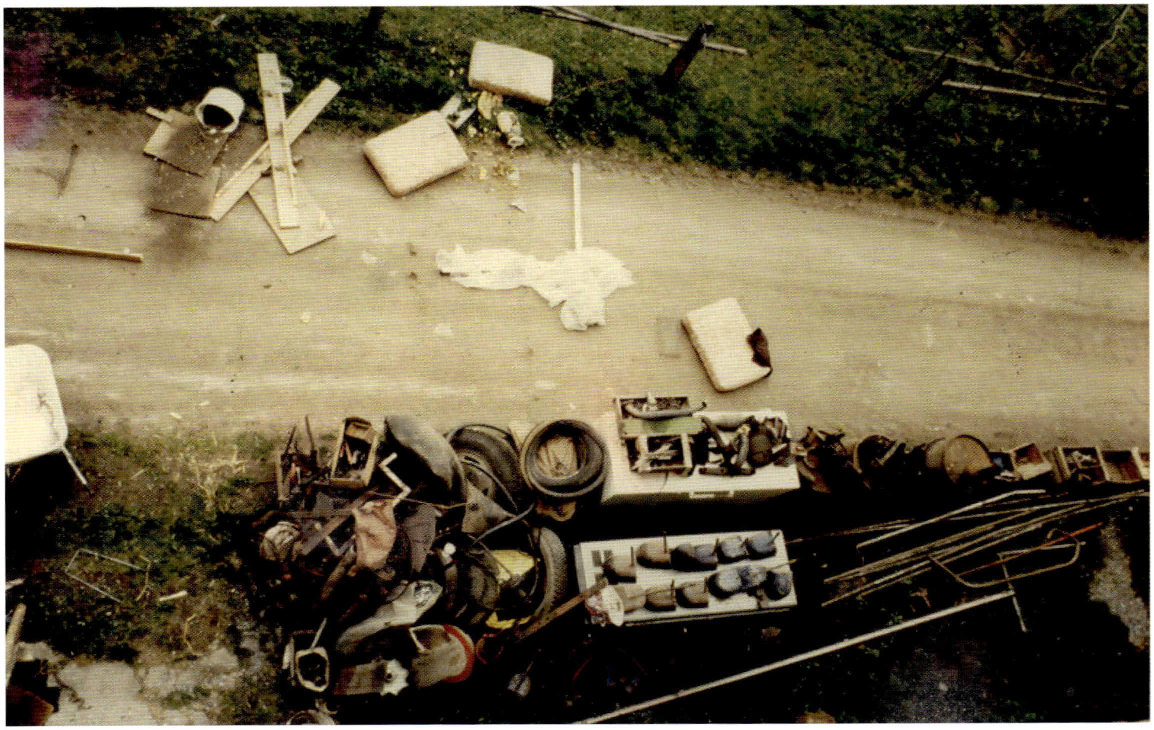

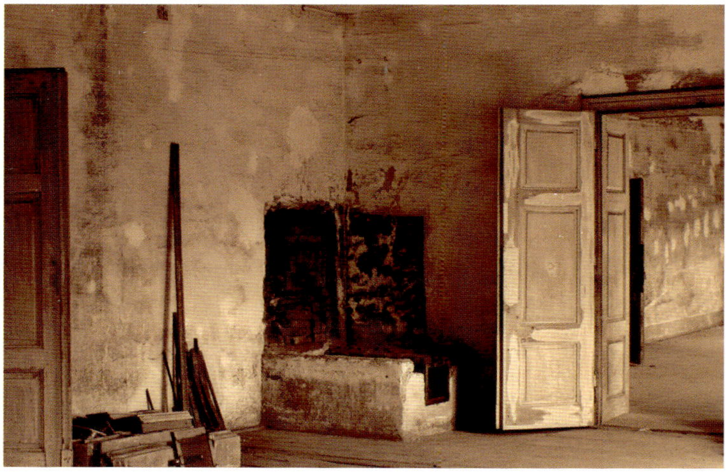

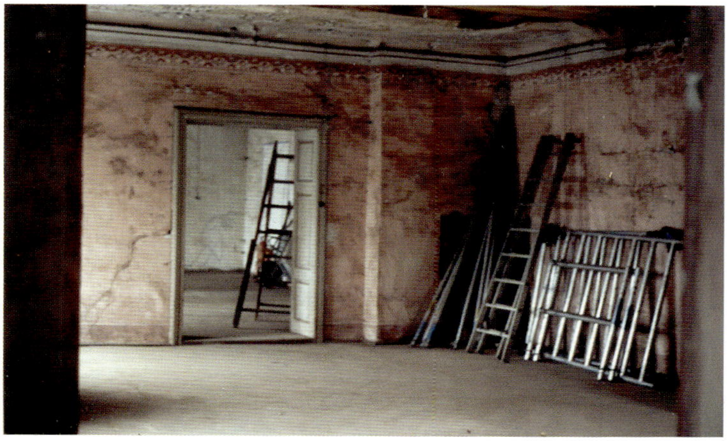

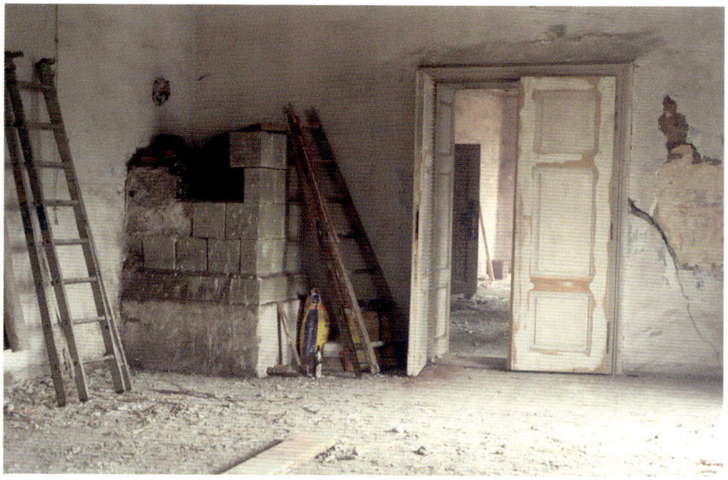

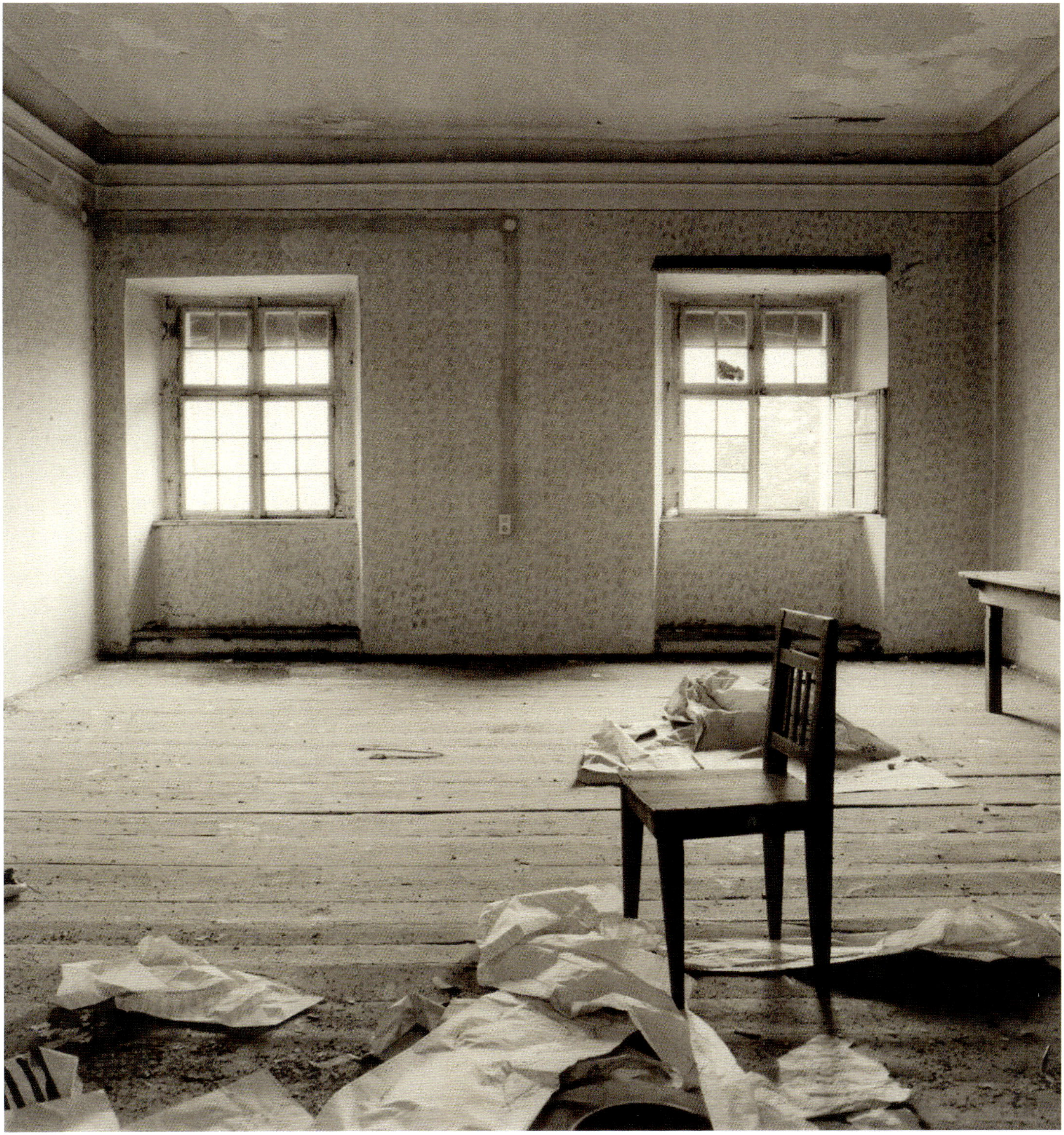

das, was er hier in den nächsten zwanzig jahren aufbauen sollte, verdient ohne einschränkungen als „gesamtkunstwerk" bezeichnet zu werden, also als ein werk, das alle künste sowie alle aspekte des lebens zu einem ganzen vereinen sollte und dabei die grenze zwischen ästhetischem gebilde und realität überschreiten wollte.

harald szeemann hat in seiner ausstellung „der hang zum gesamtkunstwerk", die 1983 im kunsthaus zürich und im museum des 20. jahrhunderts in wien gezeigt wurde, diverse gesamtkunstwerke porträtiert: unter anderem der merzbau von kurt schwitters, die kathedrale sagrada familia von antonio gaudí, den monte verità bei ascona, il vittoriale degli italiani am gardasee. in dieser ersten zusammenstellung unterschiedlichster konzeptbauten waren europäische utopien seit 1800 versammelt, die sich nicht auf eine rein ästhetische bedeutung beschränken wollten, sondern eine umwandlung der sozialen wirklichkeit hin zu einer erneuerten gesellschaft im sinn hatten.

betrachtet man die „baustelle schloss lind" unter diesem blickwinkel, sind es vor allem der monte verità und der vittoriale, die einem sofort einfallen – beides „inseln", die quer zum zeitgeist aus der absonderung heraus ihre gesellschaftspolitische haltung entfalten wollten. ARAMIS hätte sich sowohl auf diesem schweizer berg wie auch am gardasee wohlgefühlt: war der monte verità befeuert von reformpädagogischen und sozialexperimentellen ideen, so war d'annunzios theatrales ensemble am berg ein monumentaler versuch der selbstinszenierung. mit dem begriff, den man heute mit gesamtkunstwerk im sinn von intermedialität verbindet, hätte ARAMIS aber wahrscheinlich wenig anfangen können.
(fornoff: die sehnsucht nach dem gesamtkunstwerk)

durch seine freundschaft mit dem architekturdozenten holger neuwirth entwickelt sich schon in den anfangsjahren auf schloss lind eine außergewöhnliche symbiose von denkmalpflege und studentischen arbeiten am bau. nur so – in einer für beide seiten befriedigenden kooperation von bundesdenkmalamt und universität und dem befreundeten baumeister karlheinz geher – konnte ARAMIS die gewaltigen herausforderungen, die das desaströse gebäude in sich barg, bewältigen.

schon im juni 1992 führte doz.arch. dr. holger neuwirth im rahmen eines universitätsprojektes der technischen universität graz mit studenten die bauaufnahme durch. in den folgenden jahren fanden in schloss lind jeweils im frühling mehrmals praxiswochen des institutes für baukunst statt, jahr für jahr mit zunehmender teilnehmerzahl. tatsächlich war die baustelle schloss lind der einzige ort in österreich, der sich der so nötigen und von den studenten begehrten „praxis am bau" öffnete.

in der architekturausbildung nimmt das wissen um die erhaltung, adaptierung und nutzung von baudenkmälern ja einen besonderen platz ein. mit der zunahme der bedeutung der erhaltung des kulturellen erbes in einem europa der regionen entstanden im berufsbild der architektInnen neue möglichkeiten, die hier genutzt werden konnten. eine voraussetzung dafür war die vermittlung der theoretischen grundlagen der denkmalpflege, der interdisziplinären voraussetzungen und der ingenieurwissenschaftlichen grundlagen an einem bestehenden objekt.

für einen derartigen seminarunterricht bot schloss lind ideale voraussetzungen. an erster stelle stand die gastfreundliche aufnahme, die das arbeiten erleichterte und die homogenität der gruppe förderte. soziales miteinander konnten die studenten bei der selbstversorgung entwickeln und unter improvisierten bedingungen einer großen baustelle leben. über 250 teilnehmerInnen sollten dafür in vielen seminaren den beweis erbringen. die thematische komplexität des faches erlaubte außerdem eine breite streuung der gestellten aufgaben. problemstellungen der landschaftsarchitektur, der gebäudedokumentation, der bauforschung und des entwerfens konnten so behandelt werden. *(holger neuwirth, institut für baukunst, TU graz; archiv schloss lind)*

die nutzung stellt ja immer die beste möglichkeit der erhaltung von baudenkmälern dar. mit der übernahme von schloss lind durch ARAMIS hatte dieses ensemble ein neues kapitel in seiner abwechslungsreichen geschichte begonnen: nicht nur dadurch, dass damit seine erhaltung gesichert wurde, sondern im besonderen mit der inszenierung und offenlegung dieses baudenkmales und seiner geschichte.

„ZEN IN DER KUNST DES MÖRTELMISCHENS

KOAN: ein mönch fragte meister simara: „hat ein schubkarren voller sand, kalk und wasser buddhanatur?" der meister reichte ihm die haue und sagte: „mische!"

kommentar: der wissende mischt im schubkarren, solcherart bewegt er die masse leicht, wohin er immer möchte, er weiß: das prinzip ist ohne form. seine funktion erweist sich jeweils am gerät. ohne gerät kann man das prinzip nicht erkennen. die wundersame entfaltung des UR-EINEN tritt zutage im wechsel von yin und yang, und das himmliche prinzip des menschlichen herzens erweist sich in seinem empfindungsvermögen für die vier grundtugenden.

SZU TUAN/steirisch: z'tun!
– die liebe zu allen wesen
– das rechte maß
– richtiges handeln
– weisheit"
(fw)

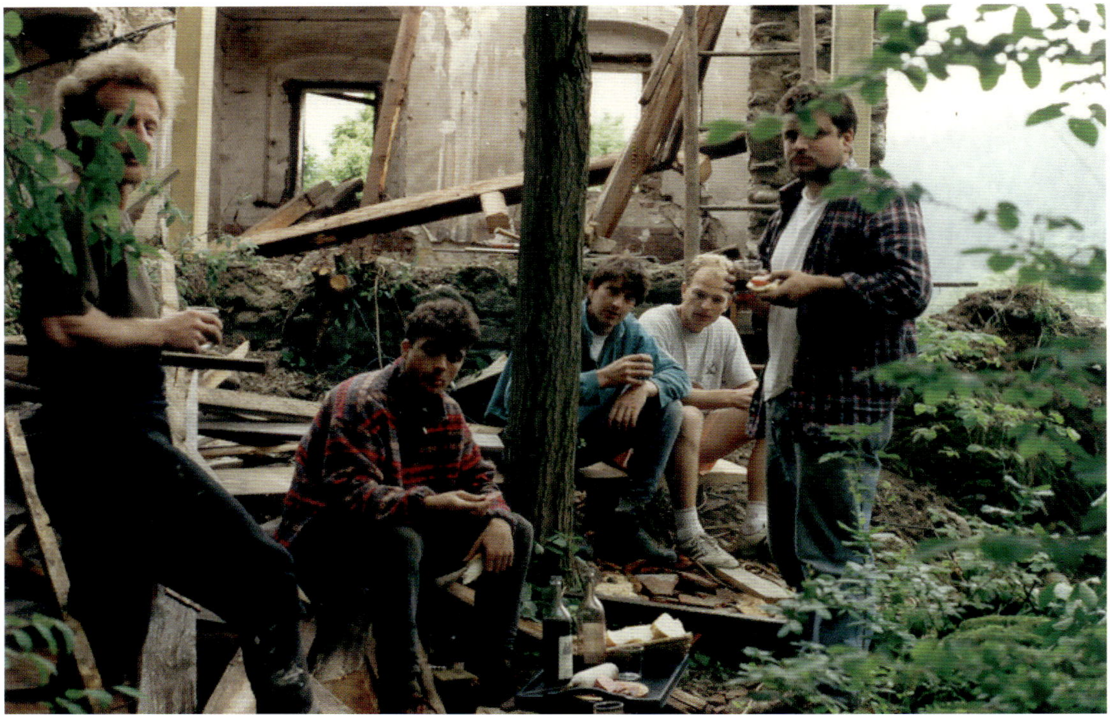

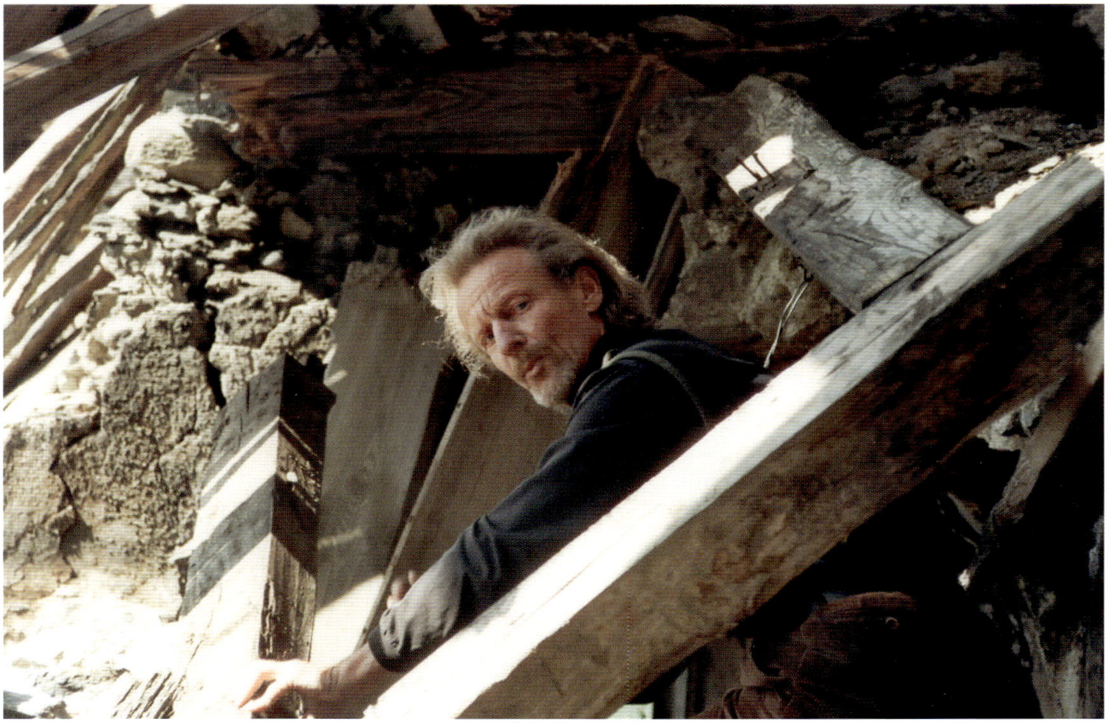

Die Lage des Schlosses Lind
2 Die Gemeinde St. Marein
5 Luftbild vom Areal Schloss Lind
6 7 8 - 10 - Die Zufahrt - Erst nach langem taucht
hinter Bäumen das Schloss auf

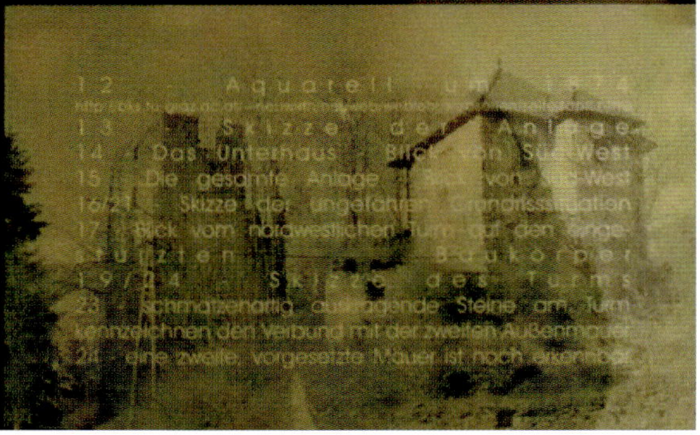
12 Aquarell um
13 Skizze der Anlage
14 Das Unterhaus - Blick von Süd-West
15 Die gesamte Anlage
16/21 Skizze der ungefähren Grundrisssituation
17 Blick vom nordwestlichen Turm auf den einge-
stürzten Baukörper
19/24 Skizze des Turms
kennzeichnen den Verbund mit der zweiten Außenmauer
24 eine zweite, vorgesetzte Mauer ist noch erkennbar

ZUR GESCHICHTE VON SCHLOSS LIND:

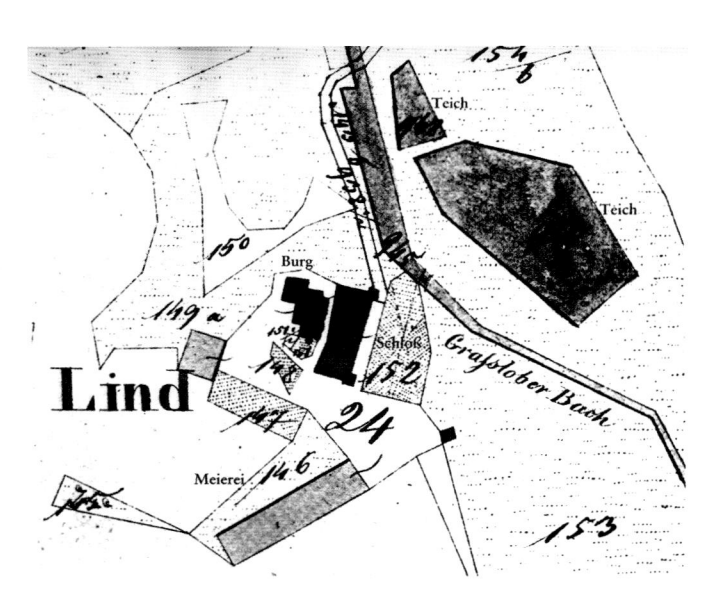

„das früheste nachweisbare siedlungszentrum im ganzen neumarkter gebiet in der zeit der beginnenden bayrisch-deutschen kolonisierung ist der gutshof graslupp, der in der ersten hälfte des 9. jahrhunderts höchstwahrscheinlich im auftrag des karolingischen königs hier im heutigen st. marein im schutze eines felsenhügels in unmittelbarer nähe der ehemaligen römersiedlung am lindfeld angelegt worden ist. solche *curtes* (gutshöfe) sind als zentren der besiedlung und der verwaltung vom deutschen könig und seinen adeligen inmitten des slawischen siedlungsgebietes gegründet worden, zumeist in anlehnung an antike siedlungsreste und meistens auch an den noch aus der römerzeit zum teil erhaltenen straßen. das trifft auch für graslupp/st. marein zu. den namen erhielt dieser gutshof von der gegend *graslupp* bzw. dem hiesigen bach. wie dicht damals die slawische besiedlung des neumarkter gebiets gewesen ist, können wir nur ungefähr an der streuung von slawischen namen erahnen. wahrscheinlich befand sich im heutigen st. georgen ein slawisches bauerndorf, möglicherweise auch an der stelle des heutigen schlosses lind. hier sind slawische flurnamen konzentriert.

lind wird erstmals in einer urkunde des jahres 1320 erwähnt, als hermann hemerl von lind einen anger in der einöd der kirche mariahof übergab und ihn gegen zins zurücknahm.

dieser hermann hemerl (oder hammerl) war in lind ansässig, war sicher kein bauer, sondern ein kleiner adeliger und siegelte die urkunde mit eigenem siegel. über aussehen seines ansitzes oder der dort in lind bestehenden siedlung erfahren wir nichts. offensichtlich handelt es sich um einen edelsitz der hammerl in lind, einen etwas größeren, wehrhaften bauernhof. die spätere burg bzw. das oberhaus von lind (heute ruine) hat damals noch nicht bestanden, denn erst 1370 erhielten die brüder hans, hermann und ulreich hemerl vom landesfürsten die erlaubnis, auf dem *puhel* bei lind eine *veste* (festung, befestigter, wehrhafter burgbau) zu errichten. dieser urkunde können wir entnehmen, dass diese neu errichtete wehranlage auf einem hügel neben der älteren siedlung lind gelegen war.

nun ist dem dorf bzw. schloss lind unmittelbar jene siedlung *hammerl* benachbart, die in frühen quellen stets als die gegend *einöd* bezeichnet wurde und wo wir seit dem spätmittelalter erzverarbeitende betriebe nachweisen können. vermutlich haben wir hier auch das um 1350 erwähnte blähhaus in der einöd zu suchen, also eine schmelzhütte, denn noch 1546 ist hier von einem angerl die rede, das *am leynach ob der schmölzhütten* lag. auch wenn die dortige huf- und hackenschmiede mit sicherheit erst seit dem 16. jahrhundert nachweisbar ist, so können wir aufgrund der lage am olsabach und des ortsnamens hammerl auf die älteste eisenverarbeitende hammerwerksanlage im neumarkter gebiet schließen, deren hohes alter durch den bereits 1226 erstmals belegten zunamen hammerl für jene familie, die wenige jahrzehnte später als im benachbarten lind ansässig bezeichnet wird, dokumentiert ist.

voraussetzung für den bau des schlosses lind war die vereinigung des alten edelhofes im dorf lind mit dem wohnturm am pichl bei lind durch matthias jöstl im jahr 1559. unter seinem sohn moritz jöstl wurde dann das neue schloss errichtet. die familie jöstl war damals protestantisch und hat neben dem schloss ein lutherisches bethaus erbaut, das jedoch auf landesfürstlichen befehl wieder zerstört worden ist." (archiv schloss lind, walter brunner)

„georg amelreich jöstl musste 1630 wegen seines glaubens die steiermark verlassen. er verkaufte lind seinem wieder katholisch gewordenen bruder wolf andree, der sich nun „von jöstlberg" nannte. mit rund eintausend untertanen, die auf 193 gehöften lebten, war die herrschaft relativ groß. 1658 kam lind als heiratsgut an franz philibert schranz. als dieser 1680 starb, erbte seine tochter maria anna von gailberg den besitz. sie schloss zuerst lind ihrer herrschaft feistritz im katschtal an, verkaufte dann aber beide güter 1740 an leopold graf herberstein, von dem sie 1755 das stift st. lambrecht erwarb. lind sollte als sommersitz für den abt dienen, doch wurde das stift 1786 aufgehoben, was dazu führte, dass die herrschaft staatsbesitz wurde. als st. lambrecht aber 1802 durch kaiser franz ii als stift neu errichtet wurde, erhielt es gut und schloss wieder zurück. allerdings wurde damals das oberhaus bereits als ruine bezeichnet, nachdem es durch einen brand schwer in mitleidenschaft gezogen worden war. von 1942 bis 1945 diente das schloss als nebenlager des kz mauthausen. die hier untergebrachten rund 20 polnischen und spanischen häftlinge und rund 50 russischen und französischen kriegsgefangenen wurden für landwirtschaftliche arbeiten und den straßenbau herangezogen. nach kriegsende und der befreiung der häftlinge kam lind wieder an das stift st. lambrecht.

schloss lind liegt auf einer leichten anhöhe am eingang zur olsabachklamm. eigentlich handelt es sich um zwei gebäude: das fast turmartige gotische oberhaus und das schlossartige unterhaus. das oberhaus ist ein viereckiger fünfgeschossiger wohnturm. während die unteren beiden geschosse mit tonnengewölben versehen sind, weisen die oberen stockwerke balkendecken auf. das wohl aus dem 15. jahrhundert stammende turmhaus wurde in der renaissancezeit neu verputzt. an diesen turm schloss ein zweistöckiger wohnbau an, der gemeinsam mit ihm und einer wehrmauer einen kleinen hof umgab. von diesem wohnbau sind nur mehr trümmer vorhanden. im süden lag ein ebenfalls turmartiges dreigeschossiges torhaus. wie die beiden erker und eine ehemals hölzerne stube im ersten obergeschoß zeigen, wurde es ebenfalls als wohngebäude verwendet. das oberhaus war durch einen graben gesichert, über den eine zugbrücke führte. das unterhaus ist ein regelmäßiges dreigeschossiges gebäude. der einflügelige bau wird durch einen dreiachsigen mittelrisalit gegliedert, der durch einen dreiecksgiebel mit uhr betont wird. aus der ostfront springen an den ecken zwei starke vierecktürme vor. einem inventar von 1796 ist zu entnehmen, dass im ersten geschoß die gefängnisse und ein dienerzimmer lagen, das zweite geschoß diente damals als getreidekasten. im zweiten stock befanden sich die verwalterkanzlei sowie zwei gästezimmer, mehrere stuben und die kapelle. letztere war den heiligen benedikt und johannes geweiht. im damals bereits stark vernachlässigten oberhaus lebte das personal. außerdem befanden sich hier lagerräume und eine küche. ein gewölbtes vorhaus verband das alte mit dem neuen schloss. während das burgartige oberhaus seit 200 jahren ruine ist, konnte der verfall des unterhauses im letzten jahrzehnt halbwegs gestoppt werden. im park steht eine barocke kapelle mit einer johann-nepomuk-statue." (burgen-austria.com)

die arbeit, die ARAMIS hier zuerst mit seiner zweiten frau britta brauner und seinen freunden (die schließlich alle, wie schon einige zuvor, ARAMIS' ansprüchen nicht mehr genügten und irgendwann das weite suchten), später dann mit seiner dritten frau britta sievers und deren tochter marie leistete, kann man sich nicht schwer genug vorstellen, war das gebäude doch durch die nachkriegsnutzer und die lange phase des leerstehens in einem ruinösen zustand: tonnen von schutt und müll mussten bewegt werden, einstürzende decken abgesichert, zwischenwände entfernt und böden, türen und fenster erneuert oder wenigstens repariert werden.

ARAMIS, am höhepunkt seiner kraft und aufgeladen mit erfahrungen aus seinen anderen baustellen, stürzte sich mit euphorie und einer im nachhinein immer wieder betrauerten hochstimmung in dieses projekt (*„unglaublich erfüllte tage! ich weiß nicht, ob ich irgendwann glücklichere erlebte! höchstens zwischen 68 und 71. glück?!?!"*, sb), das ihm erstmals die möglichkeit eröffnete, nicht nur seinen vorstellungen entsprechend zu leben, sondern auch mit seinen ideen „ins herz der kultur" zu treffen, indem er den arbeitsbegriff, den er bisher hauptsächlich im physischen sinn verstanden hatte, mit dem der erinnerung, die sich über dinge und orte vermittelt, kombinierte.

ERINNERUNGSARBEIT –
DAS ANDERE HEIMATMUSEUM

inspiriert von der besonderen atmosphäre dieses ortes (nur durch zufall hatte ARAMIS entdeckt, dass schloss lind während der NS-zeit von 1942-45 als außenstelle des KZ mauthausen mit rund zwanzig spanischen und polnischen häftlingen und als lager für rund fünfzig russische und französische kriegsgefangene fungiert hatte – eine tatsache, die in der region einfach totgeschwiegen worden war) und durch das umfangreiche abfall-material, das er während des renovierens und eindringens in die geschichte dieses hauses vorfand, reifte in ihm die idee, eine ganz spezielle art von museum, in dem die erinnerungs-arbeit im zentrum stehen sollte, zu entwickeln. über jahre sensibilisiert für das ruinöse und verfallende, sah er „ruinen" inzwischen nicht mehr nur unter einem ästhetischen aspekt oder wie simmel unter dem der „allmählichen naturwerdung" von künstlichem, sondern als erinnerungsspeicher für geschichte – und in diesem fall hauptsächlich für verdrängte geschichte. die galt es jetzt freizulegen.

so gründete er vier jahre nach dem einzug (nachdem das schloss inzwischen halbwegs bewohnbar geworden war) 1996 schließlich das „ANDERE heimatmuseum" und eröffnete es mit einer ersten gedächtnisinstallation für das KZ-außenlager schloss lind. zuerst in den kasematten, später dann auf mehreren stockwerken inszenierte er von nun an etappenweise „assoziative installationen" zur österreichischen identität (einen begriff, den er entwickeln musste, weil sich diese objekte einer herkömmlichen einordnung in den normalen museumskontext sperrig widersetzten, und der im zusammenhang mit der von claude lévi-strauss im rahmen seines konzepts des „wilden denkens" entwickelten methode der „bricolage" zu sehen ist: also der montage-arbeit, dem heimwerken mit fundstücken und abfall). meist aus alltagsgegenständen montiert und mit texten zeitgenössischer schriftsteller und philosophen pointiert konterkariert, versuchte er so auf seine weise, die jüngere österreichische und vor allem steirische geschichte aufzubereiten, dem gehäuse und dem umraum entsprechend, hauptsächlich mit vor ort gefundenem und zeugnissen der ländlichen bevölkerung. was auf diese art und weise entstand, war eine sehr persönliche sicht auf

gesellschaftliche zusammenhänge, eine art begehbarer synästhetischer roman wider die österreichische vergessenskultur, in den anstelle von worten jedoch dinge gesetzt wurden. und wie worte sich ja nicht nur durch ihre semantik, sondern vor allem durch ihren kontext erklären, spielte in diesem fall die kontextualisierung eine zentrale rolle. dinge an sich verweisen ja immer nur auf sich, stellt man sie aber in beziehung zueinander, ändern sich die bedeutungsebenen. lässt man dann auch noch jegliche museumspädagogische erklärung weg, ist der betrachter gezwungen, selbst zusammenhänge herzustellen.

dass eine methode wie diese nicht unproblematisch ist, zeigt sich vor allem an objekten, die nur auf sich verweisen oder an zu symbolüberfrachteten artefakten. misst man allerdings das ANDERE heimatmuseum nicht an herkömmlichen museumskategorien und liest es nicht nur über details, sondern über das beeindruckende gesamte, die fülle der objekte und überlässt sich dem fluss der eigenen assoziationen, vor allem den widerständen, die da auf archaische weise in einem gewickt werden, hat man es hier mit einem gesamtkunstwerk zu tun, das wie ein archaischer solitär aus der österreichischen museumslandschaft ragt.

„musealisierung ist natürlich eine form von aus-dem-verkehr-ziehen. objekte, die in museen gesammelt sind, verlieren ihre politische brisanz. für mich gilt: politik ist nicht die frage, wer zu wählen sei, sondern wie zu leben sei. das „andere heimatmuseum" nimmt deswegen auch zu gesellschaftlichen vorgängen ausdrücklich stellung. gesellschaftskritische, d.h. die unterscheidungsfähigkeit zwischen guten und schlechten bzw. sinnvollen und unsinnigen veränderungen schulende, interventionen mit den mitteln von gegenwartskunst sind politische eingriffe, zwischenrufe, widerstandsformen, halten alternativen im bewusstsein, versuchen „heimat" zu ermöglichen. sind selbst eine art von heimat." (archiv schloss lind)

„volkskultur" nicht nur als vorführung von in trachten gekleideten freizeitsteirern zu denken, sondern als in bestimmten

Das andere Heimatmuseum

Was man Heimat nennt, ist der Ort, dem man seinen Gestank wie einen Vorzug anrechnet. Der Patriot ist der Mensch, der dem Unsrigen gewisse Gerüche verzeiht.

Peter Sloterdijk

zeiträumen gelebtes alltägliches leben – das war die essenz dieses unternehmens. dabei hatten für ARAMIS aspekte des widerstandes gegen totalitarismen besonderes gewicht: denn ohne den alltäglichen gelebten widerstand gegen den terror von national- und internationalismen schien ihm volkskultur nicht sinnvoll realisierbar. grundlagen zu diesem erweiterten widerstandsbegriff sollten das ANDERE heimatmuseum und die mit ihm einhergehenden veranstaltungen liefern.

ergänzt wurde dieses ständig wachsende und sich erweiternde museumsprogramm durch sonderausstellungen, performances und zahllose publikationen, die alle das thema „alpenländische identitäten" umkreisen und anschaulich zu machen versuchten. die erste sonderausstellung „150 jahre ideologisierte bilder aus österreich" beschäftigte sich etwa mit den ideologisierungsversuchen der volkskultur durch herrschende oder zur herrschaft drängende gruppierungen im laufe der jüngeren geschichte. es folgten:

1994	„jugendwallfahrten zu den exotischen gefilden" (was sucht man – was findet man – was bringt man heim)
1995	„feriale utopien" (urbane landsehnsüchte und landprojekte)
1996/97	„A E I O U" – einschließen – ausgrenzen: ein milleniumsabeitrag zur österreichischen identität quer durch die künste
	„HEU & STROH", ortsspezifische großperformance in zwei ernten
1998	„PRO:VINZ!" – kulturelle aktionen an sieben orten
	„100 jahre kluft", symposion über das verhältnis von volk und avantgarde
1999	„HOLZWEGE", über die bedingungen von kulturarbeit am lande
2000	„alpenländische identitäten", sonderausstellung
2001	„wieviel bildung braucht demokratie", symposion
	„UXUS", ortsspezifische großperformance
2002	„ ROTER FADEN" – installationen und texte zum thema „arbeit"; in kooperation mit dem 1.kärntner handwerksmuseum/baldramsdorf
2003	„alpenländischer tod", sonderausstellung
	„www.mei-heim.at" internetprojekt für jugendliche der region murau
2004	„alpenländische identitäten II", sonderausstellung
2005	„lieben in einem kalten land", sonderausstellung
	„HMRT2. repro tech zwei" in kooperation mit bernhard kathan und dem hidden museum
	„der real existierende naturpark", sonderausstellung
2006	„lieben in einem kalten land II", sonderausstellung
2007	„waidmannsheil I", sonderausstellung
	GE.LAGE.R", performance
2008	„waidmannsheil II", ausstellung
	„PIRSCH", ortsspezifische großperformance (konzept: andreas staudinger)
2009	„bäuerliche architektur. nachruf und übersetzungsleistungen" sonderausstellung von bernhard kathan/hidden musem
2010	„thuje, riesenzypresse, raketenwacholder": industrie zu vermeidung unerwünschter nachbarschaften"; sonderausstellung von bernhard kathan
	„KITSCH", sonderausstellung

bei all diesen projekten handelte es sich nicht um starre konservierungsversuche, sondern um eine aus ARAMIS' sicht lebendige weiterentwicklung von traditionen. durchaus im sinn des spruches, der im alten grazer volkskundemuseum, das er in seiner altmodischen verstaubtheit geliebt hatte, aufgelesen hatte: „tradition ist weiterreichen der glut, nicht der kalten asche."

„um die noch bestehenden und durch die zivilisatorischen entwicklungen äußerst gefährdeten traditionen und inseln zu sichern und retten zu können, bedarf es besonders einfallsreicher, origineller und attraktiver methoden. zweifellos wird diese arbeit nur gelingen können, wenn es sich um „gelebte" volkskultur handelt und nicht um freizeitmaskierungen. eine voraussetzung dafür stellt auch eine völlig andere mittelverteilung zwischen land und stadt dar: derzeit verbleiben 85% der kulturmittel in graz, mit dem rest müssen alle steirischen provinzen ihr auskommen finden! die politik ist hier aufgerufen, rasch änderungen zu beschließen. alternative entwürfe liegen vor." (archiv schloss lind)

„warum das andere heimatmuseum so heißt:
das a.h. erzählt nicht nostalgische oder romantisch verklärte geschichten vom landleben, sondern zeigt die heimatliche schattenseite mit den braunen flecken im schnee von gestern. das leben der armen, der mägde und knechte, der unmündig gehaltenen. auch wird auf die derzeit so modischen architektonisch ausufern-

den ausstellungsbehelfe weitgehend verzichtet: die historischen objekte werden nicht in beton-, stahl-, glaskonstruktionen isoliert, sondern stehen dem betrachter ungeschützt entgegen. oder auch: die betrachter stehen ungeschützt den objekten gegenüber. gegenstände. widerständig. dazu war es nötig, gewisse historische fenster nicht zu verschließen. in einem gebäudekomplex, der durch seinen jahrzehntelangen verfall und seine unbewohntheit die schmutzige aura steirischer, österreichischer, europäischer heimaterzählungen aufs unbestechlichste bewahrte. im nachvollzug der groben bis feinen arbeiten an haus und land konstituierte sich auf hautnahem wege diese exposition.

a.h. meint auch ein kritisches (unterscheidendes) verhältnis zu gegenwärtiger heimatvernichtung unter dem deckmantel, sie zu schützen: „europa der regionen", „regionale identität", „heimatwerbung", „naturpark" etc. hierzu werden verschiedenste formen der annäherung gewählt. sonderausstellungen, die die grundinstallation umspinnen, publikationen, theater, konzerte, tanz, lesungen, filme, seminare und anderes. immer wieder wird kunst in der landschaft inszeniert. über feldstationen, stadl, in burgruine und schloss geführt.

den beständigen kern des a.h. bildet nicht nur jene folge von stockwerken und räumen, in denen mit den mitteln der „assoziativen installation" (aramis) eine reihe von theatralischen kulissen die verblichenen spieler in uns hervorruft, sondern das wache bewusstsein, als mensch auf einer „baustelle" ohne grenzen zu leben.

museum anders ... das andere heimatmuseum
mein konzept für das andere heimatmuseum entstand aus den arbeiten im verfallenden schloss lind bei neumarkt. aus der schmutzigen aura von generationen geknechteter, gefangener, flüchtender menschen, die sich aus den gerüchen und dem gestank aufgedeckter lagen von unrat, von abfall konkretisierte. aus dem standhalten in der kälte der räume bildeten sich konturen einer möglichen inszenierung von geschichten, die mir der modrige verfall zuraunte. die versunkenen leben zogen größere bezüge und verwobenheiten an. mein verzicht auf wertungen wie „historisch bedeutend", „wertvoll" oder „wissenschaftlich" oder „politisch korrekt" machte mir den blick frei in eine exotik des alltags, die wir noch nicht einmal begonnen haben zu enthüllen. und die uns auf jahrzehnte hinaus mit immer neuen facetten zu einer identitätsarbeit versorgen wird. voraussetzung für das gelingen dieser arbeit ist meines erachtens das einlassen auf einen prozess, der auch körperlich wirksam wird: grundlagenforschung unsere identität betreffend kann nur durch das temporäre schlüpfen in die körpermasken unserer vergangenen häute erfolgen. so werden die grenzen des vorstellungsvermögens erweitert.

der prozess der demokratisierung im zusammenspiel mit globaler vernetzung bewirkt das verlöschen einer einheitlichen geschichtsauffassung. es entwickeln sich partielle, konkurrierende, widersprüchliche oder sich ergänzende geschichten, für die unser museum eine bühne bietet. also weniger ein archiv im sinne permanenter sammlung repräsentativer gegenstände, sondern reanimierung von vergangenheit. deren bezüge zur gegenwart und zukunft das sensorium der besucher reizen. diese hört man dann nicht sagen: oh, wie schön! meistens aber: ich bin tief bewegt! oder: das gibt mir stoff zum denken für lange! damit erfüllt sich der anspruch eines anderen heimatmuseums. um diese lebendigkeit zu erhalten, bedarf es nichts anderes, als die beweglichkeit der personen, die als gestalter arbeiten, nach- und mitzuvollziehen. das spektrum der dinge, welche in den sog der installationskreise geraten, ist unabsehbar: immer wieder werden neue klassen von fundobjekten konfigurationen bilden und dinge des profanen lebens ihre umkehr, neugeburt und auferstehung im lichte der erkenntnis finden. für den künstler entsteht so die möglichkeit, partiell freiheiten zurückzugewinnen, die er durch die permanente vermarktung von avantgardekunst im rahmen eines globalisierten kunstbetriebes verlor: mit den mitteln der installation können künstler als kuratoren noch effektiver ihre individuelle sicht nicht nur auf die kunstgeschichte werfen, wie boris groys anmerkt, sondern auf die geschichte(n) überhaupt. damit schlägt das, was das ende der klassischen avantgardebewegungen bewirkte, nämlich die inflation des erlebens durch die rastlose einbeziehung profaner gegenstände und praktiken in den bereich der kunst, ins gegenteil um und wird zu einem prozess der erkenntnisbildung.

für das andere heimatmuseum bedeutet dies eine praktisch unbegrenzte entwicklungsmöglichkeit. der tätigkeitsbereich ist mit den bisher geltenden kategorien musealer arbeit nicht mehr ausreichend zu fassen. als erste tätigkeitsfelder lassen sich vorerst nennen: die installierung von alltagsgegenständen mit den techniken, welche von den künstlern des 20. jahrhunderts entwickelt wurden. zur darstellung gelangen geschichtliche, sozialpsychologische, philosophische und politische fakten. eine zweite ebene bildet periodisch veranstaltetes landschaftstheater. traditionelle regionale arbeits- und brauchtumsformen werden von zeitgenössischen künstlern weitergeführt und überformt. dazu kommen begegnungen zwischen künstlern, wissenschaftlern, menschen verschiedenster professionen, welche in form von symposien oder *anderen formen von praktischen zusammenarbeiten organisiert werden." (archiv schloss lind)*

dass ein unternehmen wie dieses kontroversiell gedacht war und zwangsläufig zu kontroversen führen musste, war von anfang an klar: ein kämpferischer geist wie ARAMIS suchte ja geradezu die auseinandersetzung mit dem, was er verabscheute. erstmals mischte er sich vehement ins lokale geschehen ein: als mitglied der regionalen bildungsplattform, als initiator und organisator zahlreicher veranstaltungen, als kritiker und mahner, als versender von postwürfen und postkarten zu regionalen bausünden sowie als initiator von orts- und regionsspezifischen projekten versuchte er auf vehemente weise, avantgarde, volkskunst und regionalpolitisches engagement miteinander zu verbinden. die nach einer anfänglichen begeisterung der bevölkerung (vor allem durch das in der region bis heute nachwirkende „heu- und strohfestival", bei dem es ihm das erste und letzte mal gelang, breite bevölkerungsgruppen miteinzubeziehen) einsetzende volksdümmliche und kleingeistige ablehnung dieser projekte durch lokalpolitische und kirchliche honoratioren und funktionäre befeuerte eine zeit lang seinen kampfgeist, führte aber auf lange sicht zu einer zunehmenden isolierung. ein regionales kulturzentrum, das von der umgebung nicht angenommen wird, läuft gefahr, das zu werden, was es nie sein wollte: ein reines museum. und so waren es in den letzten jahren vor allem fremde, die die qualität des gebotenen zu schätzen wussten.

Man kann nicht als Österreicher in der Welt herumziehen — schon gar nicht in diesen Gegenden hier —, ohne über die Schönheit und über das Sterben nachzudenken.

„kulturlandschaft?

diese frage wird in großen lettern auf den zum teil mehrstöckigen stapeln von silageballen zu lesen sein, die an ästhetisch besonders reizvollen stellen innerhalb des naturparks grebenzen deponiert sind. das andere heimatmuseum will damit auf die unverträglichkeit solch roher agrarindustrieller vorgehensweisen mit der selbstdefinition eines naturparks hinweisen: „ein naturpark ist ein geschützter landschaftsraum, der aus dem zusammenwirken von mensch und natur entstanden ist ... ein ziel ist die erhaltung der kulturlandschaft mit ihrem besonderen ästhetischen reiz ... die intakte natur zu erhalten, erlebbar zu machen, sowie verständnis und verantwortungsgefühl für nachhaltige landnutzung zu wecken, sind die aufgaben, die wir gerne erfüllen."

es wäre sinnvoll, wenn die verantwortlichen landnutzer und vermarkter ihren blick nach oberbayern richten, was sie sonst so gerne tun: dort werden solche verschandelungen durch strenge auflagen minimiert. es mehren sich die stimmen vom etikett „naturpark" angezogener touristen, die sich von hierorts praktizierter ausstellung von sauerkraut in plastikbeuteln an schönsten plätzen abgestoßen fühlen. hier sei ein sprichwort in erinnerung gebracht: „man kann die kuh nicht gleichzeitig schlachten und melken." das sollte auch den touristisch verantwortlichen klar werden." (linder totentanz)

„der real existierende naturpark

als ich vor fünfzehn jahren hierher zog, drückte sich in der landschaft noch aus, die hiesigen hätten die 70er, 80er und 90er jahre verschlafen. denn es handelte sich ja um den ältesten naturpark der steiermark, „grebenzen". die hiesigen funktionäre hatten und haben allerdings ansprüche: nur leider nicht an sich, sondern an die landschaft. nach exkursionen da- und dorthin, wurde und wird nachgemacht, wozu sie sich imstande sehen: mittlerweile gibt es skizirkus, sommer- und winterrodelbahn, süßwassererlebniswelt, lesepark, erlebnisausstellungen und wege, golfplatz. unter dem etikett „originell", „einmalig in europa", „weltweit einzigartig" wird nun vermarktet, was international einheitlich normierte und sterilisierte manager darunter verstehen. überall schilderwälder, welche vorzüge einer landschaft preisen, die dadurch immer weniger ausdrückt, was angepriesen wird: „regionsspezifische, besonders reizvolle, nachhaltig bewirtschaftete kulturlandschaft." die pflege und gestaltung im sinn der auflagen, die in den satzungen für naturparks festgeschrieben sind, wird aber gänzlich vernachlässigt." (linder totentanz)

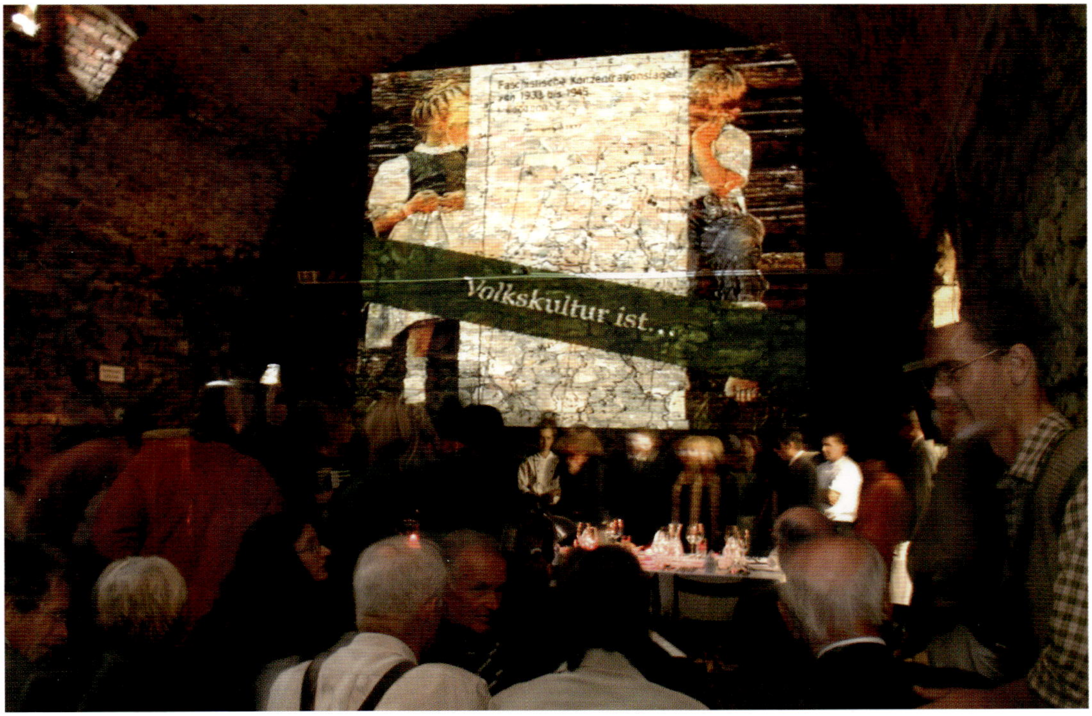
Volkskultur ist…

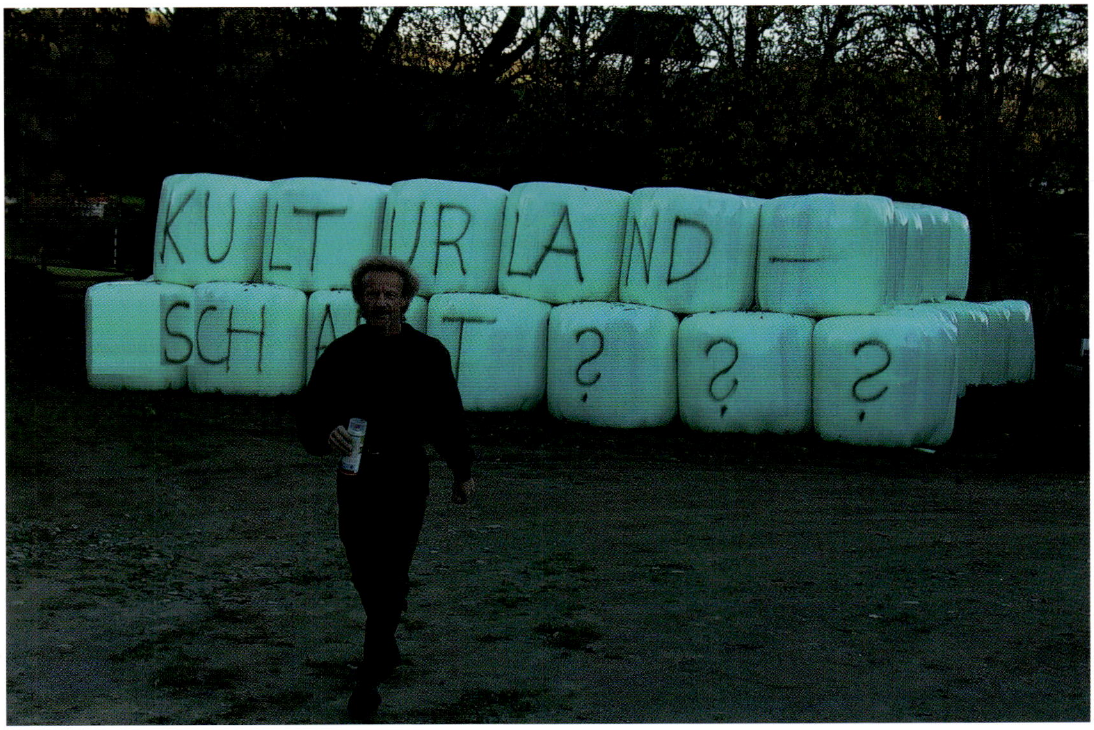
KULTURLAND –

ZÜND HOLZ ZÜND HOLZ ZÜND HOLZ ZÜND HOLZ ZÜND HOLZ ZÜND HOLZ ZÜND HOLZ

Meine Damen und Herren,

es mag sein, daß mir bereits ein gewisser Brandgeruch vorausgeht. Nun, Zündhölzer sind zum zünden da und so werde ich also ihrer freundlichen Aufforderung nachkommen und etwas zündeln. Dies wird mir leicht angesichts eines Lokales, welches an einem Platz liegt, der ohne Übertreibung als ein Musterbeispiel für mißlungene Neugestaltung gelten darf. Mit viel Geld und Materialaufwand wurde - und wird hier leider auch in Zukunft - gezeigt, wie man es keinesfalls machen darf. Die derzeitige Mode Plätze und Straßen zu versteinern und in Stahl und Glas zu fassen wirkt besonders deplaziert in einem Städtchen, das sich dem Holz und seiner Präsentation verschreibt. Just zur "Holz-Zeit" hat man das Holz in schöner Absolutheit als Gestaltungselement ausgeschlossen. Man hatte noch mehr ausgeschlossen: die Geste sich mit Holzkünstlern zu schmücken wirkt besonders seicht, da man im Vorjahr, wo dies sinnvoll gewesen wäre, jenes Projekt verhinderte in dem sich die Künstler der Region in geeigneter Weise präsentieren wollten. Ich spreche von dem Projekt "Arche", welches Rudi Hirt und Freunde vorschlugen. Tatsächlich ist das Bild der Arche, dieses hölzernen Überlebenskastens, eines der trefflichsten Symbole für den Versuch über dem Betonmeer die Vielfalt der Wesen zu retten. Das war ein ambitionierter Versuch gegen seuchenhaftes Umsichgreifen von Verödung anzukämpfen. Holz ist ja ein Material das im höchsten Ausmaß Kultur herausfordert. "Kultur" kommt von lateinisch "colere" und das bedeutet soviel wie pflegen, unter Mühen tätig sein. Ein ganz unzeitgemäßes Anliegen also: die bequemste Lösung, einen Platz mit Betonsteinen zuzupflastern, ist das Gegenteil von Kultur. Ich darf in diesem Zusammenhang auf den ungeheuren Luxus hinweisen, den sich die Stadt Salzburg leistet, indem sie den größten, repräsentativsten Platz bis heute weder gepflastert noch sonstwie versiegelt hat. Der Geruch von Erde, heißem oder naßem Staub, Roßäpfeln aus denen Gras und Hafer wächst, umgibt den zentralen Brunnen. Meine Damen und Herren, ich weiß nicht wer sich auf dem Raffaltplatz heute noch wohl fühlt. Einen Platz auf dem weder die Materialien noch die Formen und Proportionen stimmen vermag wiederspruchslos wohl nur zu ertragen wer das Holz im Kopf trägt. Gegen diese Holzköpfigkeit, welche überall am Werke ist die feuerfeste Gefühllosigkeit zu verbreiten, rufe ich hiemit zum Widerstand auf. Es ist vielleicht eine der wichtigsten Aufgaben des Künstlers, in jenen letzten Jahren des 20. Jahrhunderts diesen Widerstand mitzutragen und, ohne Rücksicht auf die persönliche Bequemlichkeit, Holzwege zu gehen.
Danke!

Aramis
BauStelle Schloß Lind
8820

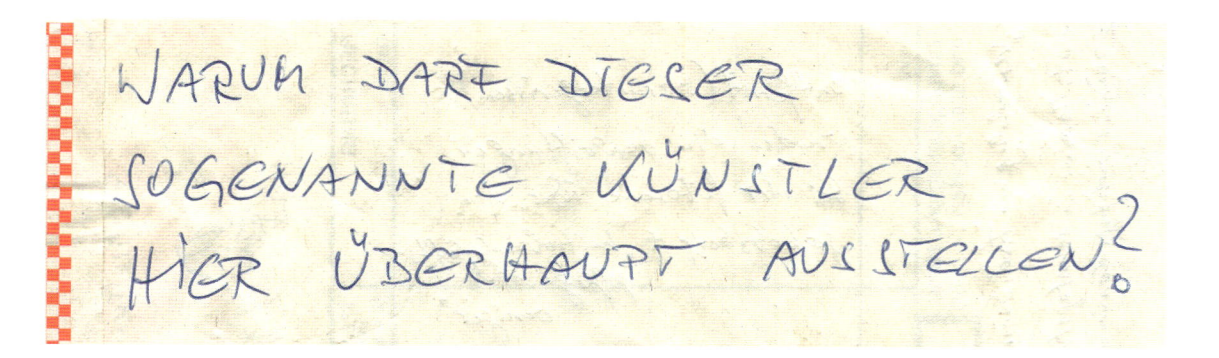

> WARUM DARF DIESER SOGENANNTE KÜNSTLER HIER ÜBERHAUPT AUSSTELLEN?

aus der vielzahl der reaktionen, die von nun an auf sein schaffen erfolgten, sei hier nur die des schriftstellers erich hackl aus der frühphase des ANDEREN heimatmuseums zitiert, weil sie ein lebendiges bild darüber wiedergibt, wie es vielen menschen beim ersten besuch dieses so „anderen" heimatmuseums ging. weiterführend sei vor allem auf die arbeit bernhard kathans verwiesen, der in seinem buch „erinnerung und erinnerungsarbeit" eine erste differenzierte sichtweise auf ARAMIS' museumsprojekt und seinen umgang mit „erinnerung" liefert, und auf anita farkas, die in ihrer dissertation „kollektives gedächtnis und erinnerungsbedarf in der steiermark" dem ANDEREN heimatmuseum ein eigenes kapitel widmet.

„(...) tatsächlich scheint es, daß die meisten ausstellungsstücke dem schloß und seiner umgebung abgerungen wurden, man weiß nicht gleich, was ist gefunden, was gestaltet, wo ist der weg. aber diese irritation ist beabsichtigt, ebenso das zusammenfügen scheinbar unvereinbarer objekte, die gedankenflüge zulassen, ohne daß beliebigkeit entstünde – das museum ist nicht unverbindlich, auch wenn es den besuchern viel freiheit einräumt. es ist verschwenderisch in der fülle, spartanisch im herkömmlichen gebrauchswert, verzichtet fast zur gänze auf technische hilfsmittel und zeitigt eine verblüffende wirkung: kaum hat man sich umgesehen, schon packt einen die lust, eigene heimatentwürfe herzustellen. den sogenannten abfall, dem aramis spuren menschlicher arbeit und fragen nach gesellschaftlicher identität entlockt, hat schließlich jeder und jede zur verfügung. aramis wollte mit dem museum, ganz bescheiden, einen neuen blick auf die geschichte werfen, klarmachen, „daß es eine vielzahl von geschichten gibt, nicht ´die geschichte´. und daß man immer mehr alltagsgeschichten sammeln soll."

votivbilder. ikonen. ein bild „zum gedenken an die opfer des wiener aktionismus 1968/69". ein altar für die hierzulande „ausgestorbenen, ausgerotteten, verschollenen tiere", alphabetisch aufgelistet, von der alpenfledermaus bis zur zwergseeschwalbe. der ehrennachttopf eines österreichischen beamten. zitate von beauvoir, frisch, kerschbaumer, menasse, morgenstern, pelinka, ringel, turrini. eine bedrückend grausame schulordnung der joko lehrmittelanstalt ternitz aus dem jahr 1898. ein zersprungener teller, die suppe „gemeinsam eingebrockt einsam ausgelöffelt". die meldung über den ersten transport, der am 1. april 1938 mit 150 österreichern nach dachau abging. eine mit erde gefüllte lade: „1a echte heimaterde", in der krukenkreuz, hakenkreuz, christuskreuz stecken, alle drei in den farben rotweißrot. zeitungen aus dem jahr 1952, mit denen die letzten mieter die schloßfenster abgedichtet hatten, ein blatt ist geglättet, lesbar, die anderen sind zu papierwürsten gepreßt, so wie sie vom pächter gefunden wurden. ein schwung kriegsanleihen aus dem ersten weltkrieg, mit der anleitung: „wie man im handumdrehen sein geld verliert." ein spruchzettel: „heimat ist nicht enge, sondern tiefe." ein zweiter: „tradition ist weiterreichen der glut, nicht der kalten asche." eine vitrine mit einem ziemlich ramponierten punschkrapfen (inoffizielles staatssymbol, nach menasse). ein an die wand genagelter brotfladen. eine lederhose mit kuhhorn im latz. coladosen. stroh und steine auf den stufen. ein herz aus nägeln. schaufeln, rechen, gabeln, albumblätter, rehkrickerl, puppenrümpfe, verkohlte holzstrünke, reisigbesen, partezetteln. der schriftliche erlaß des sicherheitsdirektors für die steiermark, zellburg-zivny, vom 17. april 1934, wonach zu bestrafen sei, wer plötzlich zu rauchen aufhört, weil die illegalen nazis zum schaden der österreichischen tabakregie strengstes rauchverbot angeordnet haben. „die befolgung dieses verbotes stellt sich als eine fortsetzung der nationalsozialistischen betätigung dar und ist daher mit den schärfsten mitteln zu ahnden."

im dritten stock waren die kz-häftlinge untergebracht, zwanzig oder mehr in einem fünf mal sieben meter großen raum, dessen strenge kargheit zum hören und sehen zwingt, in der beklemmend schmalen kammer nebenan werden die häftlinge, zum großteil polen und republikanische spanier, mit vor- und nachnamen geehrt. in ein zwischengeschoß zwischen dem ersten und zweiten stock waren zur selben zeit fünfzig sowjetische kriegsgefangene gepfercht. dem österreichischen kz-häftling josef nischelwitzer zufolge seien sie schlechter als tiere gehalten worden. von ihnen ist nicht mehr geblieben als die paar russischen worte, die einer an die wand gekritzelt hatte: „geliebtes leben/gefangenschaft/am 8.5.45 durften wir das erste mal die mauern des lagers verlassen."

ein anderer hätte diese kyrillischen zeichen einfach übertüncht. oder er wäre nicht auf den gedanken gekommen, 44 fotos einer zur reproduktionsmaschine herabgewürdigten „deutschen frau" mit gebrauchten tampons und plastikrosen zu schmücken. „ungustiöse gebrauchsgegenstände", so äußerte sich der kulturreferent der gemeinde neumarkt über die schaustücke der baustelle. dabei gibt es in ihr, um sie herum so viel zu sehen, zu schmecken, zu erfahren. und es ist ein vergnügen, die hier ansässigen – aramis, seine gefährtin britta sievers, deren tochter marie-luise – durch den tag zu begleiten. sie suchen, wofür sie leben, vielleicht ist es das, was sie so gefährlich erscheinen läßt. und ihre hingabe. und daß sie nicht bestechlich, nicht anfällig, nicht ver-

führbar sind. dafür bezahlen sie einen hohen preis: ächtung, isolierung, schlechte nachrede. zuspruch und unterstützung kommt zögernd, eher von weither, aus der landeshauptstadt, aus wien, von der europäischen union.

verändert-die-welt. läßt sie sich verändern? aramis´ bilanz fällt nicht negativ aus, auch wenn sie bitter klingt, rein von illusionen: er habe das gefühl, daß man nicht direkt boden gewinnen kann, sondern inseln des widerstands so lang wie möglich verteidigen muß. es gebe keinen direkten gewinn zu verzeichnen, es sei denn, man verbucht die tatsache, daß einer sein leben verwendet, sich in die bresche zu werfen, auf der einnahmenseite. „in meiner jugend wollte ich mehr, jetzt finde ich mich damit ab, daß man wenigstens den zerfall von strukturen so lang wie möglich hinauszögern kann." (erich hackl, die presse)

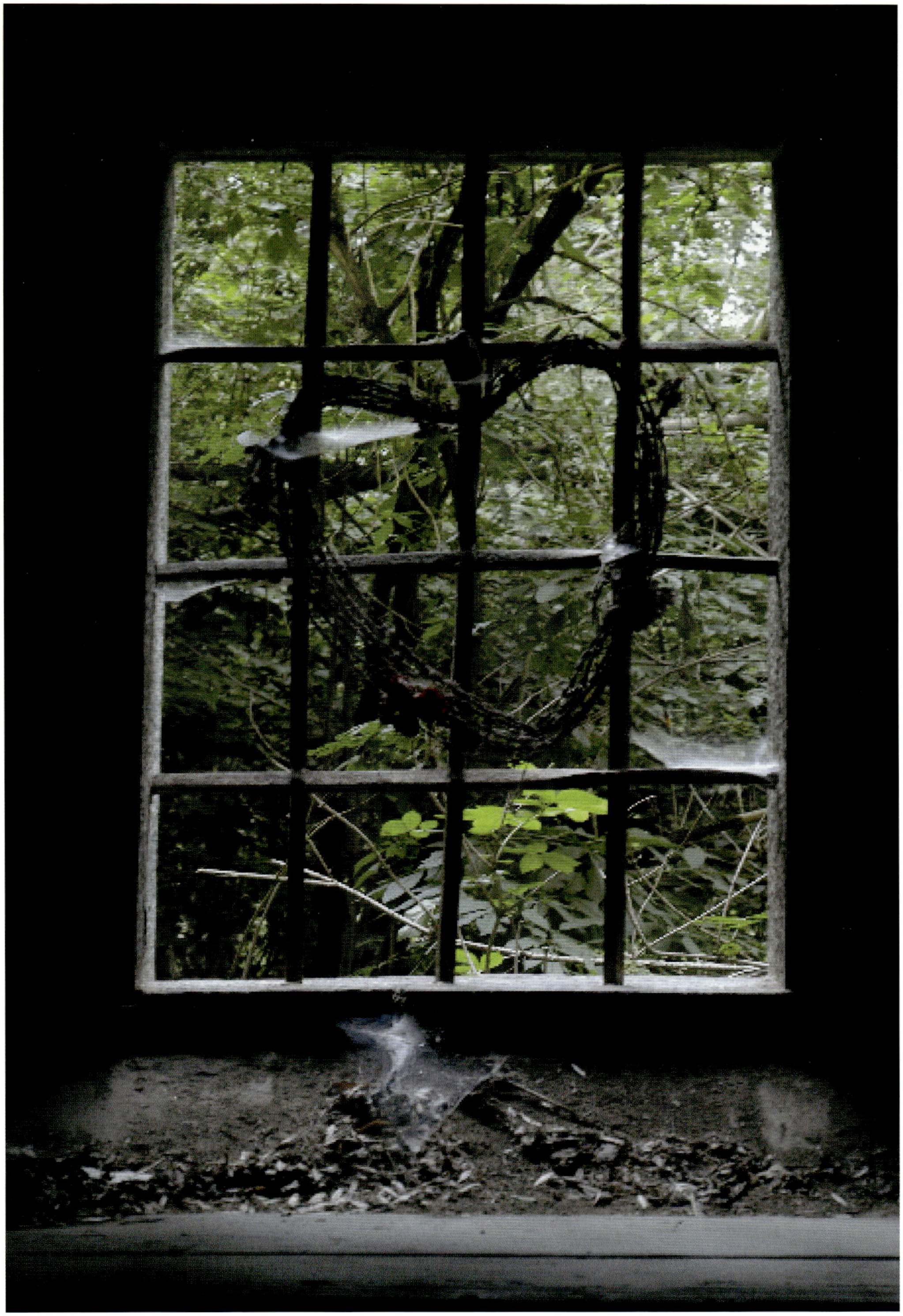

ENDZEITNOTIZEN:
TOTENTANZ AM LOCUS DOLENDI

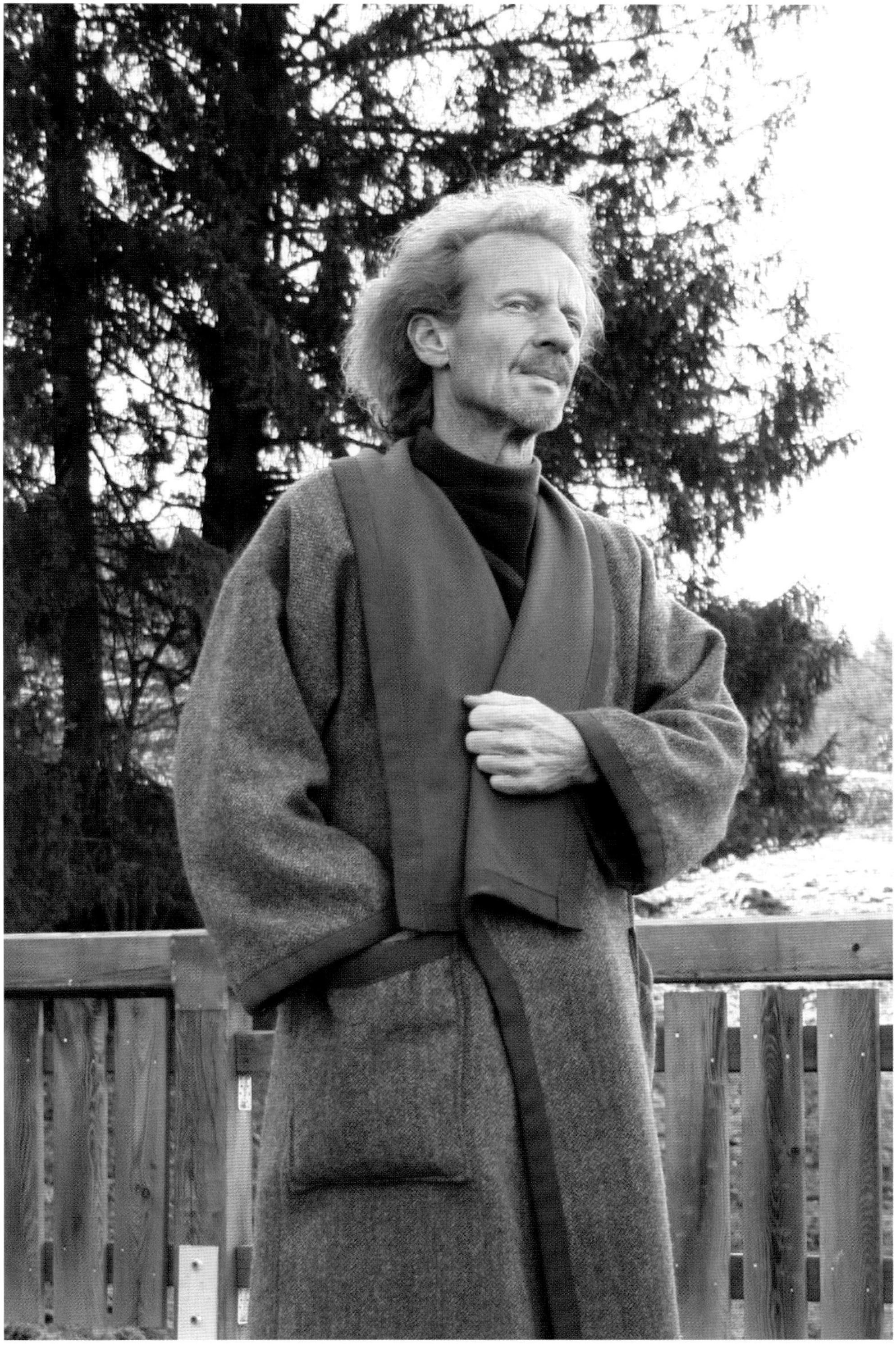

kompromisslose leben wie diese führen sehr oft zu einem punkt, an dem das selbstgewählte korsett einfach zu eng wird. fehlt es dann auch noch an der notwendigen kommunikation und der korrektur durch die außenwelt und beeinträchtigen krankheiten schließlich den unbändigen tatendrang eines rastlos und umfassend tätigen menschen, scheint ein bewusst herbeigeführtes, selbst inszeniertes ende nur konsequent. zumindest von außen betrachtet.

nachdem sich auch seine dritte frau, britta sievers, 2008 von ihm getrennt hatte (ihm aber noch weiterhin vor allem im bereich der administration und des managements des unternehmens zur seite stand), lebte ARAMIS allein auf einer baustelle, die sich all mählich aus einer ruine in ein fertiges schloss verwandelt hatte, einem ort also, an dem es für ihn nichts wesentlich anderes mehr zu tun gegeben hätte als den zahllosen installationen noch weitere hinzuzufügen, einem refugium, das sich von einem „locus amoenus" (siehe katalog „locus amoenus") in einen „locus dolendi" für seinen kreator verwandelt hatte. aus einem enthusiasmierten initiator, kämpfer und ruinenbaumeister war ein misanthropischer schlossherr und landschaftsgärtner geworden.

und so wurde die von mishima bis amery vorgelebte und wortreich dargestellte idee des selbstgewählten todes, die ja sowieso sein ganzes leben wie auch werk durchzieht, zu seiner letzten baustelle. eine seiner letzten publikationen, die er „linder totentanz" nannte, überschrieb er mit „der tod und der schlossherr" und setzte ein gedicht des barockdichters simon dach auf das titelbild:

„seht, wie, was lebt, zum ende läuft,

wisst, dasz des todes vessel
mit uns aus einem glase säuft

und frisst aus einer schuessel."

in einer mischung aus gekränkter hellsicht und dodererscher apperzeptions-verweigerung, geschwächt durch eine stoffwechselerkrankung, die 2008 erstmals ausbrach und ihren höhepunkt 2010 fand und die er in ablehnung jeglicher schulmedizin von institutionalisierten ärzten nicht kurieren lassen wollte, vereinsamt mit seinen drei katzen und den schafen lebend, ließ er in den letzten jahren vor allem seinem lebensüberdruss vollen lauf. und wie schon mitte der 1990er jahre,

als er über die aufbrüche seiner generation in einer publikation über seine jugendlichen „wallfahrten" nachgedacht hatte, versuchte er jetzt ein letztes mal, schreibend und rastlos malend (allein 2008 entstanden rund hundert bilder, die sich alle um den tod drehen), bilanz zu ziehen über das, was als sein leben und sein werk hinter ihm lag. ein paar auszüge aus seinen in diesen jahren entstandenen, unveröffentlichten und unvollendeten versuchen einer autobiographie, dem „flickwerk", und zitate aus seinen letzten publikationen sollen diese erste annäherung an ein außergewöhnliches lebenswerk wie dieses abschließen.

„womit ich noch zufrieden bin: dass ich 27 jahre meines lebens nicht versichert war, vom staat nichts nahm und ihm nichts gab. vogelfrei. auch dafür bin ich heute zu alt. angestellter in meinem eigenen museum. eine groteske innerhalb der bürokratie. ein prekärer witz, in der welt der total verwalteten arbeitenden." (fw)

„meine künstlerischen arbeiten fast aller jahre sind irgendwo verstreut. ich habe nie notiert, wer was gekauft hat. niemand wird mein werk je sammeln können: es war immer eine art trotz in mir gegen „selbstvermarktung", wie das heutzutage heißt. diese tüchtigkeit im sichselbstverkaufen. lieber mag alles „verschenkt" sein! den verbliebenen rest soll vermarkten, wer will und kann."

PREISE:

1971	THEODOR-KÖRNER-PREIS
1998	KULTURLANDSCHAFTSPREIS
1998 – 2003	mitglied des steirischen landeskulturbeirates
2003	* VOLKSKULTURPREIS DES LANDES STEIERMARK
	* BUNDES-EHRENZEICHEN DER REPUBLIK ÖSTERREICH

„zu preisen und auszeichnungen: ich halte wenig davon. es gibt zu viele schaffende, die ihre werke nicht gut präsentieren können im sinne der gesellschaftlichen anforderungen und die der herrschenden mode nicht entsprechen. viele, die es verdienten, ausgezeichnet zu werden, bewerben sich erst gar nicht. so ist es ein völlig verzerrtes bild, welches die auspreisungen ergeben. ich aber wünsche nicht, man könne meine ablehnung als folge eines ressentiments betrachten. also bewarb ich mich sechs mal und erhielt drei preise. auf ganz verschiedenen gebieten. das bundesehrenzeichen erhielt ich unerbeten. so darf ich guten gewissens sagen, ich halte wenig von preisen." (fw)

Kopfmuskeln.   213

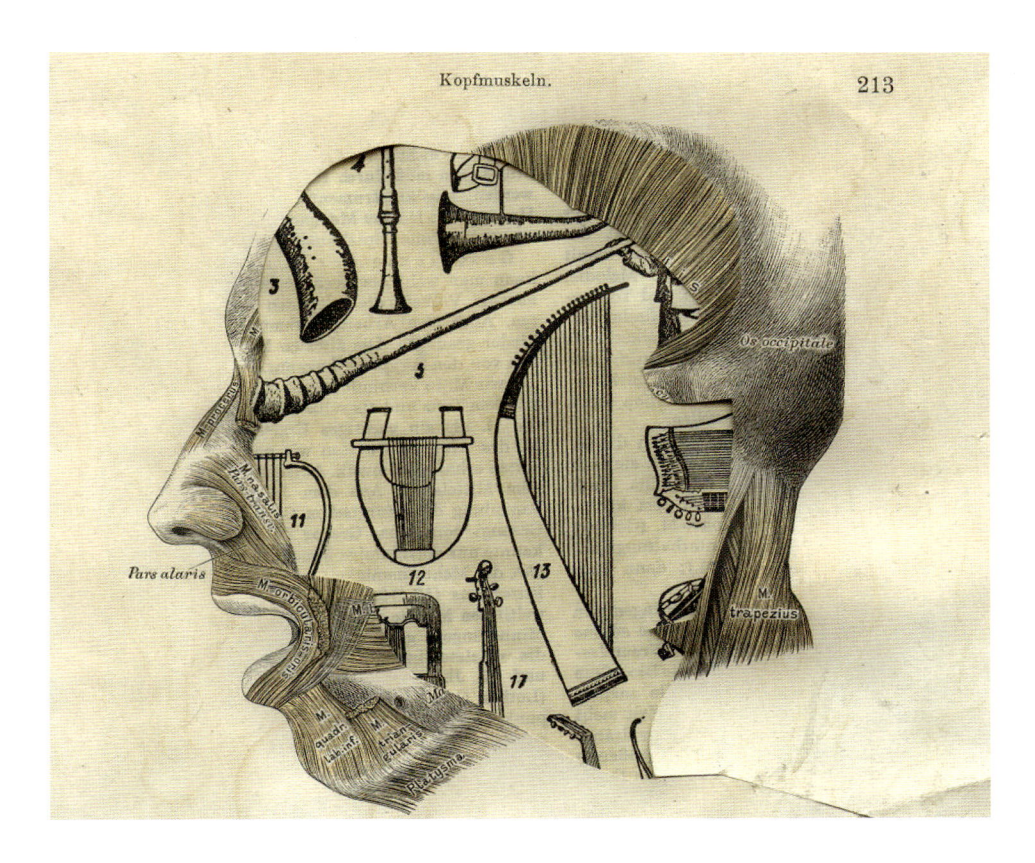

üscherl am Herzen, i bin ja die B

„schon bevor mich die krankheit niederwarf, witzelte ich gelegentlich, ich ließe mir für die späten tage eine narrenkappe schneidern, die heruntergeklappt mir die scheußlichkeiten der gegend verbergen und die ich erst im glücklich erreichten restaurant wieder lüften würde. mit der kralle des tannewetzels im gekröse ist jener gewohnheitsschleier, der mir solche witze eingab, fortgewischt. mir ist wie jenem, der im wald einschlief und nach hundert jahren erwachte: ich finde mich in einer völlig fremden entsetzlich hässlichen welt. wenn wir im kraftwagen die zufahrt zum schloss nehmen, atme ich auf: dieser ruppige horst! auf den zaunpfählen begleitend die bussarde und falken. es wird meine letzte heimat gewesen sein. freilich, eine art narrenkappe habe ich jetzt auch: die fähigkeit, zurück in meiner „höhle" zu sein. schließe ich nur länger die augen, so wird es ganz samtig und warm. so lob ich mir meine narrenkappe." (fw, 25.03.08)

„unten im hof rattern und stinken die bohr- und sondiergerätschaften der straßenbaugesellschaft. vorbereitungen zum autobahnbau. dem zu entgehen habe ich damals schloss kalsdorf nicht genommen. nein, nicht nur deswegen: es war auch der gestank der schweinezucht in der nachbarschaft und die verschandelte landschaft. da wusste ich noch nicht, dass ich es hier mit mastochsen in der nachbarschaft zu tun bekäme. 16 jahre später kommt nun auch hier die autobahn. das lindfeld wird durchschnitten werden und was an landschaft noch blieb in einen städtischen anonymen vorort verwandelt werden. der gesellschaftlich organisierte wahnsinn holt mich allemal ein, solange ich lebe." (fw, 14.04.08)

„heute nacht fiel wieder schnee. am morgen alles winterlich. zwar taute bis zum späten vormittag alles weg. es blieb aber kalt. ich fuhr die säge mit dem rad in die werkstatt: jede steigung, die mir sonst noch reserven lässt, forderte mir nun alles ab. teilweise stand ich in den pedalen. ächzte, seufzte, keuchte. nein, es ist mir klar: diese zustände will ich nicht. so soll es nicht zehn jahre weitergehen. dieses selbstbildnis will ich in meine erinnerung sich nicht einfressen lassen. und für den tod, den ich mir fallweise wähle, muss ich ebenfalls kräftig sein. auch dieser soll ja meine signatur tragen. es ist gut, endlich meinem leben ein ziel gesetzt zu haben. im übrigen brennholz geschnitten und die mauer im eingangsbereich des theaterturms fertig gebaut. seltsam, wie gern ich jetzt allein arbeite. es geht auch schwerarbeit. nachher muss ich mich allerdings unter zwei decken mit dem thermophor aufwärmen. trete dann wieder in die höhle ein. dann bin ich auf eine gewisse art zeitlos glücklich." (fw, 16.04.08)

„es gibt in mir einen tiefsitzenden widerwillen, meinen körperlichen bestand künstlich zu verlängern. ich will weder falsche zähne noch sonstige ersatzteile mir einbauen lassen. jeder anschluss an geräte oder pharmaca, wie sie die tüchtige industrie bereitstellt, ist mir ein gräuel. ich habe die sucht der menschen, um nahezu jeden preis ihr leben zu verlängern – bei meist dümmstem, rücksichts- und voraussichtslosem handeln – immer verachtet. es ist an der zeit für mich, ein beispiel zu geben. das sicher auch nicht beherzigt werden wird. mir bin ich es jedenfalls schuldig. mir? will den idealen meiner jugend entsprechen? sie erscheinen mir immer noch sinnvoll. aber wer hält noch würde und stolz für erstrebenswert?" (fw, 18.04.08)

„heute endlich ein sonniger nachmittag. lag im gärtchen im liegestuhl. von mittags an das motorengeräusch des nachbarlichen traktors. obwohl samstag. mal weiter mal näher. dann direkt im hof. stundenlang. dann das anschwellende dröhnen der bahn. das abrauschen. alle zehn minuten? das heulen, das sausen von der bundesstraße. dann noch flugzeuge …
einmal lebte auch ich in arkadien. elf jahre lang, fast ohne jedes zivilisationsgeräusch. ich schlug für meine damalige hausfrau sogar das obers mit der schneerute im kessel. sommers und winters, im frühling und herbst, das sprudeln des brunnens ins tauchbecken, in dem ich täglich lag. sommers ein schweben zwischen den rosen, die sich zum wasser neigten. winters kippte ich die eisplatte zur seite und tauchte rasch unter, um mit dem gefühl von sekt auf der haut wieder heraus zu steigen. aber das alles war ja nur geliehen. und die langeweile gab mir starke gründe, neues zu wagen. nun ist das wagnis gewohnheit. der lärm wächst mit jedem jahr. die häuser auf der sonnenseite werden dicht an dicht gebaut. kurz vor sonnenuntergang fährt der nachbar endlich ab. ich höre meine geliebten amselstimmen. abendlied. dann ist die sonne hinter dem berg und es wird kühl. rasch kalt." (fw, 26.04.08)

„alle meine frauen fanden völlig unabhängig übereinstimmend, dass ich erst „menschlich" würde, wenn ich haschisch geraucht und wein getrunken habe. und ich wollte viele jahre durchaus „menschlich" sein. jetzt bin ich dessen müde. gestatte mir die langeweile bei dem gerede, durch das „die leute zusammenkommen". liege wieder einsam mit meinen büchern und schrecke bei jeder störung innerlich auf. unwillig mich stellend den anforderungen des alltags. in dem ich mein leben befristet sehe, auf nicht all zu lange zeit, gestatte ich mir das. und habe ich nicht genug getan?! ich habe noch so viel musik nachzuhören. mir ist, als wüsste ich noch kaum etwas. als lernte ich erst jetzt. und behielte es auch. und was habe ich nicht alles vergessen?! also wiederhole

ende september 2008

manchmal packen mich die anfälle wild an. wenn ich glück habe und ich bin unten in küchennähe, steige ich auf die herdplatte, die noch gerade richtig warm ist vom kochen. vor kurzem war ich so gefroren, daß da nicht half außer dem heilschlaf dort auf dem herd. ich bat J um meine pferdedecke, hüllte mich ein, legte den kopf auf den arm, den thermophor an den rücken, die füße in den backrohrturm und schlief ein. eine russische heilmethode.
wie im märchen sind das.

ich. übe ein. lerne inwendiges auswendig machen und auswendiges inwendig werden." (fw, 27.04.08)

„natürlich ist das auch ein spiel: dieses sich nur mehr einige jährchen – zwei? drei? fünf? – zu geben. es ist auch gar nicht zu bezweifeln, dass ich beste gründe fände, überfiele mich nur der lebenswille; und ich mich, im unterschied zu dem todstrengen jean amery, dabei gar nicht schlecht fühlte, sondern das theatralische genösse und das närrische und völlig unernste daran. zur zeit aber ist es mir aber eine große hilfe zu wissen: es dauert nicht mehr lang. alles versuchsweise „ein letztes mal" zu tun, gibt mir die sonst absolut nirgends herbeirufbare hinreichende lebensintensität. doch weiß ich nur zu gut, wie bald sich solche wirkung abstumpft. der körperliche verfall aber dauert an. mittlerweile wird es merklich frühling auch bei uns. ich bin an manchen tagen über erwarten ausdauernd beim arbeiten rund um das haus. im schönen lenz werde ich mein leben sicherlich freiwillig nicht beenden. denn auch das wird wohl ein letzter akt von trotz werden, und den behalte ich dem winter vor. „reife besteht darin, dass einer nicht mehr auf sich selbst hereinfällt." h.v.d." (fw)

„nein, ich wollte nie alt werden. wer will das schon? ich stehe jetzt an der schwelle. nein, habe sie eigentlich schon überschritten. es bleibt eine reihe von verantwortlichkeiten. ich kündige zur zeit mein ende an. alle werden zwischenzeitlich, da ich ja noch länger lebe, darauf vergessen, sich an den neuen abstand gewöhnen. und ich bin frei zu handeln.
während britta und ich am flickwerk arbeiten, ist es über fünf wochen grau in grau. zeigt sich die sonne, dann früh am morgen, um sich wenige stunden später wieder zu verschleiern. ein tag dazwischen mit lockeren wolken, wo man im liegestuhl im garten sitzen kann. dann regnet es in der nacht. selbst die vögel sind gedämpft. elends grau. jede heiterkeit vernichtend." (fw, 09.04.08)

„tag der arbeit. zeit meines bewussten lebens bin ich unentschieden oder vielmehr: schwanke ich zwischen der liebe zur muße und der hingabe an arbeiten. von der schwersten und gröbsten bis zur feinsten. aber nicht nur kultiviertes nichtstun steht gegen arbeitsfleiß: zwiegespalten ist auch meine empfindung in bezug auf die arbeiten selbst. einmal kommt mir die künstlerische produktion ganz windig, weichlich, unmännlich vor. dann aber steht mir die barbarische handarbeit gegen mein feingefühl. so blieb mir nur der weg, den ich ging: jene von anderen gelegentlich gerühmte vielfältigkeit. meine innere zerissenheit. mein stetes ungenügen, den einzelnen perfektionen gegenüber. ein vollkommener dilettant. heillos von einem zum anderen getrieben." (fw, 01.05.08)

„eine „stoffwechselerkrankung" soll es sein, mein leiden. sehr passend: schon lange wird es mir immer widerwärtiger, die stoffe zu wechseln, da die stoffe immer widerwärtiger werden, welche mir zufließen. alle sinne spielen mir zunehmend unangenehmes zu. selbst die gespräche mit den engsten freunden enthalten mir zuviel geschwätz. dieses sich suhlen in ewigen wiederholungen, den immer gleichen bemerkungen. und sei es die aufzählung der scheußlichkeiten, des grotesken, des ganzen unflats, der allgegenwärtig ist. wozu das alles nochmals in erscheinung bringen. ich will es nicht mehr. so oder so, also zunehmende vereinsamung. eben eine art höhle, in die ich mich zurückziehe. an der höhlenwand zieht mein ganzes leben vorüber. man sagt, so sei es manchmal bei sterbenden. also sterbe ich offensichtlich langsam ab. nicht ohne eine gewisse wohligkeit. denn jedes getriebensein ist von mir abgefallen." (fw, 10.04.08)

„wozu diese notizen? um mir selber klarheit zu verschaffen? warum nicht!
dieser wunsch, erlebtes aufzuschreiben; gedanken, die man gedacht; reflexionen anderer, die zur eigenen substanz wurden, hat das irgendeine bedeutung für andere? ich zweifle daran. es ist nur ein versuch, der alleinigen festlegung durch die anderen gegenzusteuern. und dann hab ich persönlich zeitlebens gerne in andere leben geblickt. diese vielfältigen welten der persönlichkeiten. und bin ich nicht jemand, der immer eine gewisse zeit bestimmte zeitströmungen sehr eigenwillig spiegelte? gewiss doch. aber der marktkonforme strom wird nicht mich, der ich immer am rande siedelte, zu den hörbaren sendeplätzen tragen. wir sind zu wenige. und in gewisser weise ist mein weg einmalig, also wird er verweht werden." (fw, 13.04.08)

„immer gegen meinen geburtstag hin erfasst mich stundenweise abgründige traurigkeit, ohne dass ich sagen könnte, seit wann dieses „immer" herrscht. sicher seit jener zeit, da ich „ein leben" hinter mir ließ. und habe nun schon so viele leben hinter mir abtreiben sehen. ich betrachte lichtbilder aus den verschiedenen zeiten, ordne, mache mir bewusst, wo etwas zu finden ist. stoße auf verloren geglaubtes. überraschendes. bin zutiefst berührt von der intensität eines ausdrucks, der schönheit meiner frauen, dem glanz der jugend, dem feuer einer kostbarkeit bei großer einfachheit des materials. vor allem ist es die zeit zwischen dreißig und vierzig, in die ich wie in einen leuchtenden spiegel blicke. fast blind für die heftigkeit der auseinandersetzungen, die qualen, den schmerz. alles durch schönheit überstrahlt. durch die unwiderruflichkeit des abgeschiedenseins erst ganz zu eigen geworden. dann frage ich mich, wozu ich immer noch lebe. museumswärter, ordner, immer bewusster werdend in einer wüste der real existierenden fatamorganen. „aufgeräumte erfahrung" nennt h.v. henting so treffend die berichterstattung über ein leben, welches immer mehr in die pflicht wächst." (fw, ende 2009)

„jedes menschliche leben scheitert ja einmal im tode. hat man glück, darf man in würde scheitern. sterben. vorher aber kann ein leben ja nur scheitern, das sich auf ein ziel eingeengt hätte. solches lag mir immer fern. die vielfältigkeit meiner absichten, ziele, vorhaben, befriedigungen macht ja mein leben aus. das scheitern von einzelnen vorhaben aber hat selbst gewisse nicht zu unterschätzende gute auswirkungen auf den gesamthaushalt. das nicht erreichen angestrebter ziele hält eine spannung aufrecht, welche fortfiele, käme es zum erfolg. vor allem der sogenannte „gesellschaftliche" erfolg wäre geradezu tödlich. ein scheitern des widerstandes nämlich. ich hätte meine ziele offensichtlich zu niedrig gewählt, würden sie mir auf solche weise „bestätigt". auf diese weise bestätigt wurden und werden mir eigentlich nur randerscheinungen meines lebenswerkes. aus diesem grunde wechselte ich ja schon nach dem großen erfolg meiner ersten noch in der jugend stattfindenden ausstellung meine künstlerische darstellungsweise. es erschien mir diese art von erfolg auf einem grundsätzlichen missverständnis zu beruhen. für die meisten angepassten zeitgenossen ist mein leben kaum zu verdauen gewesen (schwiegereltern!!). mein möglichkeitssinn steht quer zum wirklichkeitssinn. auch ist mir zu sehr klar, eine gewisse vollkommenheit im leben nur durch leben von vielen leben hintereinander zu erreichen. in diesem sinne bleibt in jeder einzelnen periode immer „die würde des scheiterns" zu wahren, wie das im ehrenkodex der samurai hieß. aussichtsloses scheitern müsste ich empfinden, glaubte ich ernstlich an den „fortschritt". den eigenen und den der menschheit. da ich aber alt genug bin und die späten zeitläufte es ebenfalls erlauben klar zu sehen, wie jeder gewinn durch einen verlust erkauft wird, kommt es mir darauf an, wenigstens zeitweise, kürzer oder länger, jedenfalls aber so intensiv als möglich, zustände gelebt zu haben, die mich zutiefst anzogen. so betrachtet kann ich mein leben als ein gelingendes bezeichnen. das lässt sich durch alle eintretenden verluste nicht ungeschehen machen. da man nie alles haben kann, leide ich immer auch am fehlen von irgendetwas. dass die gesellschaft, in der ich leben muss, eine weltweite mördergrube geworden ist, wird durch keinen persönlichen erfolg aufgehoben. ich darf deshalb auch mit einer gewissen lässigkeit auf dieses oder jenes scheitern blicken. doch ist der blick bei schlechtwetter getrübt und melancholisch. sollte ich meinem leben eines tages selbst ein ende setzen, wird auch das nicht ausdruck meines „scheiterns" sein. ich werde einfach bis zum überdruss genug von allem haben." (fw)

„während ich diese kleine sammlung (anm. inventarisierungsversuch II) für den druck fertig mache und diese zeilen schreibe, laufen täglich seit 69 tagen unbestimmte mengen erdöl in die meere aus dem leck, das die geborstene bohrstation in 1500 metern tiefe im golf von mexico hinterließ. wie viele hektoliter es wirklich sind, werden wir vielleicht im august oder september erfahren, wenn alle lügen der manager von BP aufgedeckt werden. die unverantwortlichen verantwortlichen sprechen von „wirtschaftlichem schaden" und von „entschädigung". als wäre alles außermenschliche leben nichts als material zum verbrauch. als wäre nicht das gute, wahre und schöne, die unschuld und reinheit fast nur mehr dort zu finden. während diese aber im elend der ölpest verreckt, werden jene, die genau wussten und wissen, was sie taten und tun, für die keine unschuldsvermutung gilt, auch noch nach der totalen verseuchung und dem vollständigen genozid in kosmischen fähren in umlaufbahnen oder unterirdischen arealen, in überkuppelten künstlichen welten, sei es auch tiefgefroren und computergesteuert, zu überleben suchen. ich, der ich mein ganzes leben versuchte, so vorsichtig und behutsam als möglich zu handeln, ich verfluche dieses geschlecht, dem ich anzugehören verurteilt bin, von ganzem herzen." (inventarisierungsversuch II; juni 2010)

„13. oktober 2009
der künstler als seismograph. man muss die zeichen nur richtig zu lesen wissen. im rückblick erscheinen sie ganz klar:
- seit überhaupt kraftwagen (fälschlich „automobile" genannt) in mein leben traten, wurde mir in ihnen bis zum erbrechen übel.
- in der zeit meiner geschlechtlichen reife litt ich unsäglich an pollenallergien. also an „fortpflanzungsunwilligkeit". ich gab dem samenflugzwang nur unter äußerstem weiblichen druck nach (welcher mann könnte heutzutage noch eine frau an irgendetwas hindern?!) und unter ansehung der tatsache, dass die konkurrenz mir miserabler erschien.
- dann das (väterlich ererbte) magengeschwür in der zeit der adoleszenten bewährungen. die gesellschaft, in die ich geboren und hineinzuwachsen gezwungen war, erschien mir ganz unverdaulich.
- zuletzt die „stoffwechselerkrankung". kaum mehr bereitschaft, die stoffe zu wechseln, welche mir angeboten werden. es ist die globale seuche par excellence, die stoffwechselerkrankung.

dies ist nicht „psychosomatik". die ist selbst eine zeitkrankheit, ein völlig unzureichender versuch, das auseinandergerissene zu-

sammen zu kitten.
es ist wesenserkenntnis, die das sogenannte individuelle und persönliche mit dem allgmeinsten in eins setzt."

„... aber die wenigen wirklich kostbaren augenblicke des kurzen lebens, für die ich wie jeder andere den rest meines lebens hergeben würde, wenn ich sie noch einmal erleben dürfte, waren die augenblicke der liebe, seraphische augenblicke, in denen das fleisch seine göttlichkeit enthüllt." (linder totentanz, s 96)

„letzte grüße
meine lieben, nein, ich werde kein abschiedsgelage(r) mit euch mehr halten. nehmt das letzte gemeinsam verbrachte für das allerletzte. ich bin den starken (ge-)räuschen zu abhold geworden. es gibt die schöne tradition des leichenschmauses. dazu lade ich euch ein. heute noch lebendig. morgen ein zerstückelter kadaver in den wannen des pathologischen instituts. eine erinnerung, die verblasst und ausstirbt. stoßt also an, am ende des liedes von der erde, wenn es heißt: „nun ist es zeit, genossen". wollt ihr es vorher oder nachher beschaulich haben, so empfehle ich den schluss selbiger komposition: „ich geh, ich wandre in die berge ..." du, lieber wolfgang, weißt ja mit sicherheit, wo das zu finden ist.

mehr wünsche ich mir nicht.

dann macht, was euch gefällt mit meiner hinterlassenschaft. sperrig, wie sie ist: alles gute! und die richtigen lehren aus allem schlechten und bösen, das euch widerfährt!

seid gegrüßt!

aramis" (fw)

am 26. september 2010 beendete ARAMIS, bis zur letzten minute schreibend und ordnend, in einem letzten noch selbst inszenierten akt sein leben auf dieser seiner letzten baustelle: ein tod, der „seine signatur" trug.

ANATOMISCHES INSTITUT GRAZ

Ich ~ARAMIS~ PETER HANS SAGMÜLLER

habe verfügt, daß mein Körper nach meinem Tode dem Anatomischen Institut der Universität Graz für Unterricht und wissenschaftliche Forschung zur Verfügung gestellt wird. Im Falle meines Todes bitte ich das Anatomische Institut zu verständigen. Telefon 380/4210

25. NOV. 84
Datum

Ph. Sag...
Unterschrift

85

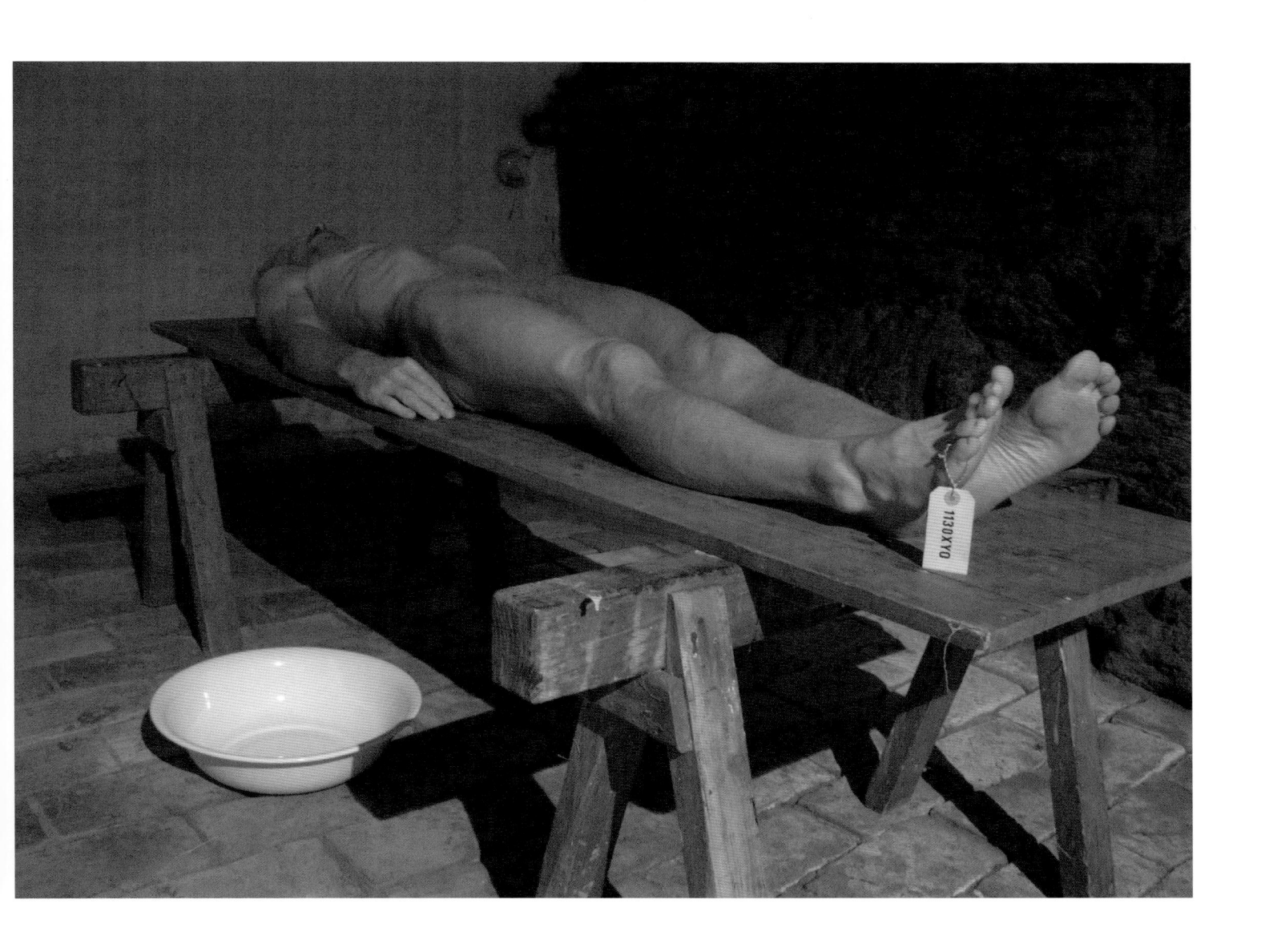

LEBENSLAUF
(aus ARAMIS' sicht)

1950
aramis, geb. 10. februar in wien, aufgewachsen im spannungsfeld stadt-land. ein vorzugsschüler, der die schule hasst und verlässt, sobald er kann – beim vater lernt er gold schmieden, gravieren und juwelen fassen. lehrabschluss als bester dreier jahrgänge. legt am tag danach das werkzeug nieder.

1968
erste ausstellung von bildern im stil des phantastischen realismus – der erfolg provoziert selbstkritik und wandel von stil und thema.

1969 – 70
sozialkritische popart zum thema kritik der warenästhetik – organisiert mit befreundeten künstlern die „salzburger testspiele" – peregrinatio durch deutschland, frankreich, schweiz, italien – die abenteuer der landstraßen – flüsse, seen, berge, wälder, heide – das meer – mädchen und frauen und freunde ... zeichnet nach lust und laune: wenig – studiert, was ihn interessiert: viel – (immer die schweren bücher im rucksack) – zurück in wien organisiert er mit eltern das „1. wiener kinderkollektiv" auf psychoanalytischer grundlage – arbeit als erzieher – lebt in wohngemeinschaft mit verschiedensten menschen.

1971
theodor-körner-preis.

1971 – 73
erforschung der innerseelischen räume mit hilfe bewusstseinserweiternder drogen – was ist wirklichkeit? – psychoanalyse – mit dem lehrer zieht er in die einschicht des waldviertels unweit der seen von dobra-ottenstein: der hof „vogeltenn" – beschäftigung mit meditation: das dröhnen der stille hören ... zeichnet mystische landschaften.

1974
reise nach sizilien und griechenland – heiratet beatrix, die ärztin – arbeitet ein jahr als gruppentrainer in wien – psychedelische bilder.

1975 – 80
restauriert mit hilfe seiner frau das riesige herrenhaus „blumau" bei kirchdorf in oberösterreich – initiiert eine lebensgemeinschaft dort – die gruppe besteht fünf jahre und umschließt kunst, kunsthandwerk, medizinische praxis, ökologische arbeitskreise, viehzucht und gartenbau – bilder zum thema ökologie – geburt der tochter julia – scheidung – geburt der tochter vera – die arche versinkt im meer der stechuhren – übungen in geduld ...

1980 – 1981
mithilfe bei der revitalisierung einer verluderten bauernwirtschaft in der südsteiermark, revitalisierung eines winzerhauses.

1981
lebt ab september mit seiner zweiten frau britta auf dem mittelalterlichen gehöft „rumpel" bei semriach – freund robert hilft beim restaurieren – vier seminare zum thema „alternative lebensformen" im bildungshaus retzhof – schafhaltung, heumachen, holzarbeit lebenskunst lernen ...

1983 – 86
erotische bilder in mischtechnik

1988 – 89
bilder aus abfall – zyklus: gemeinschaftsbilder mit werner schimpl – skulpturen aus abfall – zyklus: „steirische koans" – ökologisch engagierte kunst – handgemacht vom bauernhof – mit echtem kuhdung.

1990 – 91
orthodoxe und unorthodoxe ikonen.

1992
1. mai: beginnt mit freunden das lebens- u. arbeitsvorhaben – baustelle und gesamtwerkstatt schloss lind. das projekt umfasst die restaurierung und revitalisierung der gebäude und anlagen, themenzentrierte ausstellungen, lesungen, konzerte,

film, tanz, theater, installationen, klausuren, workshops und regionalplanungen, landschaftskunst.

1996
eröffnung des „ANDEREN heimatmuseums" mit gedächnisinstallation für das kz-aussenlager in schloss lind 1942-1945. wechselnde installationen zur österreichischen identität.

1997
„heu und stroh", ein festival in zwei ernten.

1998
kulturlandschaftspreis.
ab november lebt und arbeitet er mit seiner dritten frau britta und deren tochter marie-luise zusammen auf der baustelle. kurator von verschiedenen ausstellungsinstallationen.

1998 – 2003
mitglied des steirischen landeskulturbeirates.

2003
* volkskulturpreis des landes steiermark.
* bundes-ehrenzeichen der republik österreich.

2010
ende september wählt aramis nach langer schwerer krankheit den freitod.

objekte im besitz von öffentlichen und privaten sammlungen
autor verschiedener artikel zu kulturpolitisch-ökologischen themen

das ANDERE heimatmuseum/ BAUSTELLE SCHLOSS LIND neu

noch vor seinem freitod vertraute ARAMIS britta sievers und mir das ANDERE heimatmuseum an, wohl wissend, dass es auf „seine" weise nicht fortgeführt werden könne, ist doch ein unternehmen wie dieses an die obsession eines einzelnen menschen gebunden. und auch wenn wesentliche teile dieses „erinnerungsgesamtkunstwerks" nach wie vor zu besichtigen sind (und die inzwischen weggeräumten objekte photographisch in ihrem jeweiligen originalkontext festgehalten und archiviert wurden), existiert es in der beschriebenen form nicht mehr. was aber als sein vermächtnis für uns, fernab einer biographischen verklärung, gilt, ist die erkenntnis, dass durch die NS-zeit traumatisierte orte wie schloss lind ein gedächtnis haben, dass erinnerung ein prozess ist, der sich nie abschließen lässt und nur durch kontinuierliches bemühen am leben erhalten werden kann. die art und weise, wie das zu bewerkstelligen ist, kann nur in einem permanenten diskurs geklärt werden: baustellen und gedenkstätten setzen bewegung voraus.

damit die „baustelle schloss lind" jedoch auch weiterhin ein ort gegen verdrängung und vergessen bleibt und eine stätte der begegnung mit ortsspezifischer kunst in all ihren spielarten sowie der forschung über die exotik des alltags im ländlichen raum, haben wir uns entschlossen, den ausstellungs- und veranstaltungsbetrieb in zusammenarbeit mit unterschiedlichsten kuratoren und festivals (z.b. der „regionale") weiterzuführen. durch die erarbeitung regionsrelevanter, jährlich wechselnder themenkomplexe, die auch jeweils unterschiedliche ästhetiken in den mittelpunkt stellen, wollen wir auch weiterhin lebendige mitgestalter dieser randregion und „künstlerische nahversorger" vor ort bleiben. wir verstehen unser „museum" gleichermaßen als „handlungs-" wie auch als „leseraum", als künstlerisches und gesellschaftspolitisches forum von/für menschen in bewegung, die die ihnen eigene kreativität auf die erfindung neuer und die hinterfragung herkömmlicher öffentlicher rituale und gebaren im sinn zivilgesellschaftlicher „ermächtigung" (empowerment) anwenden wollen.

besonderes augenmerk gilt aber der jugendarbeit: in kooperation mit dem „österreichischen mauthausenkomitee", das ein breiteres bewusstsein dafür schaffen will, dass neben dem KZ mauthausen noch rund fünfzig andere KZ-nebenlager existierten, bieten wir für schulklassen und jugendgruppen spezielle programme zum thema erinnerungsarbeit und zivilcourage in den gedenkräumen des ANDEREN heimatmuseums an.

AUSGEWÄHLTE TEXTE

ERINNERTE WUNDEN –
WUNDEN DER ERINNERUNG

das neue und immer neueste beherrscht die sich globalisierenden märkte ohne erinnerung. altes und älteres rafft die furie des verschwindens hinweg. die letzten zeitzeugen sterben aus und hinterlassen eine leere. blinde flecken des erlebens. die rekonstruktionen von zeitgeschichtlern entbehren nicht nur der breitenwirkung, sondern auch der intensität gelebter erfahrung. wären da nicht jene verwundeten orte, diese produktionsanlagen des alltäglichen schreckens, mit ihrem erkalteten aushauch des todes. wären da nicht jene gruppen von menschen, welche die wunden erinnern. und jener gesetzliche rahmen, der gewisse umtriebe verbietet und der erinnerungsarbeit summen garantiert, ohne die heute nichts mehr zu bewegen ist. es schlösse sich die gegenwart wie die oberfläche eines gewässers. nur mehr spiegelnd, was von plakatflächen und bildschirmen in die wahrnehmung der zeitgenossen knallt.

das eilige verwischen der spuren in den nachkriegsjahren, jener angestrengte wiederaufbau, diese erfolgsgeschichte und wirtschaftswunderlichkeit hinterlassen uns heutigen die aufgaben einer spurensuche, von ausgrabungsprojekten, rückbau des zugebauten, abkratzen des zugekleisterten. freizulegen ist vielerorts das menetekel des 20. jahrhunderts. damit nachgeborene nicht diesen schrecklichen vereinfachungen und missverständnissen erliegen und ihre pubertären krämpfe, ihre berechtigte kritik inmitten von verwahrlosenden wohlstandsgsellschaften mit symbolen drapieren, deren verweise schon einmal nur katastrophales anzogen. aus dem schatten der kriegerdenkmäler werden nun denkmäler des widerstandes und solche für helden der abrüstung treten. kollektives erinnern benötigt rituelle begehungen und begegnungen.

zeremonien der vergegenwärtigung. des er-innerns. damit der kern historischen bewusstseins nicht taub und hohl wird, bedarf es stets neuer versuche, zum erleben vorzudringen. wenn kunst noch die fähigkeit zur erschütterung und zur sammlung der verstreuten aufbringt, so mag auch künstlerisch gestaltetes gedenken sinnvoll sein. gemeinsames trauern um individuelle und kollektive verluste bewirken. und jenes nie wieder zu übersetzen in die sprache gegenwärtiger zwänge und notwendigen widerstandes. das bleibt zu versuchen.
(ARAMIS)

DIE FURIE DES VERSCHWINDENS UND DIE MUSEN
referat zum österreichischen museumstag in dürnstein im november 2000

*askra ist rauh im winter elend im sommer und niemals
angenehm und nur bis zu ihren ruinen reichte der schatten
dann war die sonne nur mehr ein kratzer
der auf dem zinkblech des himmels grau oxydierte
vom musenaltar unter der schutthalde des tals
sah man nur mehr ein paar quadersteine im geviert
und splitter eines baumes im theaterrund · den hain hatten
jahrhunderte bis zur flanke gerodet · gelb im gleißenden karst
der hänge aber waren stauden wilden salbeis mit den lohen
seiner rispen geblieben – helikon
zu seinem im geröll bestandenen bergrücken führten
nur ziegensteige und nicht ein weg hinauf · auf der hochebene
wo die krokusse wuchsen lagen leere schneckengehäuse
die vögel hergetragen und aufgestochen hatten · die hippokrene
aber war weiter dem gipfel zu und auf der suche nach der quelle
gingen wir jede doline einzeln ab · immer im selben grell
am grund der senke war die erde aufgerissen als hätte ein tier
nach wurzeln oder wasser gescharrt und der wind täuschte
kann sein aber einmal hörten wir hufschlag und das schnauben
eines wilden esels oder das rauschen eines flügels im tauben
gestein wie einen in die kehle kommenden vokal –
jetzt jedoch während ich die zeilen zu einer konsonanz
in der erinnerung zusammensetze und die steinfigur der fontäne*

im letzten halben licht des nachmittags wie grünspan

*glänzt von den ins becken geworfenen münzen ist es ein ritual
das sich nicht zu ende bringen läßt eine reminiszenz
an eine sprache gleich und zu gleich unter einem anderen meridian*

soweit raoul schrotts beschreibung des ersten museions.

von zeit zu zeit halten einige von uns den atem an, wie neulich, als beim philosophicum in lech hegels poetische formel für den innovationsfuror und die beseitigungswut unserer gesellschaft als motto diente. wir halten den atem an und heben den kopf aus dem tosenden getriebe um uns. blicken die wogenden wände hoch, sehen, wie die fliehkraft der beschleunigten zeit die kreiselnden wände des malstroms einebnet: die dinge, die ideen, die religionen, die ideologien, die kulturen, empfindungen, gefühle. unser blick stürzt ins leere. von der allgemeinen mobilmachung erfasst werden auch die einstmals geflügelten – die musen. *museen sind großbetriebe des dienstleistungsgewerbes: vom unterhaltungsprogramm für bustouristen bis zur förderung der künstlerischen avantgarde, von souvenirverkauf bis zum wissenschaftlichen bericht. der moderne museumsleiter ist manager: restaurierungswerkstätten und versand haben die größe von industriebetrieben, wechselausstellungen wollen organisiert, besucherströme gelenkt und scharen von mitarbeitern motiviert werden. das museum als kulturfabrik in einem art-bericht.*

zu den erinnerungen meiner kindheit gehört jene flucht dämmriger riesenräume, in denen die stille steht. kein mensch außer mir und den vereinzelten grauuniformierten, die verstummt die würde und bedeutung des gesammelten schweigens hüten. leise knarrt das parkett. ein geruch, der dem von friedhöfen im november ähnelt. in den glasscheiben der großen vitrinen spiegeln sich die hohen fenster mit dem himmel, den wolken, den scharen von krähen. langsam dringt der blick durch die spiegelnde oberfläche und aus der tiefe hebt sich eine versunkene welt entgegen ... das blieb noch bis in meine jugendjahre so: da führte ich wechselnde geliebte in diese orte der schweigenden schau. doch selten die richtige. das versunkene vineta zeigte sich nur von fern und wellengekräusel, ausgelöst durch den raschen schritt einiger besucher, verwischte das bild.

sprach- und lesekultur schrumpfen rasch, die visuelle wahrnehmung für verständigung, information und lernen spielt eine immer größere rolle. politik, ökonomie und unterhaltungsindustrie haben sich längst der visuellen medien bemächtigt und werben immer raffinierter und/oder plumper mit wissenschaftlich berechneten bildern um wähler, käufer, konsumenten. das museum könnte ein ort der ausnahme sein: ein ort, an dem sich erfahren lässt, dass es nicht nur zerstreuendes, sondern auch sammelndes, bildendes sehen gibt. verlangsamung könnte sich ereignen. ortssinn, eigensinn ausbilden. und die fähigkeit, herauszutreten und sich unerreichbar zu machen für das dröhnende, saugende strudeln des apparates. diese art von genießendem, meditativem lernen ist durch fortschreitende privatisierung der museumsstrukturen bedroht. die zwänge des neoliberalen marktes und der kulturindustrie sind wohl nur in schach zu halten, wenn die republik freiräume finanziert und so schützt. die regierenden sollten von uns nicht aus dieser verantwortung entlassen werden. je mehr sich die welt für zivilisatorisch hochgerüstete in einen transitraum verwandelt, um so mehr werden bodenhaftung und bewusste mühevolle annäherung zu einem exotischen unternehmen. *wir ertragen keine dauer mehr ... unsere natur hat einen horror vor der leere – jener leere, in die die geister von ehedem ihre ideale einzuzeichnen verstanden. die schonungslose ausbeutung von zeit zieht die irreversible plünderung der natürlichen energievorräte nach sich und fördert jenes anspruchsdenken, dem es am zentralen sinn mangelt: dem inneren sinn für den abstand zwischen begehren und besitzen eines gegenstandes, der nichts anderes ist als der sinn für dauer, das empfinden für zeit.* betrachten wir diese worte einmal ganz aufs museumswesen bezogen. valéry fügt hinzu: *ich halte die politische notwendigkeit, alles das auszubeuten, was im menschen das niedrigste ausmacht, für die größte gefahr unserer zeit.* das museum als museion, als ort der qualitätsmaßstäbe? der sensibilisierung der sinne? das ist die eine möglichkeit.

es gibt vielleicht nur ein mittel, die gefährlichkeit einer sich weltweit schaumstoffartig aufblähenden ideologie zu entschärfen: die präsenz vieler lebendiger geschichten, der vielfältigen erzählungen der menschheit. diese dem entschwinden zu entreißen und so nachzuerzählen, dass sich in der form der inhalt er-innert. höchst fraglich, ob dies mit der derzeitigen mode von museums- und ausstellungsgestaltungen erreichbar ist. eine heerschar geschäftstüchtiger architekten konkurriert um die besten methoden der isolierung historischer gegenstände in inszenierungen aus beton, stahl, aluminium und glas. wo bleibt eigentlich die vielbeschworene originalität? eine überall ziemlich gleich aussehende monomanie herrscht da offensichtlich. sterilisiert die exponate. tötet die erzählungen. die musen fliehen. was soll die forcierte betonung der präsentationsapparaturen und hilfskonstruktionen beitragen zur rückholung von sinnlichkeit, poesie, begeisterung? soll vermittelt werden, erdrückend, dass wir in der besten aller welten leben? wieder einmal? diese art von sterilisierung haben die kulturinstitutionen von den sich verkirchlichenden religionen geerbt: das vermodernde stroh aus der krippe im edelsteinbesetzten goldschrein, der splitter vom marterkreuz in der bergkristallkapsel, die märtyrerknochen vom eingetrockneten blut und schleim der verwesung überzogen, gefasst in goldspitzen mit perlen: so sperrt sich eine kultur vom gelebten ab – und ruft herätiker hervor: die schlachten auf bühnen, wühlen im gedärm und gießen das warme blut über die gebundenen opfer. aber auch das läuft gefahr, säkulare religion zu sein, verkirchlichter urschrei, in klarsichtfolie verpackte bespritzte, beschüttete tote kostüme. all das produziert keine schärfung von erinnerung, sondern lässt diese verblassen: *gedenk- und pilgerstätten, rituale und lippenbekenntnisse, ästhetisierung, pathetisierung und hohe priester, aber eben heuchler, ketzer, herätiker und leugner ... allerdings fraglich, ob anders als in solchen formen mit dem unfassbaren kollektiv umgegangen werden kann; fraglich allerdings auch, ob dies zu mehr führen kann als zu einem vorrat an moralischen gesten, die allmählich den bezug zur geschichte und wirklichkeit verlieren, ein weiteres moment in der moralischen selbstillusionierung der menschen.* (k.p. liessmann, zu den versuchen, den holocaust zu erinnern) was also tun? welche art zähflüssiges harz droht hier unser leben einzuschließen? die farbe von bernstein ist das nicht. *die ableitung des wortes inspiration führt auf zwei vorstellungen zurück, die zusammenhängen. inspiration kann zum einen bedeuten, dass der dichter berauschende dämpfe aus dem kessel mit wasser und lorbeer, auf seinem dreifuß über dem feuer sitzend, einatmet, oder die schwefelschwaden eines unterirdischen vulkanschlotes. die dämpfe – das pneuma – lösen eine paranoide trance aus, in der die zeit aufgehoben ist und erinnerung und zukunftsahnung sich bedingen. andererseits aber bedeutet die inspiration auch, dass sich dieser zustand der poetischen transparenz ereignet, wenn der dichter in einem heiligen hain auf den wind lauscht. die geläufige ikone der muse, die einem dichter ins ohr flüstert, bezieht sich auf diese inspiration aus den baumwipfeln: die muse ist die dryas (eichenfee), karyatide (nussfee), hamadryade (baumfee) oder helikoniane (die fee vom berg helikon, dessen name von der den dichtern heiligen weide helike stammt). orte der musen waren erst einmal in der natur angesiedelt.* es scheint mir nicht ohne sinn, daran zu erinnern. *nur ein einziger pfad führte zum garten; auf ihm gingen die winzer, so oft sie die ernte lasen. jungfrauen aber und ledige burschen trugen ausgelassen die süße frucht, die in geflochtenen körben gehäuft war; mitten darunter ein knabe, der auf der phorminx liebliche töne schlug und den reigen des linos hell, mit sanfter stimme begleitete, die anderen stampften im takt und sangen lauthals dazu; sie folgten ihm mit hüpfenden füßen.* (schrott/homer) es wäre vielleicht besser, künstlern mehr raum zum gestalten einzuräumen als den architekten. das hüpfte vielleicht mehr und tanzte mitreißender. jede präsentation ist bereits eine interpretation. eine binsenweisheit, gewiss. aber betrachten wir durch diese binsen hindurch die anlagen moderner museen in ruhe und distanziertheit: *die kulturen der welt, so scheint es, wandern in bücher und museen ab, wo sie archiviert, aber nicht mehr gelebt werden, wie es in ortsfesten gemeinschaften der fall war. sie überlebten in dokumentarischen bildern (übrigens ähnlich den fotos von alten orten, die nur mehr in solchen fotos erinnert werden), aber diese bilder wären tot, wenn sie nicht zum leben einer person gehörten – also dort noch einmal zum leben kämen. in diesem sinne ist das ich, der alte ort der bilder, zum neuen ort der kulturen geworden, und gerade nicht das technische archiv der fotos, filme und museen, in denen bilder aufbewahrt sind. orte tragen ganz besondere geschichten in sich, die an ihnen stattgefunden haben: durch sie erst sind sie zu orten geworden, die der erinnerung würdig sind. auch wir tragen geschichten (den inhalt unserer lebensgeschichte) in uns, durch die wir zu dem wurden, was wir heute sind. orte, an die man sich erinnert, und menschen, die sich erinnern, sind aufeinander angewiesen. der zerfall der alten kulturen raubt vielen menschen den gemeinsamen ort und damit auch die bilder, in denen sich die ortsansässigen ausgedrückt haben. aber der verlust des kulturellen ortes, an dem sie einmal gelebt haben, macht sie selber zu orten, weil in ihnen die kollektiven bilder fortleben. eine übertragung war in zeiten des umbruchs immer schon eine list der natur, ihre arten fortzupflanzen. kulturen unterliegen im wandel der geschichte einem ähnlichen gesetz. der nomadische weltbürger, der an keinem geographischen ort mehr zu hause ist, trägt bilder in sich, denen er noch einmal einen ort mit einem vergänglichen leben, mit seinem eigenen leben gibt. (hans belting)* das ist das andere.

vielleicht also rituelle begehungen? warum eigentlich nicht? warum nicht eine inspirierte vielfalt bemühen? warum nicht wiederherstellung des museions als ort der musen, der begegnungen, der versenkungen, von landschaftstheater. wo ausgehend von traditionellen regionalen arbeits- und brauchtumsformen mit den mitteln von gegenwartskunst etwas evoziert wird, alle sinne anspricht, packt: tanz, maskenspiele, klangkollagen, kinderspiele und projektarbeit. mir ist schon klar, dass puristen das schlimmste befürchten: den kitsch. aber der ist doch längst schon eingezogen in die hehren tempel der wissenschaftlichen kulturvermarktung. nicht nur als saurer und kalter kitsch salonfähig geworden. durchaus auch süßer kitsch erwärmt zunehmend die sinnlich verstümmelten und eingefrorenen. was kann noch schlimmeres passieren? so lange vielfalt entwickelt und offen gehalten wird, so lange um qualität gerungen wird!

mein konzept für das andere heimatmuseum entstand aus den arbeiten im verfallenden schloss lind bei neumarkt. aus der schmutzigen aura von generationen geknechteter, gefangener, flüchtender menschen, die sich aus den gerüchen und dem gestank aufgedeckter lagen von unrat, von abfall konkretisierte. aus dem standhalten in der kälte der räume bildeten sich konturen einer möglichen inszenierung von geschichten, die mir der modrige verfall zuraunte. die versunkenen leben zogen größere bezüge und verwobenheiten an. mein verzicht auf wertungen wie „historisch bedeutend", „wertvoll" oder „wissenschaftlich" oder „politisch korrekt" machte mir den blick frei in eine exotik des alltages, die wir noch nicht einmal begonnen haben zu enthüllen. und die uns auf jahrzehnte hinaus mit immer neuen facetten zu einer identitätsarbeit versorgen wird. voraussetzung für das gelingen dieser arbeit ist meines erachtens das einlassen auf einen prozess, der auch körperlich wirksam wird: grundlagenforschung unsere identität betreffend kann nur durch das temporäre schlüpfen in die körpermasken unserer vergangenen häute erfolgen. so werden die grenzen des vorstellungsvermögens erweitert. ich halte die grenzziehung zwischen bereichen zwar für die schaffung von denkwerkzeugen für nützlich, für die erzeugung von zusammenhängenden lebens- und erlebensbildern aber für äußerst hinderlich. die öffnung musealer institutionen für derartige unter die haut gehende versuche ist so überfällig wie die öffnung der anderen bildungsinstitutionen in diese richtung. nur dann werden wir uns den aktuellen problemen der zeit stellen können.
(ARAMIS)

PRO:VINZ – Kulturrisse zwischen Stadt und Land

öffentlichkeit ist etwas relativ schwach entwickeltes. in einer stadt wie wien nicht. die ist geradezu auf öffentlichkeit getrimmt. auf dem flachen lande würden sie sehen, dass diese öffentlichkeit nicht natürlich ist. sie muss erarbeitet werden. man muss in sie investieren.

alexander kluge im wiener volkstheater am 7.4.2002

es geht ein kulturriss durch österreich: ein riss zwischen stadt und land. ein sich stetig vergrößernder kulturriss.

„länger als zwei jahre hältst du es hier ohnehin nicht aus!" so begrüßt die künstlerische nachbarschaft meine zuwanderung. „deinen namen brauchen wir uns nicht zu merken, länger als zwei jahre hältst du es hier ohnehin nicht aus!" so begrüßt die tochter des bürgermeisters meine frau und mitarbeiterin bei festlicher gelegenheit. dieselbe hat als junge christin anlässlich einer marienwallfahrt die eingebung: „aramis ist der teufel!" finstergrüne steiermark: die region murau ist österreichweit führend auf den gebieten der selbsttötung, durch alkoholismus verursachte verkehrsunfälle, scheidungsraten, innerfamiliäre gewalt, jugendabwanderung, höchste lebenskosten und niederste löhne. man verstehe obige äußerungen von einheimischen als den verqueren stolz derer, die durchgehalten haben. jedenfalls bis jetzt. hier sind alle zugezogenen „ausländer". noch nach zwanzig jahren. wer sich hier um die sozialen bedingungen sorgt, hört von politischen funktionären gerne: „wir lassen uns nicht krank jammern." den unterschied zwischen „jammern" und der beschreibung des realen jammers kennt hier kaum jemand. der schmutz wird unter den fleckerlteppich eines als heil vermarkteten landlebens gekehrt. wer auf ihn hinweist, wird schmutzfink genannt. in einem artikel der zeitung falter macht ein soziologe sich gedanken über die beobachtung, dass die meisten selbsttötungen in waldreichen gebieten der steiermark vorkommen. und rätselt über den zusammenhang. wir wissen: es ist weniger der mangel an lichtungen in forstlicher hinsicht. es sind jene menschen, die vom wald leben und damit profit machen. diese in österreichischen heimatromanen oft und gerne beschriebene gesellschaft voller bigotterie, verlogenheit und untertanenmentalität: hier im inneren des landes leben sie (immer) noch. hinterwäldler. die wacheren wandern ab. ziehen früh fort. die zurückgebliebenen wünschen keine änderung: sie haben sich alles untereinander aufgeteilt. gerichtet. wollen nicht gestört sein. schrecken in der verteidigung ihrer privilegien vor wenig zurück. zum beispiel stellen wir im gemeindeamt ein projekt vor. vom land steiermark in der vorbereitungsphase mit einer halben million schilling gefördert. mit dem österreichischen kulturlandschaftspreis ausgezeichnet. eine eher symbolische finanzielle beteiligung der „heimatgemeinde" ist voraussetzung für die realisierung. da hebt der bürgermeister den rechten arm in bekannter stoßrichtung: „wir werden – sturheil – unseren weg weitergehen!" antrag abgelehnt. man könne doch den weidepächter nicht einschränken! der verwüstet seit jahrzehnten jene projektbereiche, die als „öffentliches gut" ausgewiesen, in seinem pachtvertrag ausdrücklich nicht pachtgegenstand sind. ausgezäunt und im auftrag der gemeinde gepflegt werden müssten. keine einschränkung der verwüstung durch über hundert mastochsen jährlich, welche die historischen bruchsteinmauern systematisch schleifen und das öffentliche gut schlossallee malträtieren. der geschützte weidepächter ist jener mann, dessen foto vor wenigen jahren durch die österreichische presse ging, als er, mit kind am arm, dem russischen möchtegerndiktator, nach achtstündiger wartezeit, bei dessen kärntenbesuch ovationen bereitete. er ist so rechts, das ihm die fpö hier zu links war. und er eine eigene partei gründen wollte: unser nachbar. der am sonntag in landestracht einherstolziert und werktags nichts vom zäunen hält. unsere kulturflächen sind nur mit hilfe von langwierigem prozessieren von seinem vieh frei zu bekommen. das er im winter bis zu den knien im stallkot waten lässt. viehhändlermentalität. solche ist weit verbreitet im „naturpark grebenzen". das projekt „künstlerpark", das die naturparkleitung, nach ungarischem vorbild, realisieren wollte, wurde sofort abgebrochen, als wir unsere zeitgemäße variante eines „musikalischen baumganges" vorschlugen. da könnte ja jeder kommen.

der löwenanteil der menschlichen erfahrung wird in den intimbereichen, also in den familien, in den liebesbeziehungen, in den hassgeschichten entwickelt, und ein ganz anderer großer anteil wird durch die arbeit gebildet und ist ebenfalls privat verfasst. er ist nicht öffentlich von sich aus und der rest, der dann übrig

bleibt, so wie das lorbeerbäumchen bei brecht, das immer weiter beschnitten wurde, bis fast nichts mehr da war, daraus wird dann öffentlichkeit hergestellt. davon leben die parlamente.
  alexander kluge im wiener volkstheater am 7.4.2002

in manchen jahren wurde das museumshinweisschild an der bundesstraße von braven gemeindebürgern umgedreht. wegweiser zu uns auf den wanderwegen abgerissen. ständig wirft jemand unsere drucksorten paketweise zum abfall. z.b. im vorraum der raiffeisenbank. unsere plakate werden abgerissen. der verband „museen im bezirk murau" nimmt das „andere heimatmuseum" nicht in seine prospekte auf. erteilt weder einladungen zu den treffen noch antworten auf anfragen nach gründen. ja, so engagiert sind hier am lande die bürger. wenn es darum geht, eindringlinge zum verschwinden zu bringen. man geht dann auch zu den zweigstellenleitern der banken, die unsere arbeit seit über zehn jahren sponsern. droht die konten aufzulösen, falls unsere arbeit weiter gefördert wird. selbstverständlich wird dem druck nachgegeben. „lieben in einem kalten land" wurde solcherart nicht nur die darstellung historischer ländlicher verhältnisse. sondern exemplarisches beispiel. der bestandgeber unserer liegenschaften drohte gar mit kündigung: unsere veranstaltung sei mit dem „kirchlichen wesen" nicht zu vereinbaren. nicht öffentlich und ganz heimlich allerdings gratuliert man uns: „endlich jemand, der sich traut, den mund aufzumachen. wir können ja nichts sagen: unsere jobs!" kulturarbeit wird unter solchen bedingungen wie von selbst zur widerstandstätigkeit. subversiv. am tourismusbüro werden unsere drucksorten nicht aufgelegt. auch nicht in der region verteilt, wie es mit den publikationen der anderen kulturveranstalter geschieht. eine begründung wird nicht abgegeben. eine gesetzliche verpflichtung zur meinungsvielfalt besteht diesbezüglich ja nicht. der tourismusausschuss im gemeinderat protestiert bisher nicht gegen solche praxis. obwohl unsere drucksorten die einzigen sind, durch die unsere gemeinde kulturell beworben wird. viele gäste kommen nur unseretwegen von weit her. lieber gar nichts, als unsere arbeit präsentieren.

und dennoch ist jede menschliche erfahrung, die ja im überschuss jeder von uns macht, nur dann mit selbstbewusstsein verknüpft, wenn sie mit anderen diskutiert werden kann. wenn sie ins gemeinwesen, d.h. in eine gemeinsame währung der gedanken eingehen kann. deswegen ist öffentlichkeit so elementar und so wichtig und privatbesitz an dieser öffentlichkeit so extrem gefährlich.
  alexander kluge im wiener volkstheater am 7.4.2002

mittlerweile ist das bezirksgericht aufgehoben. die zweigstelle des ams ebenfalls. man fährt jetzt 25 km hin und 25 km zurück. geschäfte werden aufgegeben. wandern ab. der apotheker allerdings kleidet seine auslagenfront in marmor. während er anfragen an die kulturabteilung stellt, „wie viel geld für unsere schweinischen projekte geflossen ist?" sein geschäft blüht. auch blüht die bauernfängerei: eine „süßwassererlebniswelt" für 5,8 millionen euro. deren defizit innerhalb des ersten dreiviertel jahres bereits 60.000,-- euro beträgt. ein „genussscheinfinanzierungsprojekt" für den in bau befindlichen golfplatz in der nachbargemeinde bringt nicht einmal drei viertel der startsumme zusammen. aber, wie vorstandsmitglieder in weinlaune verlauten lassen: „jeder golfplatz geht ja in konkurs: irgendjemand wird dann schon einspringen!" kulturlandschaftszerstörung und zynisch vorausgeplante pleiten walzen dezentrale, mit landesmitteln erstellte, regionalplanungen zu „freizeitlandschaften" platt. den hier lebenden menschen werden all diese umformungen des landes von mehrfachmanagern in personalunion aufgepresst. eine große familie. die sich um das geklingel der klerisei bei eröffnungen versammelt. und sich abends im suff die hackeln ins kreuz schmeißt. ja, die welt ist heil am lande. die wege in die städtischen verwaltungszentren sind weit. und werden immer länger: mit öffentlichen verkehrsmitteln ist unsereins in über zweieinhalb stunden in der landeshauptstadt. zwanzig minuten zu fuß bis zur bushaltestelle. dann dreißig minuten busfahrt. dann bahnfahrt bis bruck. umsteigen in den zug nach graz. dazwischen wartezeiten. keine rückfahrmöglichkeit am abend nach 17.20 uhr. also übernachtung nötig. also hohe kosten für präsenz bei sitzungen, fördergebern, politikern, journalisten. ach ja: presse! wer kommt schon und wie oft so weit hinaus in die provinz?! und die lokalen blätter hier sind haus- und hofpostillen. familiennachrichten. kritische arbeit passt da gar nicht hinein. kein „festival der regionen" lockert hier das bild auf. keine viertelfestivals. auch das nicht. „theaterland steiermark" ist alles, was den bisher verantwortlichen landespolitikern einfiel. alles theater. der vorschlag, „regionale impulse" im zweijahresrhythmus zwischen den landesausstellungen einzuführen, wurde bereits vor jahren vom landeskulturbeirat einstimmig als empfehlung an die landesregierung abgegeben. keine reaktion. aber klingende parolen. und hierorts fördert man nur die blasmusik wirklich. der „real existierende naturpark": eine eiszeitliche zone. ein kalter sumpf, in dem alles versinkt. oder durchfährt. auf immer besser ausgebauten straßen. immer mehr schwerverkehr. die maut meidend. durchzug. viel leeres gerede um „regionale identitäten". „europa der regionen". an ort und stelle aber der gestümperte aufguss international sterilisierter und normierter zuhälter lokaler „ressourcen". hier wäscht eine hand die andere in aller ländlichen unschuld. die gemeindeförderung für unsere arbeit liegt bei euro 300,-- im jahr. kopieren dürfen wir am gemeindeamt kostenlos. jetzt wieder. nachdem es uns vom vorigen bürgermeister jahrelang verboten war. beim letzten „ortserneuerungskonzept" schnitten unsere projekte übrigens zu gut ab: an zweiter stelle der von bürgern geforderten neuerungen – nach den anliegen der jugend – sollte unsere arbeit besser gefördert werden. darauf hat man von seiten des gemeindevorstandes einfach den gesamten bereich „kultur und bildung" im projektbericht unterschlagen. auf ein protestschreiben, das von altbürgermeister, schuldirektorin, gemeinderäten verfasst wurde, gibt es seit jahren keine antwort. auch wurde bisher kein einziger vorschlag realisiert. schon aber gibt es das nächste „ökologische regionalentwicklungsprojekt"...

die verteilung der fördermittel im allgemeinen: wien 74% - bundesländer 26%. graz 86% – steirische gemeinden 14%.

seit 14 jahren arbeiten wir hier. ostern schneit es wieder. der winter dauert hier über sechs monate. manchmal gefriert es auch im sommer in den kältelöchern der hochmoore. und ende august ohnehin. falls es nicht schon wieder ein erstes mal schneit. ist durch die aufzählung einiger erfahrungen der unterschied und riss zwischen städtischer und ländlicher kulturarbeit nun klarer?
(ARAMIS)

REDE ANLÄSSLICH DER ÜBERREICHUNG DES STEIRISCHEN VOLKSKULTURPREISES

aufsteirern. aufmascherln. aufgansln. aufstiarn. auftanzen. aufgeigen. aufgeilen. ackern.

gackern.

grunzen?

usw. eine wortkette von absteigendem geistigem niveau, die sich beliebig fortsetzen ließe ...

volkskultur als maskentreiben für freizeitsteirer. als eu-gefördertes bäuerliches „schöner wohnen" in ferienwohnungen am bauernhof. als musikantenstadl. als rustikalbehübschung von neubauten in unseren dörfern. als dirndl-look. als industriell gefertigtes kollektives abhausen. was ist volkskultur? wo es doch kein volk mehr gibt. nur bevölkerungen. soziale gruppen, subkulturen. es wäre hoch an der zeit, dass volkskundler sich intensiv mit den aktuellen ritualen dieser verschiedenen gruppierungen beschäftigen. ohne falsche scham, gegen traditionalistische idealisierungen zu verstoßen.

mit der pflege von sitte und brauch im herkömmlichen sinne ist es nicht getan. ich weiß, das ist ein schmerzliches wort, weil es für viele ein wort des abschiedes ist, und es ist auch nicht so gemeint, daß wir auf alles das, was uns noch lebendig an tracht und brauch und lied und tanz beglückt, verzichten dürfen. aber wissen müssen wir, daß diese dinge sich erbarmungslos wandeln, weil sie einem erbarmungslosen gesetz unterliegen, und wissen müssen wir, daß wir uns an das unwandelbare halten und wenden müssen, an den kern im menschen, an seine sittliche persönlichkeit, an seinen charakter.
hanns koren, 1966

ob ich diesem bäuerlichen universum nachtrauere oder nicht, bleibt letztlich meine angelegenheit. aber das soll mich keineswegs hindern, an der gegenwärtigen welt, so wie sie ist, kritik zu üben. im gegenteil, diese kritik wird um so durchdringender sein, je mehr ich mich von dieser welt gelöst habe und nur noch bereit bin, stoisch in ihr zu leben.
pier paolo pasolini, 1974

eine volkskunde der stadt im modernen sinn – und überall, wo eine fabrik steht, ist diese stadt geistigerweise wirksam – wird ihre eigenen ziele suchen müssen. freilich wird es viele freunde der volkskunde überraschen, ja sogar enttäuschen, wenn sie hören, daß auch der städtische bereich, die zinshäuser und die industrieviertel, in die volkskundliche aufmerksamkeit hineingenommen werden.
hanns koren, 1950

nicht nur nach den resten alter bäuerlicher gemeinschaften suchen wir in dem zur masse zerschlagenen volk, sondern wir suchen auch die neuen bildungen von gemeinschaften mit der frage, ob und inwieweit wieder verwirklichungen der in der natur des menschen mitgegebenen, in den lebensgesetzlichen gemeinschaften schon einmal entwickelten und kulturell ausstattbaren sozialen anlagen vorhanden sind.
hanns koren, 1950

wo sind beispielsweise die untersuchungen über die große zahl von stadtgeborenen, städtisch erzogenen, die seit jahren und jahrzehnten am land leben und auf den verschiedenen gebieten traditioneller volkskultur tätig sind? als weinbauern, obstbauern, viehzüchter, hüter und pfleger alter arbeitsweisen, betreiber von kunsthandwerkstätten, künstler. studierte junge frauen und männer als sennerinnen und viehhüter auf hochalmen und als hüttenwirte. die gemeinsam kinder betreuen, naturaltauschsysteme wieder beleben, neue uralte feste ausrichten. wie kamen sie dazu? ob da vielleicht sommerferien am österreichischen land waren? in bauernhäusern, deren zimmer und sanitäre einrichtungen ganz anders waren als in der stadt. stallungen, wo man mist fahren konnte, mit radlböcken, bei der heuernte helfen, gemeinsam arbeiten. oder es war da vielleicht ein garten im wiener rosenthal, an der steinhofer mauer, mit allem obst, allen beeren, brunnen, komposthaufen, petroleumlicht und plumpsklo, in das kalk nachgestreut wurde. zähneknirschend hatten sich die eltern, onkel, tanten zur obst- und beerenlese eingestellt. kaum war erst die (einkochende, strudel backende) großmutter, dann der vereinsamte großvater gestorben, wurde der garten mit allem unbequemen plunder verkauft. ich habe einmal diesen ort besucht, den ich kaum wiederfand, erkannte. den maschendrahtzaun auf und ab lief. wo waren die sträucher, bäume, hecken, der brunnentrog voll reinem wasser? monströs sitzt ein neubau auf allem. seine maße offensichtlich bis an die grenzen der bauordnung aufgebläht. die ganz klein geschrumpfte sportrasenfläche rundum.

wo sind untersuchungen zur jugendkultur? das andere heimatmuseum hat im jahr 1994 eine ausstellung zum thema „jugendwallfahrten" gezeigt. im katalog werden die wandervogelbewegung am anfang des 20. jahrhunderts und die jugendbewegung der 60iger jahre einander gegenübergestellt. die ausbruchsversuche. die rituale. die ideale. die drogen. die verweigerungen. die suchbewegungen. dies wäre fortzuführen bis in die gegenwart. wie hanns koren schon in den 60iger jahren feststellte, liegt hier ein reichhaltiges forschungsgebiet der „feinen unterschiede" vor, durch die sich subkulturen identitäten geben.

wir fragen uns nun: hat es einen sinn und gibt es eine möglichkeit, dieser entwicklung entgegenzuwirken? was wir zuerst und zutiefst bedauern, ist nicht der schwund äußerlicher brauchformen, sondern der verlust der verbindlichkeit, die die einzelnen formen erst leben und wirksam sein ließ. was wäre erreicht, wenn es wirklich gelänge, die ihres letzten sinnes und wertes entledigten brauchformen zu halten oder wieder aufzufrischen? sie wären theater, gewiß ein schönes, für viele menschen rührendes und stimmungsvolles, aber eben doch theater – darstellung und nicht leben.
hanns koren, 1950

interessant, aber unerträglich, auch das vollständige ausklammern der jahre zwischen 1938 und 1945. auch in biographien volkskulturell bemerkenswerter familien (siehe vierzeiler). dabei wäre gerade die konsequente aufarbeitung volkskultureller vorgänge während der ns-zeit von großem erkenntniswert. wie das regime „bäuerliche" und „alpenländische identitäten" glorifizierte und durch gezielte maßnahmen deren auslöschung einleitete. nicht nur mechanisierung und kunstdünger werden durch die ns-funktionäre des reichsnährstandes allgemein durchgesetzt. kaum bekannt sind die vom blut- und bodenstaat geplanten nivellierungen der gesamten deutschen agrarlandschaft. bis 1943 wurden 1,4 millionen bäuerliche haushalte visitiert. etwa 220.000 bäuerliche familien sollten zur bewirtschaftung der riesigen güter des ostens umgesiedelt werden. obwohl die messlatte biologischer fruchtbarkeit – also das, was „völkische reproduktion"

hieß – die bergbauern als äußerst fruchtbar erscheinen ließ, war in hinsicht auf den produktionsausstoß für die „erzeugungsschlacht" an deren minderwertigkeit nicht zu deuten: nur durch zusammenlegungen der kleinen bauernwirtschaften zu betriebsgrößen von 20 – 50 hektar waren mehr leistungen zu erzielen. der größte teil der österreichischen bauernwirtschaften fiel in diese kategorie: 70% der gesamtfläche von österreich besitzen bergigen charakter. die anvisierten strukturmaßnahmen in form von flurbereinigung, wegebauten, kläranlagen, maschineneinsatz, etc. setzten den zusammenschluss der betroffenen zu entsprechenden genossenschaften voraus. dies wiederum sei – wie es in den quellen euphemistisch heißt – nur durch „überzeugungszwang" zu erreichen. der berüchtigte „generalplan ost" wollte die millionenfach vertriebenen slawischen menschen durch deutsche siedler ersetzen. keineswegs als eigentümer des bodens, sondern durch „belehnungen" ...

kein faschistischer zentralismus hat das geschafft, was der zentralismus der konsumgesellschaft geschafft hat. der faschismus propagierte ein reaktionäres und monumentales modell, das aber auf dem papier blieb. ... man kann daher behaupten, daß die vom neuen system von herrschaft gewollte ideologie hedonistischer „toleranz" die schlimmste aller repressionen der menschheitsgeschichte ist. wie war es möglich, diese repression durchzusetzen? durch zwei revolutionen, die im inneren der bürgerlichen ordnung stattgefunden haben: durch die revolution in den infrastrukturen und die revolution im informationswesen. die straßen, die motorisierung usw. haben die peripherie heute bereits eng ans zentrum gebunden und jede materielle distanz aufgehoben. weitaus radikaler und entscheidender jedoch war die revolution im informationswesen. mit hilfe des fernsehens hat das zentrum das ganze land, das historisch außerordentlich vielfältig und reich an originären kulturen war, seinem bilde angeglichen. ein prozeß der nivellierung hat begonnen, der alles authentische und besondere vernichtet.
pier paolo pasolini, 1973

genau besehen ist dies ein ungeheurer vorgang: ein phänomen – ich bestehe darauf – von anthropologischer „mutation". dies wohl vor allem, weil sich dadurch die grundlagen der herrschaft selbst gewandelt haben. die „massenkultur" zum beispiel kann keine klerikale, moralistische oder patriotische kultur sein; denn sie ist unmittelbar mit dem konsum verknüpft, der nur seine gesetze und seine eigene ideologie kennt.
pier paolo pasolini, 1974

es wäre an der zeit, die auflösung der österreichischen bünde und vereine der vorkriegszeit, die intendierte völlige gleichschaltung aller bevölkerungsgruppen, die einführung der massenkommunikationsmittel, radio, film, die allgegenwart der „propaganda" durch das totalitäre regime als direkte zerstörer gewachsener volkskulturen zu untersuchen und so die grundlegenden schritte einer nach dem krieg vollzogenen totalen gleichschaltung der „konsumenten" zu durchleuchten. nur auf diesem boden der zertrümmerten städte und volkskulturen konnte sich die „amerikanisierung" voll entfalten. in der fortsetzung von antifaschistischem widerstand, in der entwicklung neuer formen von verweigerung und dem aufbau alternativer gemeinschaften ist volkskultur zu erneuern. nur was sich beständig in bewegung befindet, sich permanent selbst neu erfindet, entkommt den zahlreichen einschließungs- und ausschließungsprozeduren, die das abendland zur disziplinierung des individuums erfunden hat. was sich permanent neu definiert und entwirft, verschwindet und dort wieder auftaucht, wo es niemand vermutet hätte, entgeht den starren strukturen der zurichtenden herrschaftstechnologien. was sich nicht gleich bleibt, wird schwer identifizierbar und dadurch schwer erfassbar, kontrollierbar.

es ist an der zeit zu begreifen, dass volkskultur kein freizeitvergnügen, sondern von der arbeit – vor allem – ausstrahlend in konzentrischen kreisen unser aller leben bildet – oder gar nicht existiert.

wir brechen ab: das beharren auf tradition unabhängig von ihrem wahrheitsgehalt ist verhängnisvoll geworden (auch in der kirche). umgekehrt freilich ist es sinnlos, auf eine wahrheit zu verzichten, nur weil sie uns im kleid der tradition begegnet.
hanns koren, 1970

meine damen und herren, ein altes – und mittlerweile fast ausgestorbenes – sprichwort sagt: die bücher von heute seien die taten von morgen. wenn dem so ist, haben wir alle hände voll zu tun, die bücher von gestern in die taten von heute zu verwandeln.
ich danke für ihre aufmerksamkeit.
(ARAMIS)

ARMUT UND EINÖDE . HEIMAT

das auf das *dt.* sprachgebiet beschränkte wort (*mhd.* heimuot(e), *adh.* heimnoti, heimöti, *mnd.* hemode) ist mit dem suffix –öti, mit dem z.b. auch armut und einöde (s.d.) gebildet sind, von dem unter → heim dargestellten substantiv abgeleitet.
der grosse duden / herkunftswörterbuch

in der abendsonne sitzen. schleier von grün im gegenlicht des frühlings. der blick ruht auf dem garten. schweift über die äcker. die weiden. das vieh. so viele jahre der pflege. vertrautheit. bis über den schlachttag hinaus. zwischen meinen füßen eingerollt eine katze. hinter uns und dem gesang der amseln, im rücken, das haus. von jahrhunderten her, über so viele fremde zugereicht. zuletzt verlassen. eine gähnende leere. unbehaustheit als von unrat bestimmte form. die vielen jahre des aufbauens. darin die familie. die gäste. für kurz oder länger den raum teilend. das brot und den wein. weithin gespannt das geflecht der freunde. der feinde: ein fremdes umfeld. so fremd, dass es schmerzt. oder wut erweckt. kampf um das liebste. wofür sich zu leben und sterben lohnt. nationalsozialistische ästhetik: so hat es mir eine kluge und liebe kollegin vorgeworfen. augenzwinkernd. aber immerhin. ich bin später geboren. kann nichts dafür, dass angeeignet wurde, was ältester bestand ist. missbraucht von jenen, die alles vernichten wollten, was ihnen nicht in den rachen passte. und die zerbissen, was in ihren rachen passte, verschluckten, ausspieen, verschissen. ein besudeltes trümmerfeld. bevölkert von heimkehrern ins nirgendwo. so wurde die heimat umgepflügt, gedüngt mit tränen und blut. da hinein wurde die saat der sieger ausgeworfen. unter einem nebel von schande eingeeggt. viele jahre führten die heimat nur jene im munde, die sie vernichten geholfen hatten. die mehrheit lebte sich ein in eine fremde zivilisation. unser land wurde fremd und wird immer fremder. die landestracht: wurde niedertracht geheißen. die ideale: galten als lügen. die vom dorf selbst inszenierte sanierungswut, die sich in österreich vor allem in den sechziger und siebziger jahren austobte, als man eigenhändig stein für stein, balken für balken die eigene lebenskultur abriss, als gelte es, begangene sünden abzutragen, bleibt kaum verständlich. auch ohne das ländliche leben im nachhinein zu überhöhen, auch ohne die zwänge der bäuerlichen arbeit zu unterschlagen. die freude, mit der eigene kultur ausgemerzt wurde, ist offenbar nur dadurch erklärlich, dass das land damit von einer großen bedrückung erlöst wurde. von einem leiden am eigenen dasein, das den blick für den sinn und die schönheit der eigenen lebensweise so getrübt hatte. hinein in ein irdisches paradies! mit strömen von coca-cola. schlaraffenland statt heimat. das schien größte anstrengungen wert: träume von geschlagenen. hungrigen. von solchen, die sich als „opfer" sahen. diejenigen, welche klarer, weiter sahen, waren vernichtet. weit in andere länder geflüchtet. verrufen und nicht zurückgerufen. in der zeit zwischen den beiden großen kriegen waren gerade sie es gewesen, die gerne die landestracht trugen. die traditionen pflegten. belebten. sigmund freud mit tochter anna in landestracht. 1938: trachtenverbot für juden. „die einzige tracht, die solchen typen gebührt, ist eine tracht prügel!" vö kischer beobachter, salzburg und wien. widerständiges überlebte kaum. wie hätte heimat überleben können? da die einen unter der ideologie, sie zu schützen und rein zu halten, sie vernichteten. und die anderen sich rein halten wollten, indem sie die besudelten begriffe und gebräuche eliminierten. in dieses vakuum saugte sich die bunte internationale warenwelt wie von selbst hinein. nein, natürlich nicht selbsttätig: clevere industrielle und ihre professionellen ausrufer und vermarkter fanden nur keinen widerstand. es ist alles wie verkleistert. wie unter dichten schichten glänzender plastikfolien. wenn sie den film „unser täglich brot" noch nicht gesehen haben: gehen sie hin. man kann es kaum deutlicher machen, wohin alles läuft. und rundum das geschwätz vom „europa der regionen". von „regionalen identitäten". schon richtig: auch dass vor den beiden großkriegen von „heimat" geredet wurde, war ein zeichen, dass sie zu verschwinden drohte. jetzt aber ist sie auf inseln geschrumpft. schrumpfende inseln. in einer steigenden international normierten und sterilisierten einheitsflut. zeitgenössische heimatromane beschreiben dies. sie werden leider immer noch von den meisten für anti-heimat-romane gehalten. wenn das land, die körper nicht mehr heimat bieten, flüchten die geister der heimat in die netzwerke der literatur. ins weltweite netz. ist dort heimat zu finden?

„die summe unserer sitten und unsitten, eine gewisse gewöhnung, das gemeinsame einer gleichen umgebung, all das ist nicht wertlos. am gleichen ufer gespielt zu haben, natürlich hat es etwas verbindendes; es für wesensverwandtschaft anzusehen, wäre ein irrtum, der uns früher oder später, indem wir ihn als enttäuschung erleben und nicht als irrtum erkennen, ungerecht macht. heimat ist unerläßlich, aber sie ist nicht nur an ländereien gebunden. heimat ist der mensch, dessen wesen wir vernehmen und erreichen. insofern ist sie vielleicht an die sprache gebunden. vielleicht; denn in der sprache allein ist sie ja nicht. worte verbinden nur, wo unsere wellenlängen übereinstimmen; das wiederum heißt nicht einverständnis, das es nirgends so häufig gibt wie unter wesensfremden, die einander mißdeuten, sondern erreichbarkeit, und gerade wo man sich unter anderen bedingungen trifft, erleben wir, durch keine gleichen gewöhnungen getäuscht, das verwandte oft um so reiner, um so überraschender und um so dankbarer, um so fruchtbarer." max frisch in seinen tagebüchern 1946 – 1949.

gewiss: auch ich kenne noch andere heimatgefühle. als ich das erste mal griechische inseln betrat. durch die gärten auf den hügeln zum meer streifte. im geruch des buchsbaumes. das blickfeld vom strahlend blauen schild gefasst. das zikadengeschrill im ohr. da kam ich in die heimat. ja, schon auf dem schiff dröhnten die motoren mir die gesänge der heimat zu. und die fischer in dem kleinen hafen schienen mir gestalten der heimat. vielleicht liegt es auch an der überschaubarkeit: ich begann gleich den strand vom müll zu säubern. „was man heimat nennt ist der ort, dem man seinen gestank wie einen vorzug anrechnet." sagt peter sloterdijk. mag sein: ich kenne gerade am lande viele solche „heimattreue". für mich ist heimat der ort, wo ich mich sofort aufgerufen fühle, den gestank in wohlgerüche zu verwandeln. zu erarbeiten. dazu muss, was stinkt, allerdings erst einmal beim namen genannt werden. nestbeschmutzer nennen die heimatschützer gerne solche wie mich. zum beispiel hier im „naturpark grebenzen". den findige manager als eine ansammlung von beschilderten wegen verstehen. den schilderwald bis in die einsamsten gegenden ziehend. das ist ihr beitrag zur „kulturlandschaft". die gehöfte und anlagen verfallen. werden mutwillig abgerissen: gerade versuche ich wieder zu verhindern, dass die letzte antriebsmühle, ein denkmal früher ländlicher industrialisierung mit hilfe von wasserkraft, geschleift wird. trotz ensembleschutz des bundesdenkmalamtes. in meinem besitz. wenn es um heimatvernichtung geht, schrecken weder die stiftischen verantwortlichen noch gemeindepolitiker und geschäftsleute davor zurück. arbeitsvermeidung ist ihnen wichtiger. kultur unterscheidet sich von barbarei aber gerade durch jene mehrarbeit, die man gerne leistet. was bleibt, wird bis zur unkenntlichkeit umgebaut. „bequem" gemacht. knallig gefärbelt: „fröhlich". die hecken werden abgeholzt. die bruchsteinmauern geschliffen. alte stadel. alleen. die über generationen gepflegten lauschigen plätzchen. die heiligen bäume. alles wird zu „erlebniswelten" umgebaut. heimat als freizeitlandschaft für zivilisationsgeschädigte. „an die stelle der alten gebäude ist heute eine eigenartig verkümmerte lebenskultur getreten, für die das *nissan*-autohaus am ortsrand, das *nail studio* ‚sabrina', der ‚california pub', gegenüber der friseur ‚funny hair', die volksbank und der von einem auswärtigen glasbetonkünstler gestaltete dorfplatz die eckmarken abgeben und zuverlässig verhindern, dass sich hier jemand heimisch fühlen könnte. was sich ansiedelte, sind vielfach institute und institutionen, die aus den kleinen orten hinausweisen. je kleiner die stadt, die gemeinde oder das dorf, um so stärker durchweht diese orte die parole vom ‚nichts wie weg'." beobachtete martin hecht schon vor zwanzig jahren.

ich könnte nicht sagen, ob der widerstand dagegen politisch „rechts" oder „links" anzusiedeln ist. die parteienlandschaft gleicht sich auch immer mehr an: demokratismus. die sich rechts fühlenden sind häufig so wie unser nachbar. dem die fpö hierorts zu links war und der eine eigene partei gründen wollte. acht kinder. mit einem davon stundenlang auf den russischen möchtegerndiktator gewartet: um ihm bei dessen kärntenbesuch ovationen zu bereiten. sonntags in landestracht. werktags auf immer größeren maschinen übers land rasend. nichts vom zäunen haltend. erst nach mühsamen prozessen bekamen wir unsere grundstücke frei von ständigen beschädigungen. sein vieh watet im winter oft bis zu den knien im stallkot. styriabeef. und linke landliebe? da muss man nach südfrankreich. italien. in deutschland musste einer schon landauer heißen, wenn ihm das ein anliegen war. immerhin: einen wanderschäfer gibt's. der zieht mit hunderten von schafen durch die verzäunte und verdrahtete landschaft vom winterquartier bei wien bis auf die alm auf den seetaler alpen. quer durch judenburg. singt mit wechselnden musikanten jiddische lieder. die handeln auch von heimat. oder suche nach ihr. heimat der wanderer. „global denken. lokal handeln." ist das eine parole neuer heimat? wie richtet man sich „heimatlich" ein in einer welt, von der jeder weiß, wie es zugeht? die neuen kosmokraten der konzerne haben mehr macht als je ein kaiser, könig oder papst besessen hat.

2004 kontrollierten die 500 größten konzerne 52 prozent des weltsozialprodukts. ihre einzige handlungs-maxime ist die profitmaximierung. ihre profitgier ist grenzenlos. ihr wirtschaftskrieg unter sich und gegen die völker ist permanent. sie haben ein weltweites system der strukturellen gewalt entwickelt. 100.000 menschen sterben täglich an hunger oder seinen unmittelbaren folgen – meist in den 122 ländern der dritten welt, in denen 4,8 milliarden menschen leben. hunger ist zu einer massenvernichtungswaffe geworden. dabei sagt derselbe welternährungsbericht, der diese zahlen vorlegt, dass die weltlandwirtschaft in ihrer heutigen entwicklungsstufe ohne problem 12 milliarden menschen ernähren könnte. es gibt keine fatalität: ein kind, das an hunger stirbt, wird ermordet. 2004 haben die industriestaaten ihren bauern 349 milliarden dollar produktions- und exportsubventionen bezahlt ... fast eine milliarde dollar pro tag! auf dem markt in der senegalesischen hauptstadt dakar kann man europäisches obst und gemüse zu einem drittel des preises der einheimischen früchte und des gemüses kaufen. die europäische dumpingpolitik verwüstet die afrikanischen agrarwirtschaften: jean ziegler als uno-beauftragter weiß es genau. und gleichzeitig werden unsere kulturlandschaften vernichtet. die „bauern" gleich mit. übrig bleiben „farmer". agrarindustrielle. silageballen als wahrzeichen.

ist der begriff heimat gleich in mehrzahl zu bringen? heimaten? ist dieser spagat lebbar? „denn die alte humanistische vorstellung von einem weltbürgertum ist eine utopie; niemand wird je bürger der welt sein können, wie er bürger des eigenen, begrenzten landes war. und die alte sozialistische vorstellung von gesellschaftlichem eigentum und gesellschaftlichem reichtum ist schlimmer als eine utopie, sie ist ein widerspruch in sich selbst, da eigen-tum ja eben genau das ist, was mir zu eigen ist. die entstehung des menschengeschlechts, im unterschied zu der menschheit als einer regulativen idee der menschenwürde, besagt nicht mehr und nicht weniger als die ausbreitung der modernen gesellschaft über den ganzen erdball, und damit die verschleppung der modernen gesellschaftlichen phänomene, der entwurzeltheit und verlassenheit des massenmenschen und der massenbewegungen, in alle länder der welt." hannah arendt, 1958. ist so gegen das totalitäre und rassistische erbgut von heimat anzudenken? anzuleben? ist das eine form der verständigung weitverstreuter heimatsucher? an heimat arbeitender? heimat im fremdesten aufleuchtend. während die unmittelbare umgebung fremd und immer fremder wird. supermärkte. megaeinkaufszentren. totale industriegürtel. monokulturen ohne ende. golfplätze. skizirkus. freizeitland. straßennetze als horrorgeflechte. wuchernd. zubetonierte heimaten. heimat in gitternetzen. neue menschen: „um mit den nachbarn zu beginnen, kleinen leuten ... sie bewegen sich freier, mit mehr anmut, und keifen nicht. freilich ist etwas leeres und bedeutungsloses an ihnen wie an den charakteren oberflächlicher und gefälliger romanschreiber. in den schulen wird nicht nur benotet, wie fleißig und belesen und intelligent ein kind ist, sondern auch, wie populär es ist ... die zeitungen sind andrerseits voll von gewalttätigen auseinandersetzungen in den unteren schichten: männer schießen ihre untreuen frauen ab, halbwüchsige axen betrunkene väter, die die mütter prügeln, usw. das ist anders als in den besseren kreisen, wo derlei seelische konflikte sich zu finanziellen konflikten verschärfen und es um alimente geht. jedoch handelt es sich oben wie unten um probleme, die sozusagen gleichungen mit nur einer unbekannten darstellen; der siebenzeilige zeitungsreport scheint schon erschöpfend. die häuser um unseres herum haben nahezu alle, seit wir hier wohnen, die besitzer mehrmals gewechselt. die leute wechseln unaufhörlich und anscheinend ohne viel nachzudenken ihre arbeitsstellen und sogar ihre berufe, und so ziehen sie in leichter erreichbare bezirke oder städte; einige ziehen, und das mehrmals, über den ganzen kontinent. so lernen sie ihre behausungen kaum kennen, haben weder vaterhaus noch heimat. keine freundschaften wachsen und keine feindschaften. was die meinungen angeht, herrschen die ideen der herrschenden nahezu unumschränkt. nichtübereinzustimmen wird gemeinhin als bloßes nichtkennen des allgemein gebilligten angesehen, als ein gefährliches unvermögen, sich anzupassen. die anpassung ist ein eigenes lehrfach; der intelligentere bringt es darin weiter, der widerstrebende ist ein problem der ärzte und psychologen. um den „job" zu halten – er ist immer unsicher, es gibt keine „lebensstellungen" mit rechten und pensionen, auch nicht in den ämtern der regierung –, muß man, jenseits der qualifikation – auf die kommt es nicht so sehr an, alles ist eingerichtet für auswechselbarkeit, also für das minimum –ein „regular guy" sein, d.h. normal. das läßt wenig möglichkeiten für eigenart. (...) kein wunder, daß etwas unedles, infames, würdeloses allem verkehr von mensch zu mensch anhaftet und von da übergegangen ist auf alle gegenstände, wohnungen, werkzeuge, ja auf die landschaft selber. (...) überall ist dieser geruch der hoffnungslosen rohheit, der gewalt ohne befriedigung." dies schrieb brecht auf der flucht vor den nationalsozialistischen heimatschützern im amerikanischen exil

zwischen 1944 und 1947. brecht als bedeutenden heimatdichter schätzen lernen. wir spät geborenen sehen erst, wie genau er sah. jetzt, wo es in europa soweit ist. als brecht jahre später heimatsuchend in die ddr zog und – nach den blutig niedergeschlagenen arbeiteraufständen – gefragt wurde, warum er in einem land bleibe, dessen regime so unheimlich sei, antwortete er: „es ist da nichts besseres." wie recht er diesbezüglich hatte, zeigt sich seit 1998 immer deutlicher. zeit für den menschenpark: züchtung von menschlichen rassen, die immer neu angepasst werden. sich an heimat nicht mehr erinnern. heimat? vielleicht noch als eine sparte von kitsch. heimat als freizeitprogramm. als flüchtige droge. als sonntagsreligion. als show. und wir, die noch erde an den fingern haben, sterben endlich aus.
(ARAMIS)

DER REAL EXISTIERENDE NATURPARK

der real existierende naturpark ist, was der real existierende sozialismus war: der kalte schatten einer hohen ideologischen wolke, der das land verdunkelt. alltägliche zerstörung des in feiertäglicher funktionärs- und politikerrede beschworenen. die schillernde werbelüge über der kommerziellen schlammschlacht. uns, die wir zusehen müssen, wie das krebsgeschwür unter dem namen der heilen welt („nur für natur") immer schneller das land zerfrisst, bleibt die verteidigung letzter inseln. brennend vor scham, trauer und wut haben wir die aufgabe, dinge und vorgänge mit ihren richtigen namen zu benennen. dafür nennt man uns „verrückt". sei's drum.

noch gibt es reste von traditionen, bauwerken, vor generationen angelegte pflanzungen, spuren einer welt, in der noch nicht alles zur ware wurde. bald werden nur mehr blinde die blinden (ver-)führen. einander von farben faseln, die sie nie gesehen. schon inszenieren hunderte von ihrer wichtigkeit berauschte manager landauf landab schöne neue „erlebniswelten" für jene, von denen karl kraus sagte, sie lebten nicht einmal ein mal. die „vermarkter" – oder sollen wir sie nicht treffender nennen: zuhälter – ländlicher schönheiten kämmen unser aller land nach ihrem touristenstrich und streichen das geld ein. unter dem namen der „heimatliebe" zerstören sie alles, was unsereinem heimat war und ist. heimat, begriff und landschaft, von den nationalsozialisten gewaltsam angeeignet, jenen ersten selbsternannten rettern, heimat, von bomben und granaten umgepflügt, mit blut gedüngt, als ernte des unheils eingebracht, zu phrasen zerdroschen. das war der anfang des endes der „bäuerlichen kultur" und von „kulturlandschaft". so war der boden bereit für die neue ideologie. wer am alten hing, war der lächerlichkeit preisgegeben und starb aus. mit masochistischer wut gaben sich die fortschrittlichen landbewohner dem neuen totalitarismus, „dem gesetz des marktes" hin. zerschlugen die möbel und gerätschaften der altvordern. karrten die stubenöfen in die gräben. verramschten containerweise um judaslohn das ererbte gut nach amerika, in deutsche zweitwohnsitze städtischer bürgerstuben.

aus bauern wurden landwirte. aus landwirten farmer. seht sie doch an, wie sie in ihren overalls die maschinen übers land lenken, im kopfhörer die alles nivellierenden wellen. seht die aufdrucke ihrer t-shirts, ihrer blue jeans. hört ihre sprache. bauern? längst haben sie ihre „bauernhöfe" den maschinen angeglichen: produktionsstätten von nahrungsmitteln. angeschlossen sind ferienwohnungen nach eu-norm: vollholzmöbel und fleckerlteppich nach vorschrift. hinterm eu-norm-stall, in den wiesen, am waldrand, vor der kapelle, beim uralten baum: haufen von silageballen, weiß oder in zwei arten von grün. wahrzeichen der neuen wirtschaftsweise. außen gleißend im sonnenlicht, innen stinkend und übelkeit erregend. unverwertbare plastikhäute tonnenweise in kavernen und höhlen der berge gestopft. nachhaltig vor allem die zerstörung. die milch solcherart gefütterter tiere gerade noch für die unterste stufe der käserei geeignet.

verhausschweinung der menschen. massenhaft sich reproduzierende wohlstandshybriden stört das alles nicht: sie wollen bedient werden mit „rieseneisbechern", „naturparkschnitzeln", „erlebniswegen", „events" und „vivarien" mit künstlichen bächen, wellness- und saunalandschaften ... der gleiche sprachbrei preist international standardisierte „individualitätsangebote" aller orten als „regionale besonderheit" an. ob steirisches „was(s)erleben" oder kärntnerisches „wasser.reich", „wasserlehrpfade" oder „holzstraßen". eine zweite künstliche (virtuelle) landschaft verschluckt die alte kulturlandschaft. entstellt sie zur unkenntlichkeit für den, der sie noch kannte. der vor kurzem in neumarkt eröffnete „erste lesepark der welt" (!) ist in form eines blattes angelegt. kein wunder: soll er doch als feigenblatt denen dienen, welche natur hier schamlos missbrauchen. der blattförmige zwergerlpark zeigt für jeden, der seine sinne noch selber und zu erkenntniszwecken nützt, alle merkmale dessen, was verdeckt werden soll: vernutzung aller und alles beteiligten nämlich.

von all dem wird im folgenden geschildert und bebildert. exemplarisches herausgegriffen, aus unzähligen beispielen alltäglicher misere in den naturparken „grebenzen" und „sölktäler" (vom gleichen manager inszeniert und vermarktet). in diesen naturparken geht es nicht anders zu als im alpenland aller orten, nur dass hier die lupe eines anderen anspruches darüber liegt. dem werden beispiele gegenüber gestellt, die sich vereinzelt finden. häufiger außerhalb sogenannter naturparke und ohne unterstützung durch deren gremien. öfter im widerstand gegen diese. denn die naturparkvermarkter haben keinerlei sinn für die notwendigen aufgaben einer geschmacks- und stilbildung der einheimischen. für anregung einer rückbesinnung auf jenes sichere gespür, jene sichere hand, welche die volkskultur über jahrhunderte auszeichnete. diese eliminieren, was ihren vermarktungsstrategien im wege steht, verschweigen und unterdrücken, was ihre tätigkeit als das erscheinen lässt, was sie tatsächlich ist: stümperei, betrug, zerstörung, großsprecherei, gleichgültiger zynismus. dieses geflecht wird von allen beteiligten profiteuren gemeinsam mit zähnen und klauen verteidigt. von grundeigentümern, politikern, funktionären, geistlichen.

oder wie naturparkobmann kölbl so schön sagte: „im zweifelsfall muss man die bauern schützen!", und ich antwortete: „ja, im zweifelsfall vor sich selber!!"

oder wie ein langjähriger gast, ein freund dieser gegend, sagt: „es zeigt sich hier oft ein merkwürdiger, querliegender stolz, von dem ich aber denke, dass er im nichtwissen begründet ist. wie in vielen vergleichbaren gegenden österreichs findest du hier ein völlig degeneriertes ästhetisches empfinden, eine völlige unsicherheit gegenüber der schönheit vor. dadurch entsteht eine gefährliche verunsicherung in bezug auf die gestaltung der zukunft. du siehst es an den häusern, an den gärten, an den fertigfenstern, fertigbalkonen, den dächern. du erkennst es an plänen, die gefasst werden und die manchmal auch noch von erstaunlicher irrealität in bezug auf wirtschaftlichkeit und nachhaltigkeit sind. neben vielen anderen gründen, die durchaus einer analyse zugänglich sind, führt auch das zu einem mangelnden selbstwertgefühl, zur aggression, in die hoffnungslosigkeit."
(ARAMIS)

ARAMIS SCHLACHTEN TOT
ein nachruf

„ich schlachte nur fürs haus. eigenhändig. ich mach es kurz und möglichst ohne zeugen: ich schäme mich. doch was soll ich mit dem jährlichen nachwuchs machen, da ich schon einmal mit schafen lebe, sie mir die größeren wiesenflächen kurz halten, weiße und braune wölkchen im gegenlicht des sinkenden abends, unter der großen linde gegen westen, die ruhe selbst. heimatglöckchen läutend. außerdem esse ich ihr fleisch gerne feiertags mit freunden. niemand würde sie so wie ich, kurz und ohne panik, töten können. nur mir, der ich sie hüte, sind sie so vertraut. also töte ich sie. oft überlegte ich eine formel, opferformel, kam aber zu keiner. nur schweigen ist möglich. vielleicht denkend: wie ich dich töte, bin ich bereit getötet zu werden. immer noch heuchelei: wer sollte in diesen gegenden und zeiten mich so töten?! also sage ich beruhigend, während ich stirn, wangen, schnauze und hals streichle, dort schon das fell beiseite schiebe, damit die schneide des messers geringen widerstand findet: sei ganz ruhig, es ist gleich vorbei. das ist meine ganze kunst, denke ich, während sie auszappeln."

wir haben oft über das schlachten gesprochen. aramis erzählte mir, früher habe er seine schafe mit einem pistolenschuss in den schädel getötet. doch dann einmal sei ein bock, bereits eingeknickt, wieder aufgestanden, auf ihn zugetorkelt. in diesem augenblick habe er sich für das messer entschieden. der laie mag an das schächten denken. aber damit hatte aramis' töten wenig gemein, sieht man einmal vom messer und vom halsschnitt ab. schächten lässt sich auch im festtagsanzug, und das, ohne sich wirklich blutig zu machen. freilich geht das nur, wenn andere das schaf halten, ausnehmen. eine sehr distanzierte gestik, die nichts mit einem wie immer gearteten kontakt zu tun hat. zeigestockmäßig, fast fernbedienung. tötete aramis, musste er töten, so hieß dies für ihn begegnung mit dem tier, für das er sich verantwortlich fühlte: „ich spreche mit meinen schafen, ich streichle sie, bevor ich sie töte. unsere atmung wird ruhig. ich streiche das fell an der kehle auseinander. plötzlich dringt dann der stahl ein. bis die letzte zuckung verebbt ist, halte ich mich an den körper, presse sanft, wie ein reiter und murmle beruhigendes."

eigentlich nahm ich mir bereits vor jahren vor, diesen text zu schreiben, damals, als aramis noch lebte. aber ich wollte ihm keine tierschützer an den hals hetzen, leute, die glauben, die welt zu verbessern, indem sie gesetzesverstöße anzeigen („ein warmblütiges tier darf nur geschlachtet werden, wenn es vor beginn des blutentzugs betäubt worden ist") oder mahnwachen abhalten. tierschützer hätten von „furchtbaren" schmerzen gesprochen, eine betäubung des tieres gefordert, zweifellos ohne auch nur einen augenblick daran zu denken, dass das von ihnen geforderte betäuben das industrielle töten maßgeblich erleichtert und beschleunigt hat. für türschützer kann ein mensch, der seine schafe auf diese art und weise schlachtet, nur ein roher mensch sein. oft genug findet sich die behauptung, er würde dabei lust empfinden. welch seltsame vorstellung: „minus 21° in der nacht! tagsüber schön, aber es taut kaum. seit drei tagen springt das erste schwarze lämmchen dieser saison über die schneekrusten: glückliche unbewußtheit; es kennt nichts anderes! in den nächsten tagen müßten noch ein bis zwei lämmer kommen. ich betrachte sie immer mit deutlich vermindertem vergnügen: muß ich im spätherbst eins, zwei oder drei umbringen? immerhin ist es für einige monate so schön, sie springen und tollen zu sehen! welch segen, so jung zu sterben. das fanden jedenfalls die alten. ich gebe ihnen recht." oder: „das erste lamm ist geboren. eine erstgebärende. lieblingsschaf. gezeichnet wie ein schimmel. mußte die dreckszotteln rund ums euter abschneiden. [...] jetzt schläft es. mit der mutter in den unterstand eingehütet. heu. wasser. warmer untergrund. herum überall noch schnee. wenn es diese nacht überlebt, kann ich es in 6 monaten spätestens schlachten. du wirst meine geteilten gefühle verstehen." aus einem anderen brief: „später nachmittag: nun ist das lamm geschlachtet - - - habe es lange hinausgezögert: jetzt waren bereits zwei weitere in den fruchtblasen: ein weißes und ein schwarzes. sanft entschlafen. so sahen sie aus. ich habe den schädel am fell gelassen und alles so auf den alten birnbaum gehängt. sieht von weitem aus als kletterte ein schaf auf den birnbaum hinauf. himmelsleiter. ein fernes märchen. real sind diese letzten sekunden, wenn sich die augen verglasen. und jener späte seufzer, auf den völlige ruhe folgt. jetzt ist föhnwetter."

was hätte aramis etwa zu iris radischs text „tiere sind auch nur menschen" gesagt, in dem sie die frage stellt, ob man tiere töten dürfe und dies mit nein beantwortet. er hätte wohl eingeworfen, dass leben ohne gewalt nicht denkbar sei: „ich liege in einer sommerwiese. die vögel singen. schmetterlinge gaukeln. der himmel ist blau und weiße wölkchen ziehen hoch oben dahin. glückseliger friede! ich wende meinen blick seitwärts, schaue durch die gräser: eine ameise schneidet einer anderen glied für glied ab. dort schleppen andere käferteile. eine spinne umgarnt ihre durch gift gelähmte beute und hängt sie als lebende speisekammer in ihr netz. je genauer ich hinsehe, um so grauenhafter wird das gemetzel. während ich mit lieben freunden beim wein scherze, rinnen seit wochen täglich angebliche 800.000 liter erdöl aus der geborstenen bohrinsel von bp in die meere, und alles schöne und unschuldige außermenschliche leben verreckt elend in der ölpest. allerdings versichern fachleute, in wahrheit würde die vielleicht zehnfache menge ausströmen. ich brauche nicht extra auf andauernde kriege, versklavungen, vergewaltigungen hinzuweisen. wirtschaftsweise kommen ebenso viele menschen elend um, wie in den sechs jahren des zweiten weltkrieges insgesamt. der aberglaube, mit vernunft dem chaos beizukommen, welches aus losgelassenen massenhaften menschlichen handlungen entsteht, hat die schrecklichsten monster geboren, die es je gab. es wird uns kein schreckliches ende geschenkt, sondern ein schrecken ohne ende verschlägt den sehenden die sprache."

keine tiere töten, schön und gut. man muss keine schuhe aus leder tragen. aber jedes bohrloch, voraussetzung für jeden kunststoffschuh, ist unabdingbar mit dem tod zahlloser tiere verknüpft. erneuerbare energien. hört sich auch gut an. ob fotovoltaik oder hackschnitzelheizung. all das ist untrennbar mit dem tod von tieren verbunden. freilich denken die wenigsten auch nur einen augenblick daran, dass nicht nur bäume, sondern mit ihnen auch tiere, etwa jungvögel zerschreddert werden, dass mit der großflächigen bewirtschaftung von landschaften lebensraum von zahllosen tieren verloren geht. aramis hätte eingeworfen, dass es in der heutigen welt an unmittelbarem tun, also an erfahrung und wahrnehmung mangle: „allen fehlt die handarbeit. die körperliche tätigkeit. das spürt man überall als eine art blutarmut, dürre, blässe der worte. mangel an taten. mangel an vorbildwirkung: stubenhocker. klugscheißer. intellektuelle: also köpfler." iris radisch, deren texte er manchmal schätze, wäre bei ihm wohl unter „schreibtisch-tuzzi" gelaufen.

die frage, ob man tiere töten dürfe, hätte er wohl mit der feststellung beantwortet, dass man, sei man für tiere verantwortlich, diese gegebenenfalls auch töten müsse. konsequent stellte er die schmerzbehauptung in abrede. er betrachtete leid und schmerz als teil des lebens: „es mag ja auch für die vernünftler ein skandalöser umstand sein, doch ist es unableugbare erfahrungstatsache, daß schmerz, wunden, gebrechen, bedrohungen unsere befindlichkeit eher steigern als sie schmälern. es ist sehr aufschlußreich, wie sich die tiefsten denker, z.b. kant, damit herumgeschlagen haben. mit dem krieg zum beispiel."

aramis hätte auch eingewandt, die vorstellung vom „friedlichen einschlafen" diene der beruhigung der lebenden. sie raube dem tod seine obszönität und den sterbenden, ob mensch oder tier, ihre würde. das problem liege weniger in einem schmerzfreien tod als im selbstbetrug, den uns diese vorstellung erlaube. nicht im töten sah er das problem („kommende woche schlachte ich dann das letzte, ein böcklein. so wie es aussieht, bekomme ich heuer noch mehr lämmer. aber vielleicht hilft mir der fuchs!"), sondern in einer lebensorganisation, die den tod leugnet und tiere wie menschen in massen und waren verwandelt, die statt wirklichem einfühlungsvermögen nur noch sentimentalität kennt, in seiner diktion: „es gibt nur kitsch und gewalt in der welt, in der die menschen sich einrichten." leute wie iris radisch (es gibt sehr viele von ihnen) blicken auf klaffende wunden, sie sehen nur das blut oder die zuckungen eines sterbenden tieres. sie vermögen das von ihnen beklagte tierleid nicht in größeren zusammenhängen zu sehen. eine sehr sentimentale sichtweise. nicht im töten liegt das problem, sondern im umgang unserer gesellschaft mit dem lebendigen, mit dem leben, mit der organisation des lebens. wir leben ja in einer welt, die auf dem besten weg ist, auch menschliches leben nach regeln der massentierhaltung zu organisieren, all das freilich unter dem deckmantel von selbstbestimmung und humanität.

mit wahrem schauder betrachtete er die moderne landwirtschaft, etwa die rinderhaltung: „- - - gerade hieven sie beim nachbarn drüben ein totes kalb in den containerwagen der steir. tierkörperverwertungsindustrie. eine meise ruft den frühling aus. aber alles ist erstarrt. keine bewegung außer dem fluten des verkehrs draußen auf der straße: falsche bewegung." an einem anderen tag notierte er: „unten im hof hebt der kran gerade ein verendetes öchslein in den containerwagen. steif schwebt es von den greifern umklammert durch die luft. verwesungsgestank ist durch die doppelfenster spürbar. tierkörperverwertung. gerne würde ich die kadaver in die alleebäume binden. jedes jahr kämen ein, zwei verwesende körper dazu. ‚der musikalische baumgang' 3. akt. hier stieße man schnell an die grenzen der freiheit der kunst. leider kann ich mir einen rechtsanwalt nicht leisten, der das durchficht. schade." oder: „draußen dröhnt ein viehtransport zum nachbarn – es kann der frömmste nicht in frieden leben – das vieh wird herausgepoltert vom zweibeinigen vieh, ach, einmal würd' ich's gerne umgekehrt sehen, wenn sie dann gras fressen müssen wie nebukadnezar, damit sie es endlich wissen: ‚ - - - denn alles fleisches ist wie gras, und alle herrlichkeit des menschen wie das gras vergeht - - -'"

im gegensatz zu tierschützern kämpfte er gegen ohrmarken, die behördliche auflagen auch bei seinen schafen angewandt wissen wollten: „ich darf jetzt auch wieder krieg führen: gegen die ohrmarkentandler nämlich, die meinen schafen solche anklemmen wollen. das gesetz sieht ausdrücklich marken oder ‚tätowierung' vor. letztere verlange ich. wird sicher kostspielig. hoffe ohne anwalt auszukommen. seit 29 jahren halte ich schafe. nein, ich lebe mit ihnen, jetzt also das. und dann gleich impfung gegen die neue seuche … du siehst mich im steten kampf."

was sich vom schlachtkörper seiner schafe nicht verwenden ließ, das hängte er in seine bäume: „habe das fließ mit dem kopf über einen ast eines meiner alten birnbäume gehängt. möge sich ein drache finden, der es bewacht. / bin gerade dabei, einen meiner alten großen birnbäume mit schlachtabfällen zu behängen: das vlies mit kopf, hals- und rippenstück etc. den vögeln eine weide. mir eine grimmige freude …"

für aramis lag das problem in einer völlig fragmentierten welt, in der tatsache, dass wir von dingen umgeben sind, das gilt auch für das essen, deren zustandekommen höchst diskret, nahezu vollkommen jedem erfahrungshorizont entzogen ist. das töten seiner tiere betrachte aramis als teil eines komplexen gefüges. das fällen eines baumes konnte in ihm ähnliche empfindungen auslösen: „heute habe ich die dritte fichte geschnitten. die größte = hoch wie der turm, der fluchtturm, und sie fiel auch ziemlich genau so, wie ich wollte. […] es ist alles so intensiv: meine scheu, meine abneigung, trauer vor dem baumfällen, meine ganz persönliche ‚einfühlung' in den baum – und dann am morgen das schlachten (so empfinde ich es immer) dieser 50- oder 70jährigen individualität, diese schlachtung, die technisch perfekt, ohne weitere gedanken oder gefühlsaufwallungen, verrichtet wird von einem gut trainierten holzfäller." zum ersten mal in der geschichte wären die meisten menschen in der lage, ein ziemlich luxuriöses leben zu führen. wir könnten uns jene muße leisten, die für die differenzierung der sinne und wirkliche bildung erforderlich wäre. aber womit beschäftigen wir uns? mit der zerstörung von gütern: „die stadt wird immer scheußlicher. ich kann diese ‚modernisierungen' kaum mehr ertragen. und diese menschen, die alle nur kaufen und kaufen. eine gebäudeformation um die andere gestaltet, um gold aus dreck zu machen. und alles dabei in dreck zu verwandeln: der ausdruck ‚scheiße': hier passt er!"

sein hadern mit einer zerstückelten und entfremdeten welt durchzieht seine gesamte künstlerische arbeit, in der er weder zwischen werk und person, noch zwischen kunst und alltag unterschied. zweifellos verstand er sein schlachten als kunst, wie übrigens jede noch so kleine alltägliche geste, mochte er allein sein oder auch nicht. aramis' arbeit lässt in vielem an hermann nitsch und andere aus seinem wiener umfeld aus den 1960er jahren denken. und doch gibt es einen wesentlichen unterschied. in seinem leben war nichts attitüde. im gegensatz zu anderen lebte er die rollen, in denen er auftrat, trennte er nicht zwischen kunst und leben. dem kunstbetrieb verweigerte er sich, nitsch und andere sah er als lächerliche schausteller, darin geübt, ein saturiertes publikum zu bedienen. er fand es unerträglich, ließ nitsch tiere nur des bildes wegen schlachten, ließ nitsch andere töten. er empfand es als heuchelei, nahm nitsch für sich in anspruch, die von ihm verwendeten tiere würden tierschutzgerecht getötet: „zwei arten schlachten – zweierlei kunst. der eine lässt auf der bühne nach eu-normen schlachten. lässt schlachten. mittlerweile zahnlos wühlt er nicht einmal mehr im gedärm herum. schüttet bestenfalls blut aus nicht von ihm durchschnittenen kehlen auf leinwände, die nicht von ihm auf keilrahmen gezogen, als bilder dann im bundeskanzleramt und in chefetagen hängen. liebesblutersatz. gut katholisch. künstler, die ihre koprophilie ins tierreich verwechseln. anstatt in ihrer versoffenen scheiße in tierleibern pantschen. kollege mühl machte aus kindern exkremente. staatspreisträger brus brunzt in jede öffentliche und private kulturelle bedürfnisanstalt." was sagte aramis, läse er nun im standard (5.11.2010), der heute 72jährige nitsch sehe sein werk als eine schule des lebens, der wahrnehmung und empfindung. nichts als marketing, ohne stil, ohne jeden enthusiasmus: „ja, die nüchternheit! das ist wohl auch ein grundproblem unserer zeit: überall betrunkene, aber keine trunkenheit. betäubung, aber keine begeisterung. kann ohne ‚enthusiasmus' überhaupt etwas bedeutendes entstehen? welche ernüchternde leere im kunstbetrieb! das gähnende nichts. und ein besoffener arnulf rainer, der die 25.000ste übermalung schmiert."

aramis dachte an eine schule des lebens, aber er hatte andere vorstellungen, nicht zuletzt setzte er die latte sehr hoch: „ein kampfspiel, bei dem jeder gegen jeden um die wahre treue kämpft. liebend alles in frage stellt. bis wir uns in verschiedene räume vertagen. wissend, daß es uns gibt füreinander. MEYN GEDULDT HAT URSACH steht in die klinge meines schwertes graviert. mir werden die freunde dadurch noch wertvoller, daß ich ihnen diene." in seiner arbeit war er kompromisslos. es kümmerte ihn nicht, was andere über seine arbeit dachten. statt sich im gemütlichen und hübschen einzurichten, bewegte er sich entlang von bruchlinien, für die er ein treffsicheres gespür hatte. dem kunstbetrieb hat er sich nahezu vollkommen verweigert. das zu tun, was ihm sinnvoll erschien, war für ihn unvergleichlich wichtiger als die anerkennung durch den kunstmarkt. manche mochten vieles seiner arbeit als geschmacklos empfinden, als geradezu obszön empfand er das treiben der mehrheitsfähigen, die lügen, in denen diese sich eingerichtet haben.

aramis schrieb, so wie er töte, so sei er bereit, getötet zu werden: „wer sollte in diesen gegenden und zeiten mich so töten?!" wir leben in einer welt von tierschützern, leichenbestattern und notfallmedizinern. besser als aramis kann man schafe gar nicht schlachten. solches schlachten erlauben aber weder ökonomie noch sentimentalität. aramis tötete mit stil und wollte seinen eigenen tod auch so betrachtet wissen, nämlich als „beispiel einer selbsttötung aus stilgefühl, aus stolz, aus ablehnung dem verfall gegenüber." im übrigen bin ich sicher, dass es sein lebenswerk noch zu entdecken gilt.

(bernhard kathan, nov. 2010)

ARAMIS PORTRÄTS

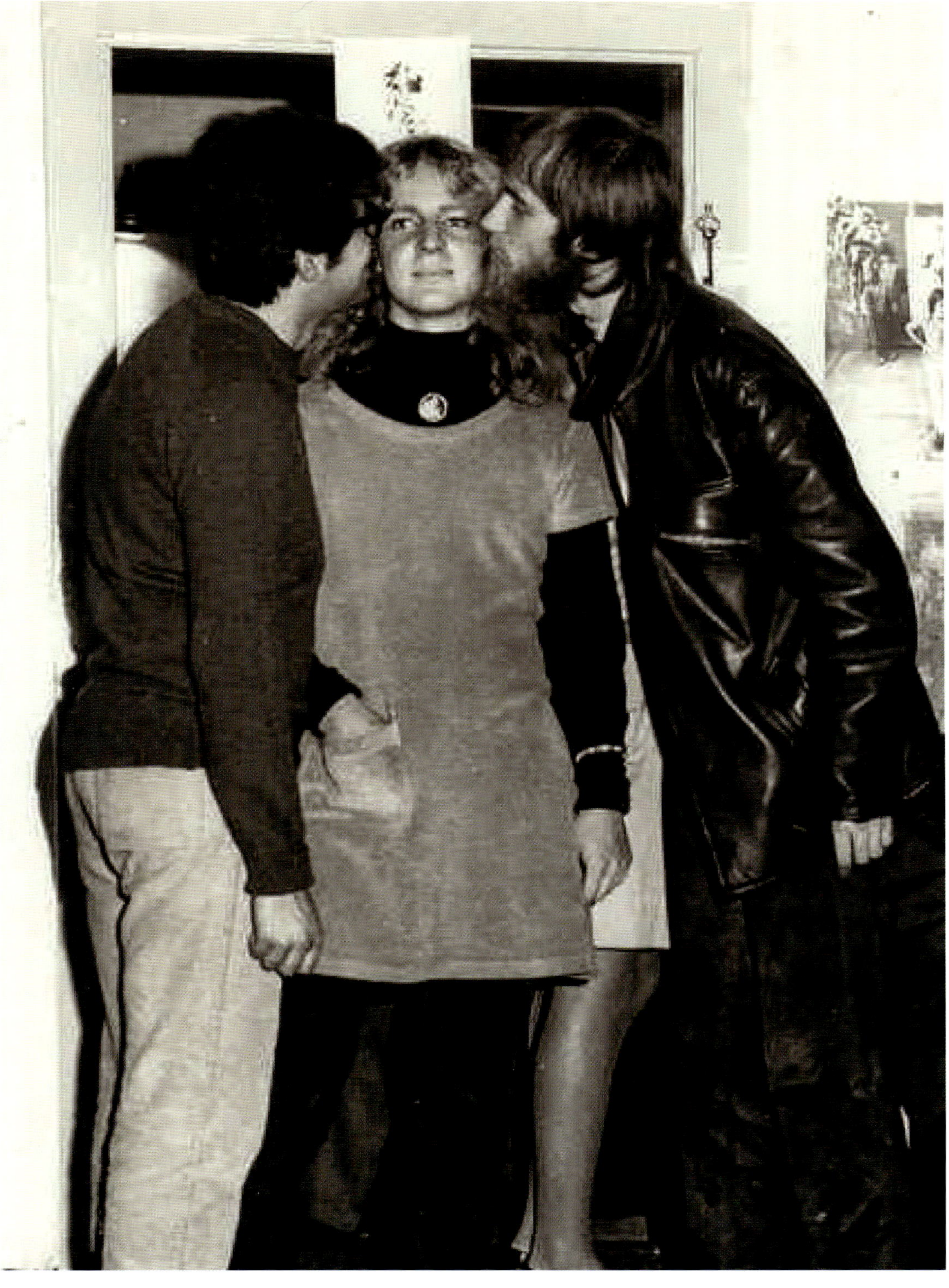

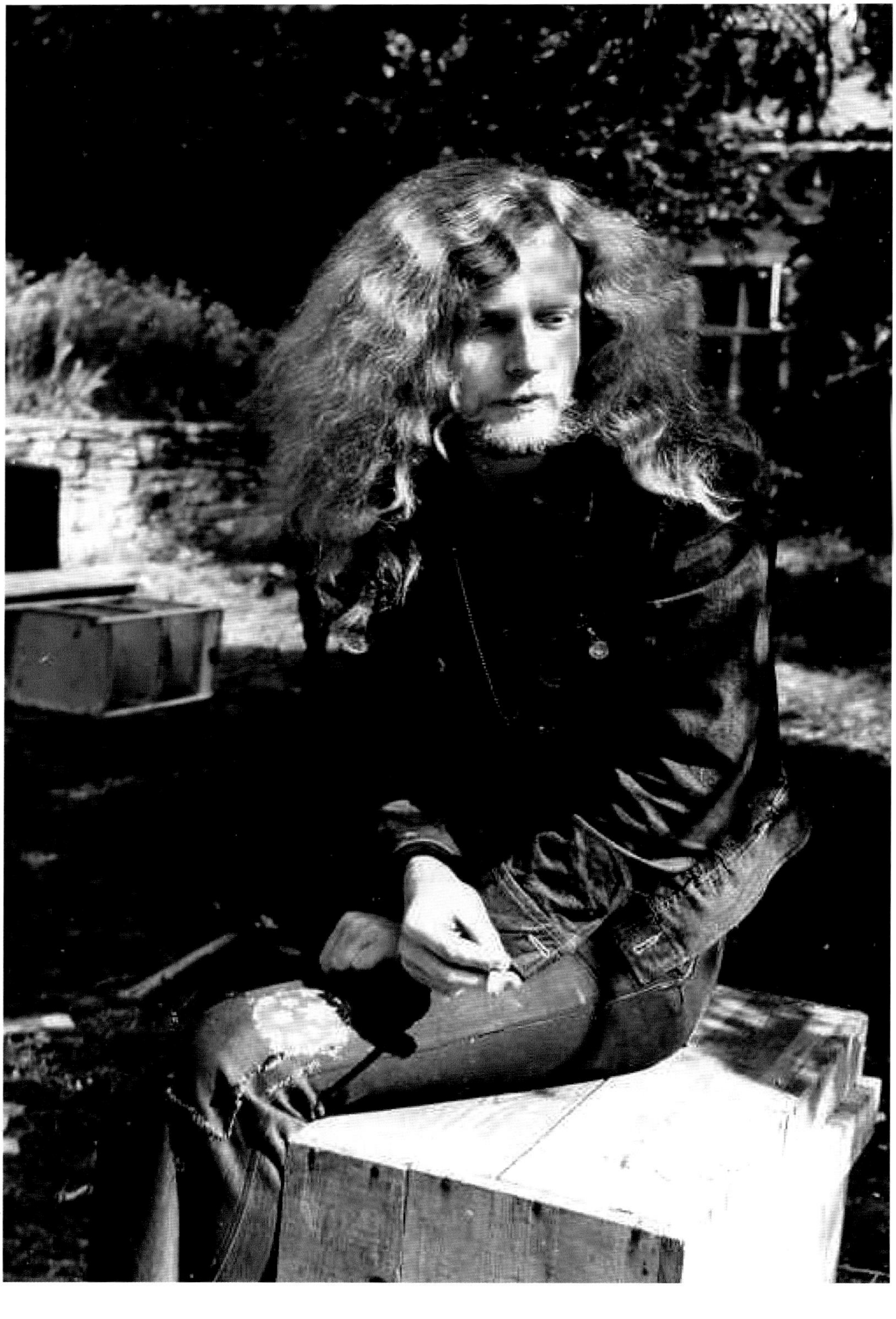

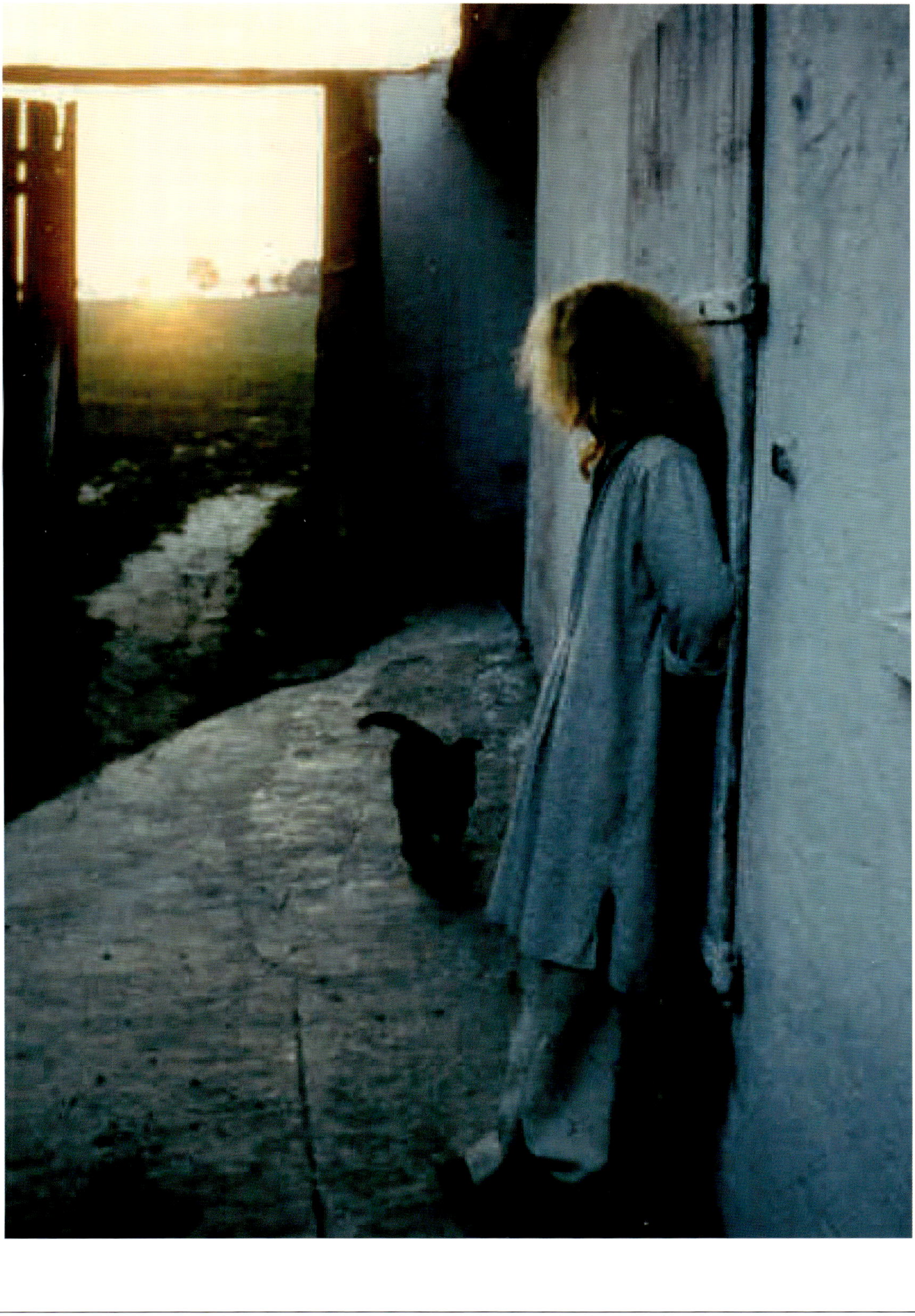

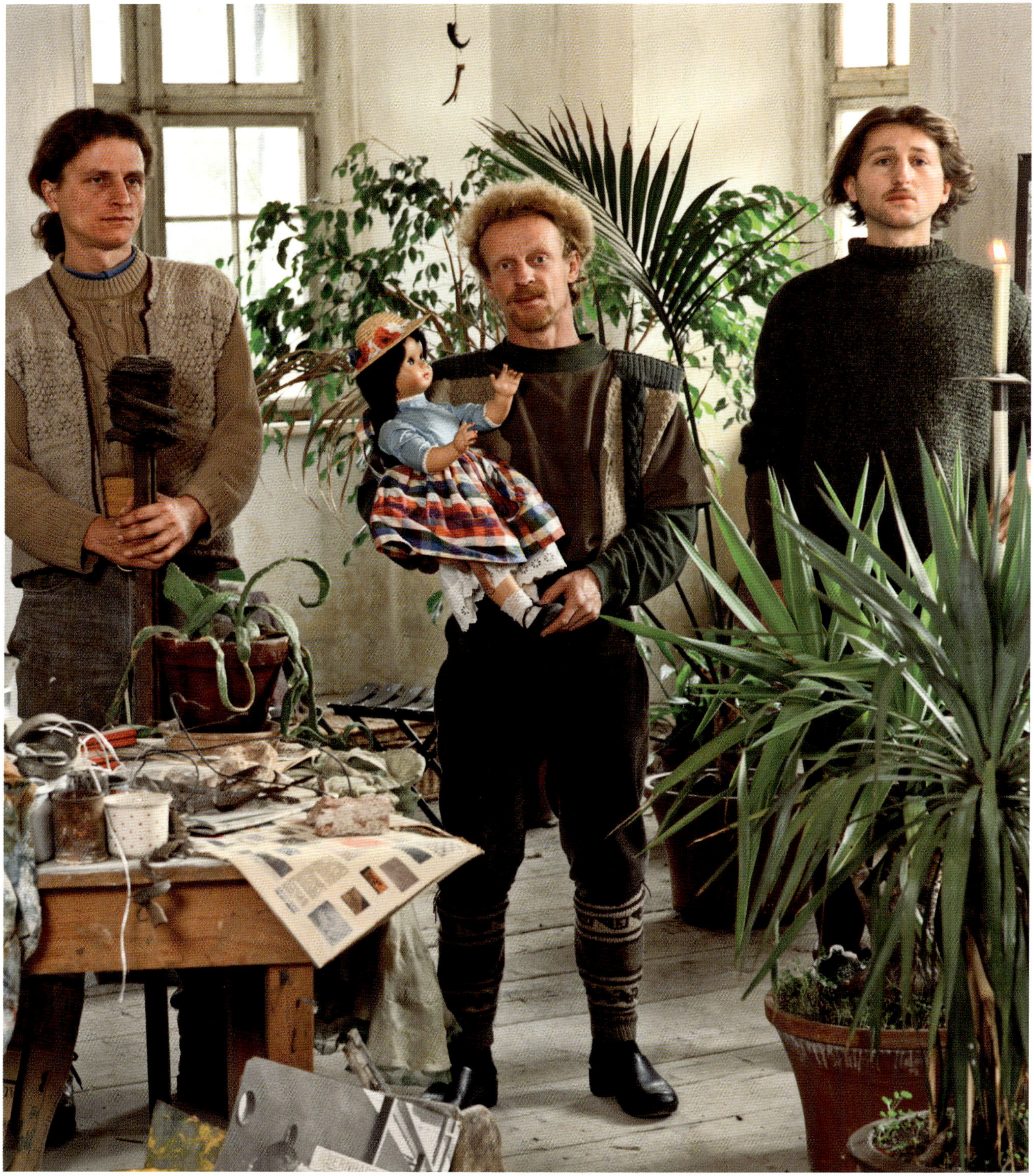

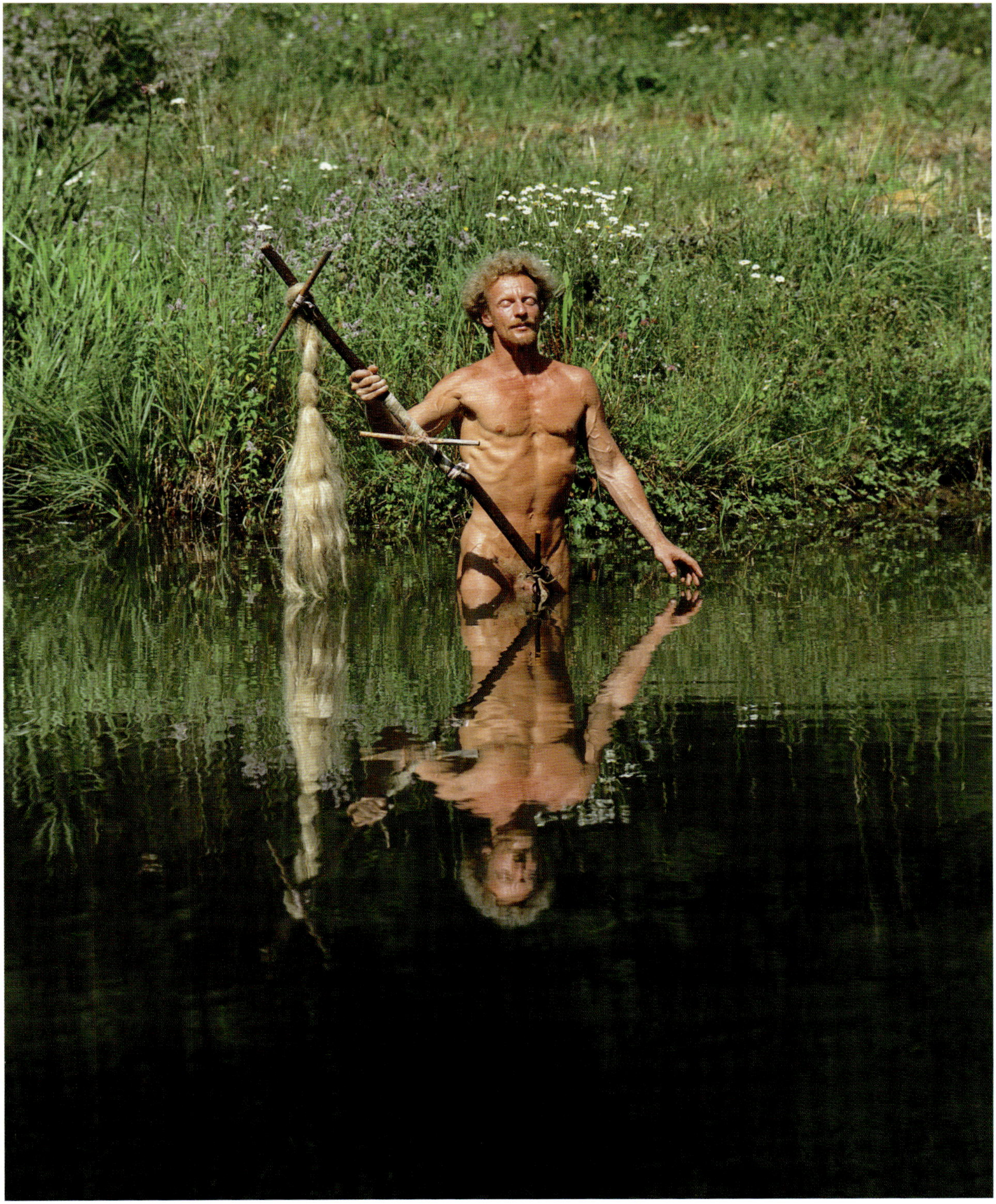

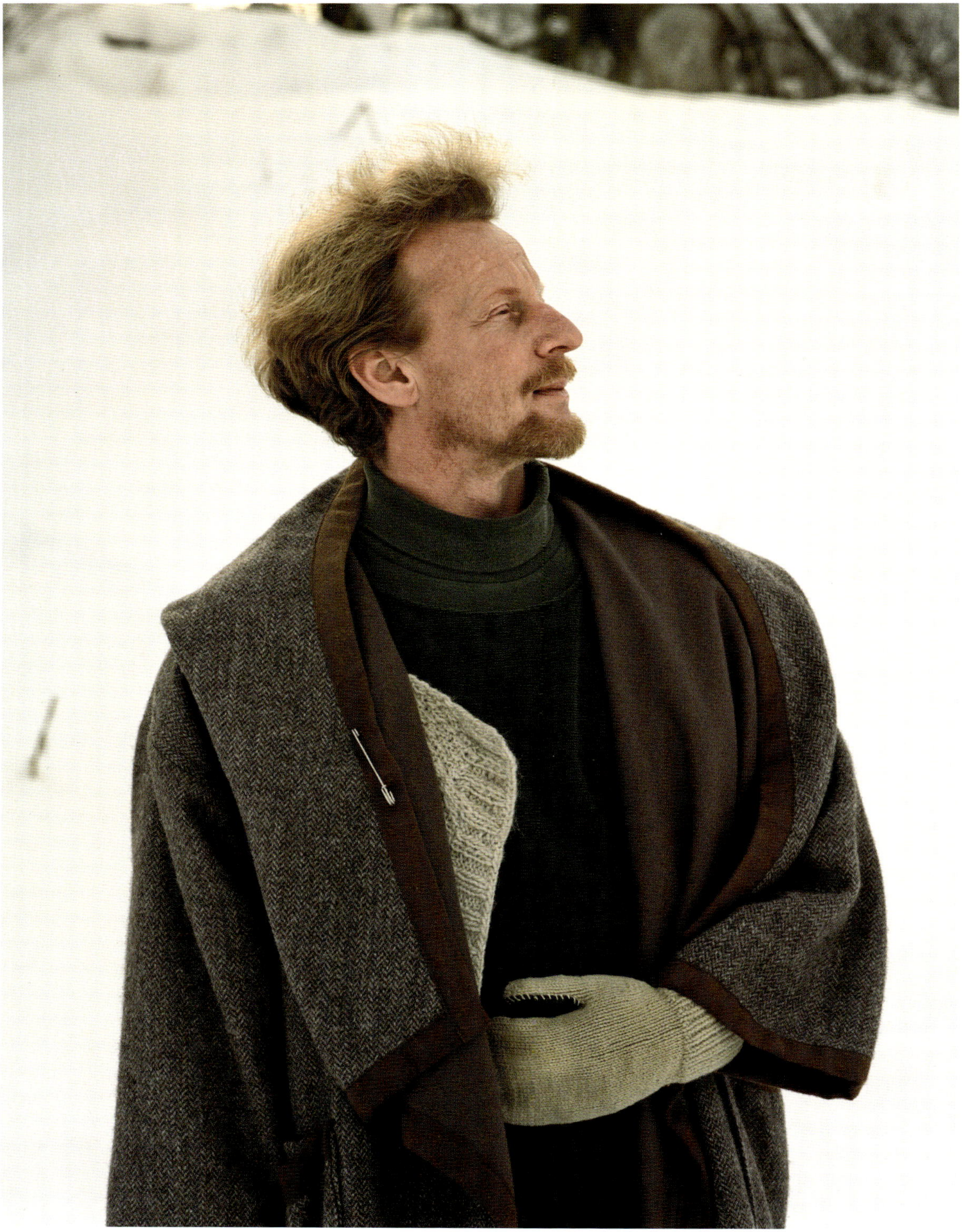

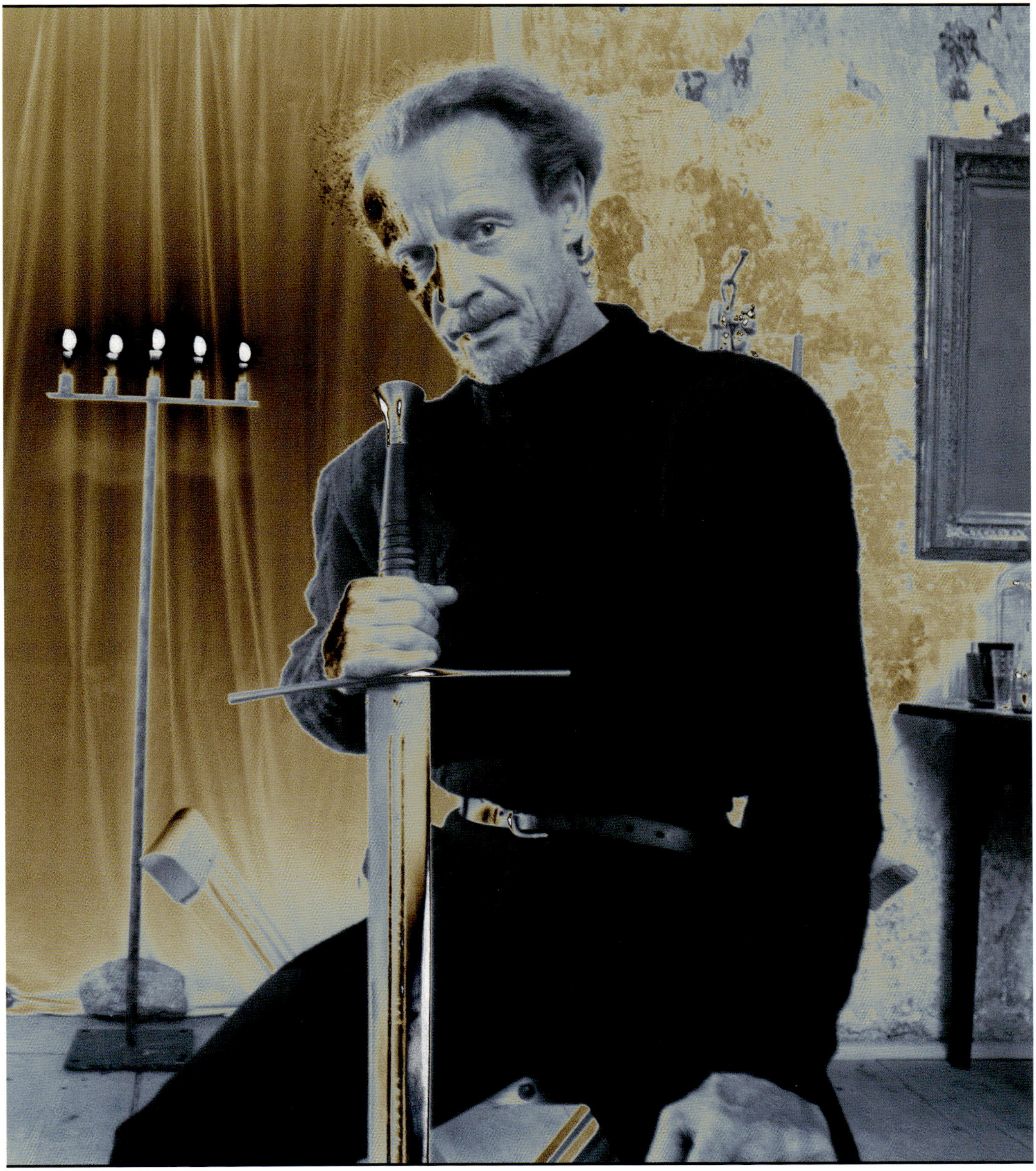

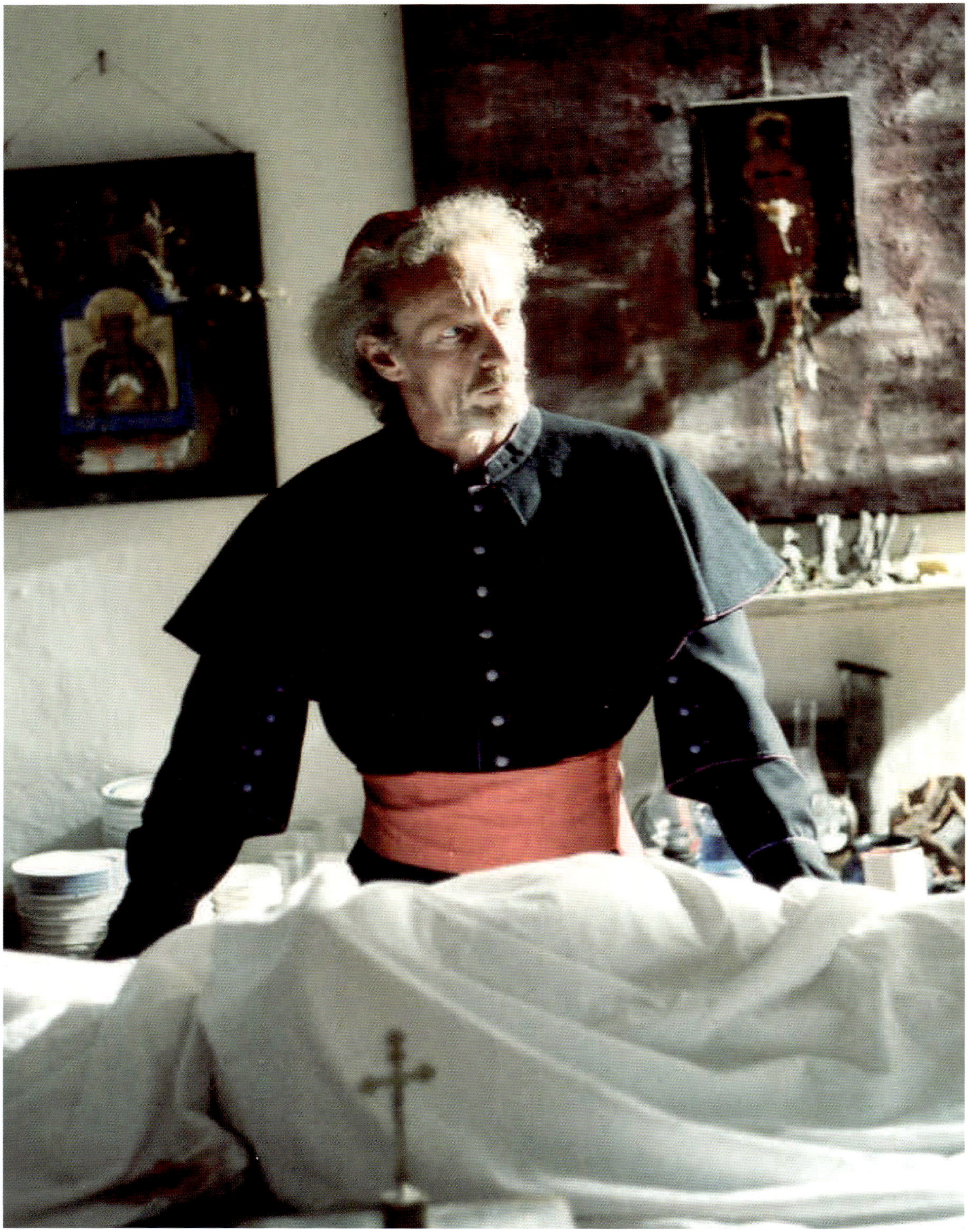

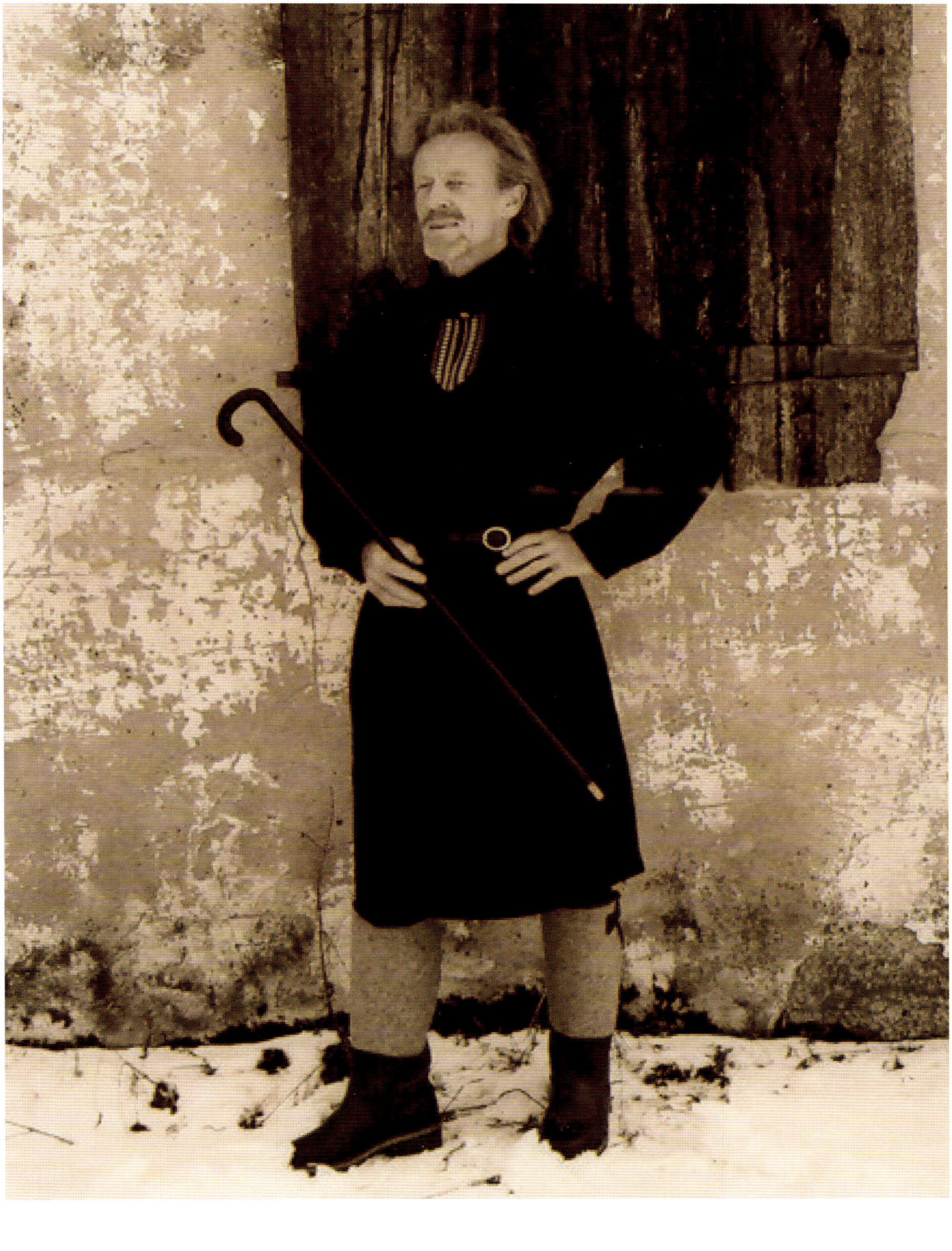

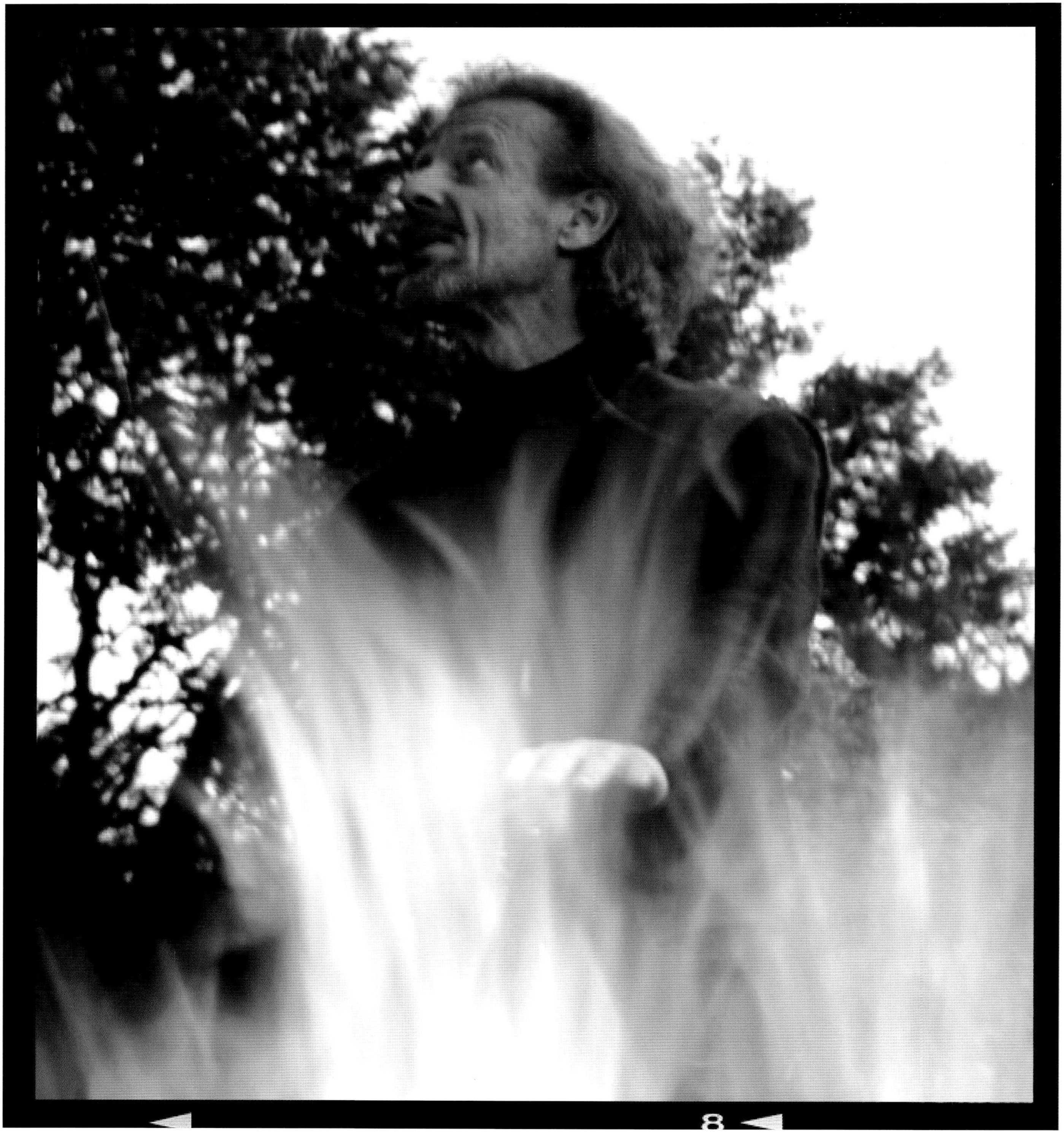
8

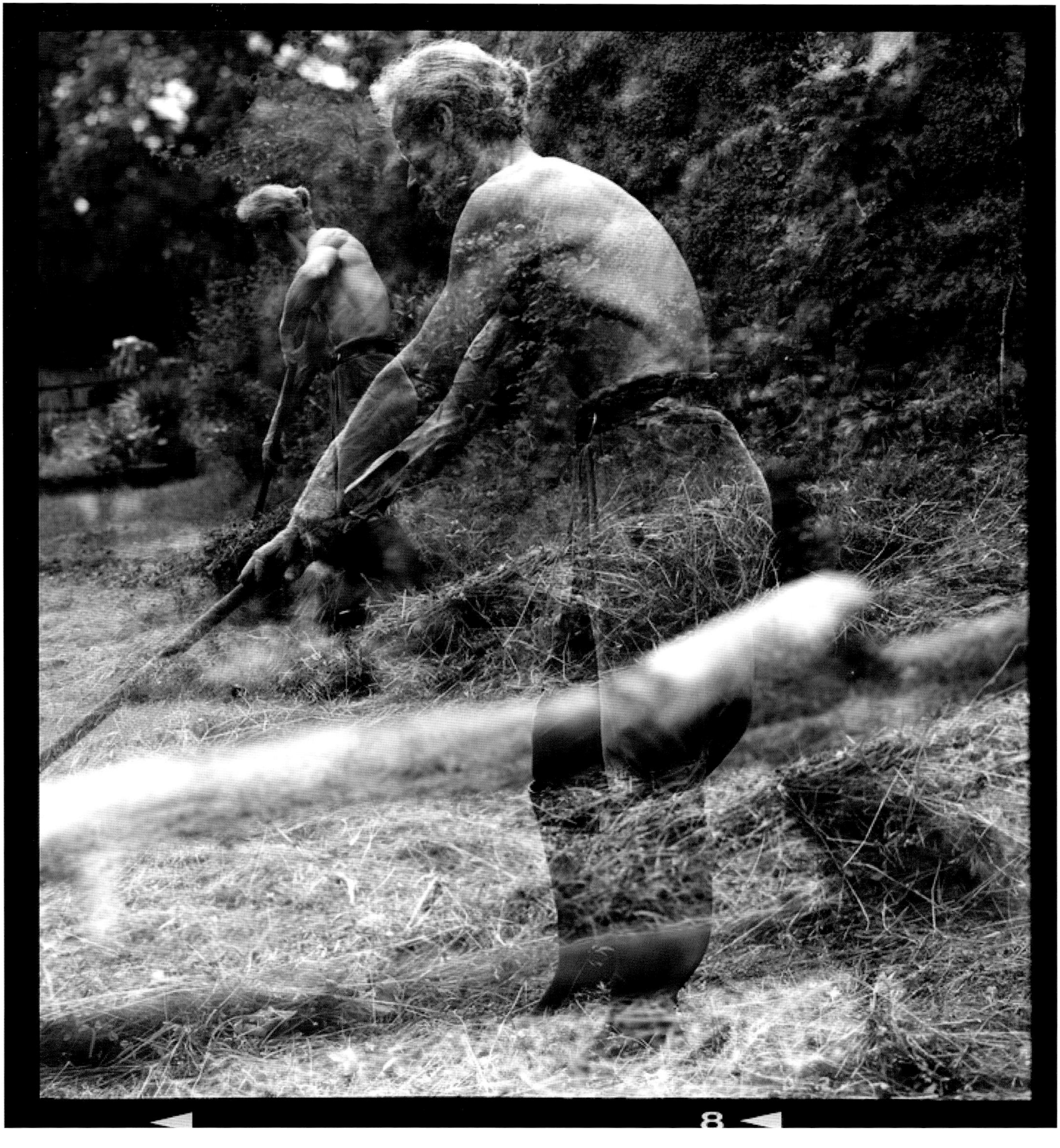

SCHLOSS LIND

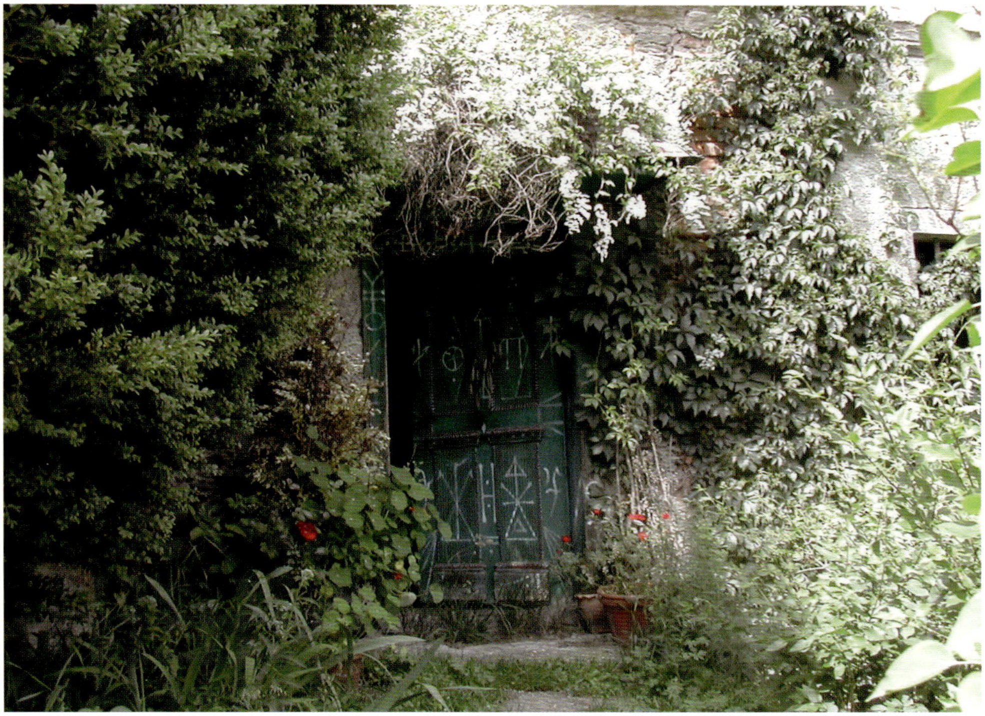

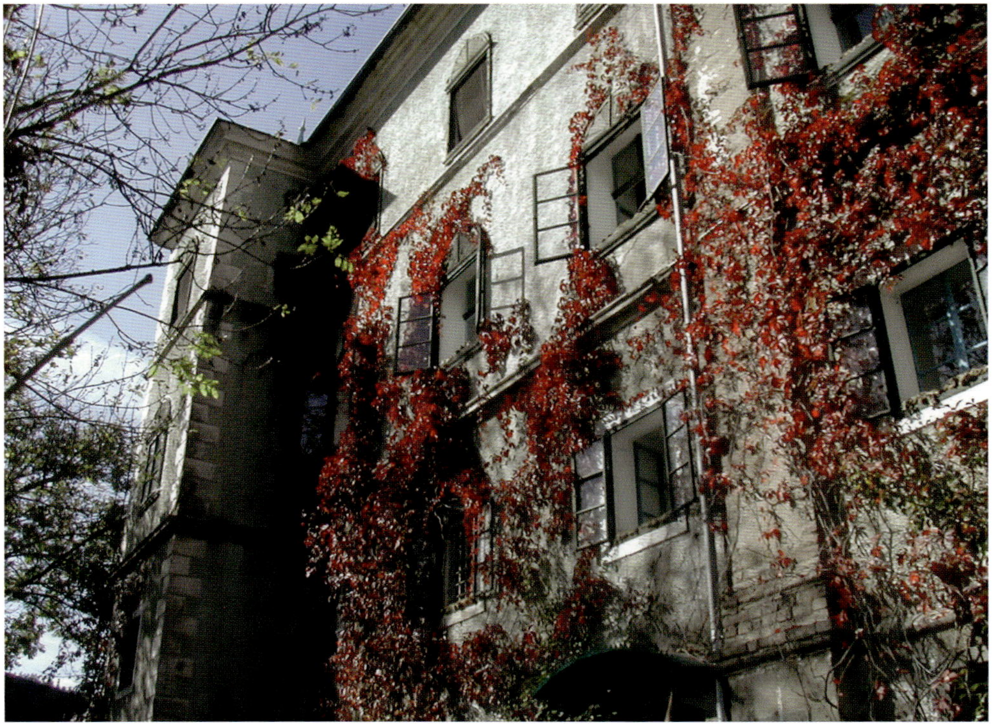

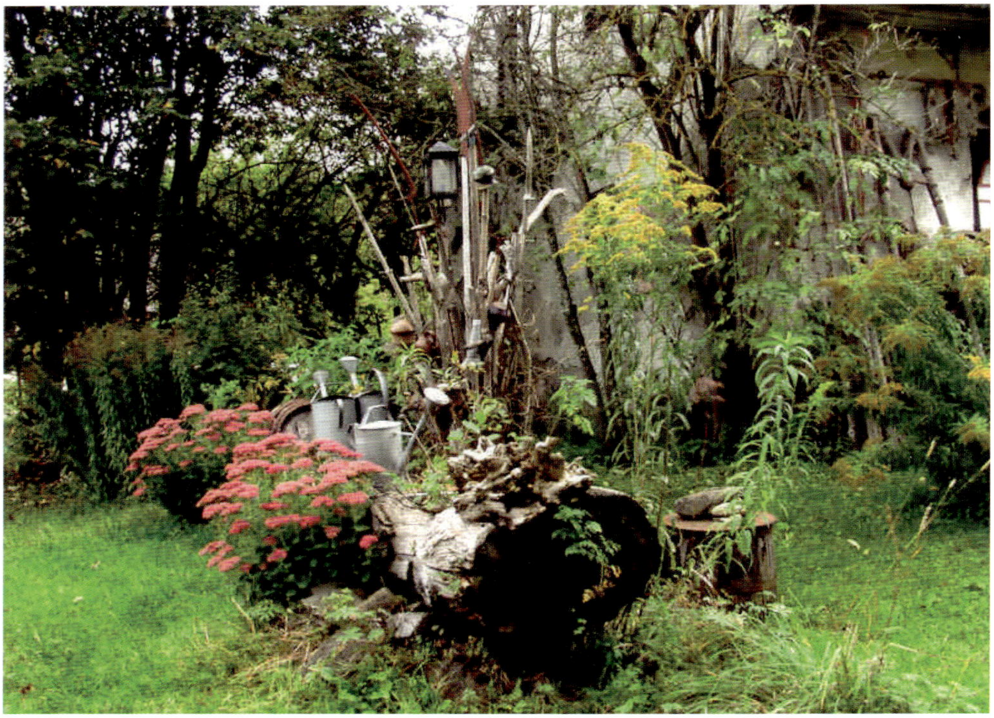

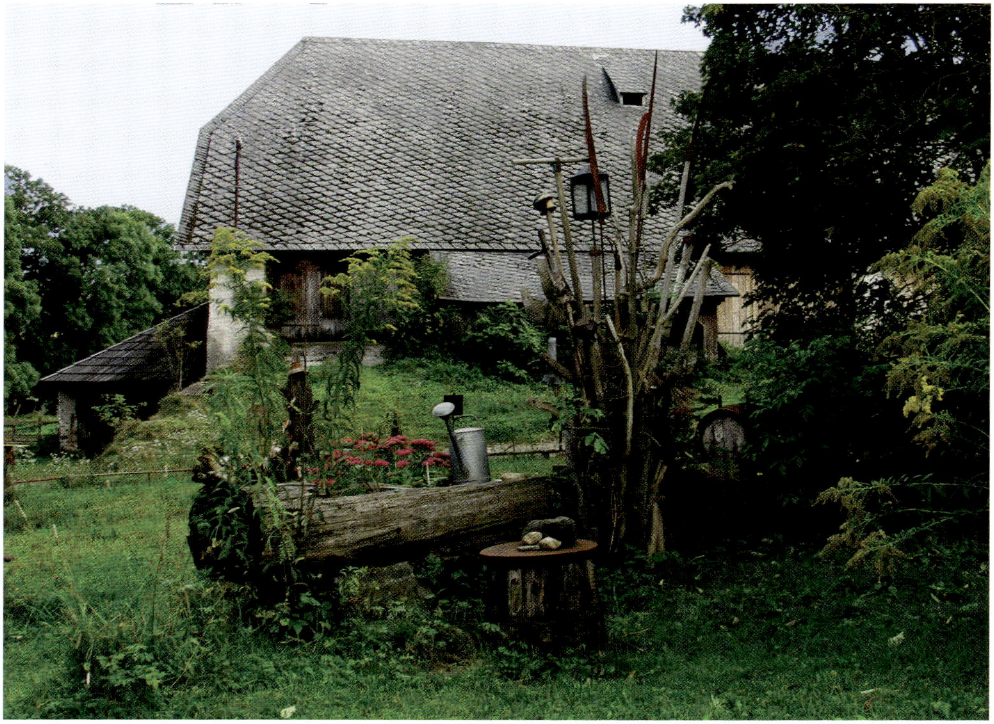

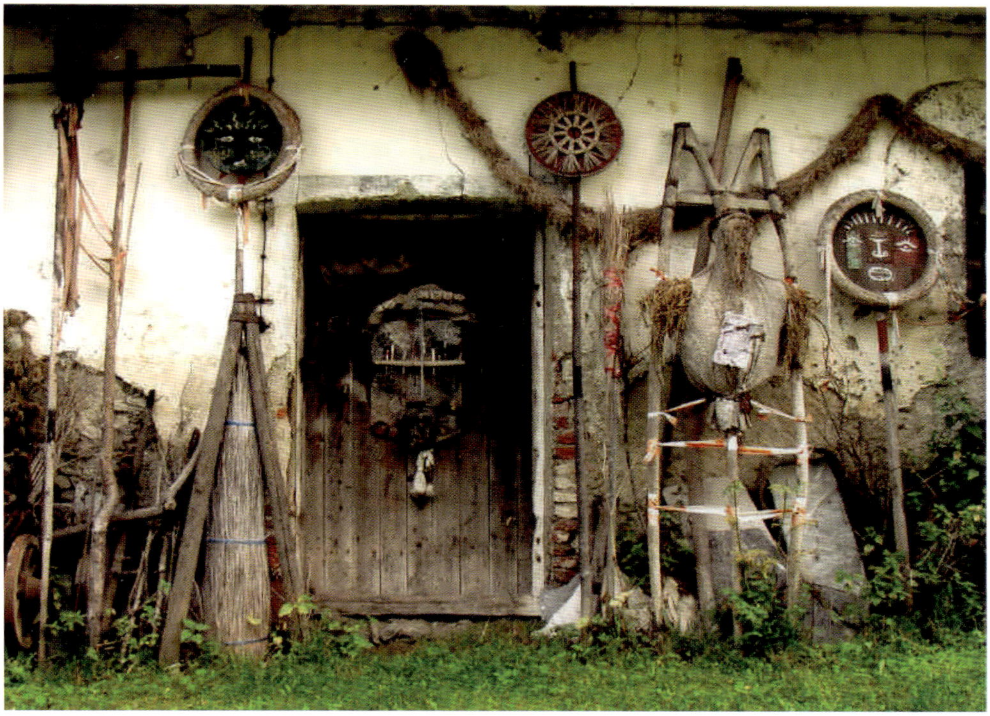

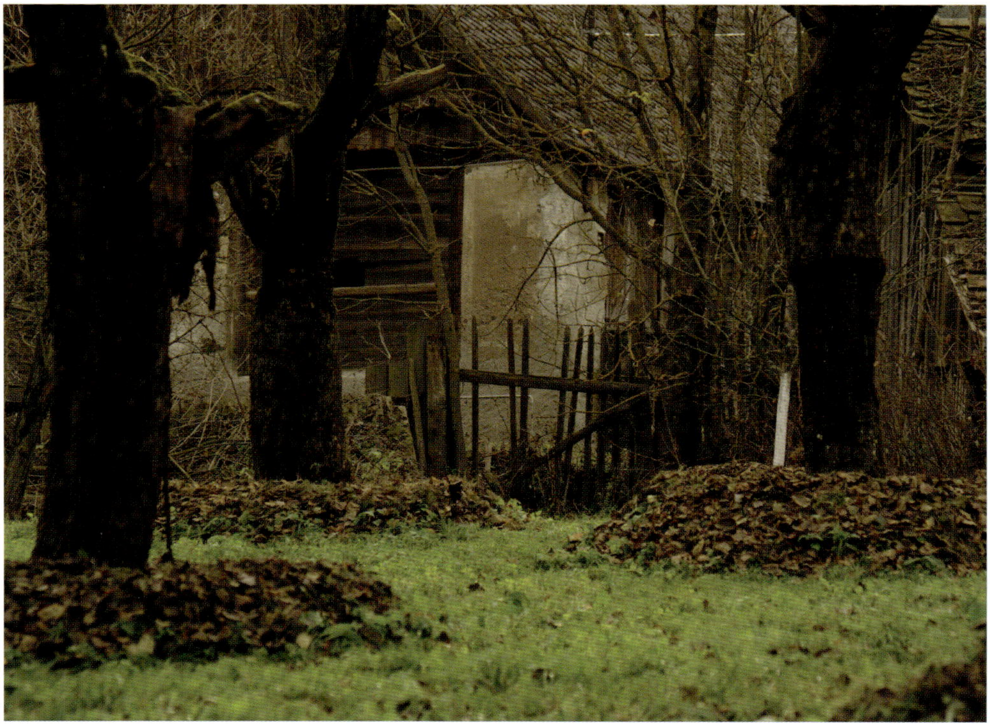

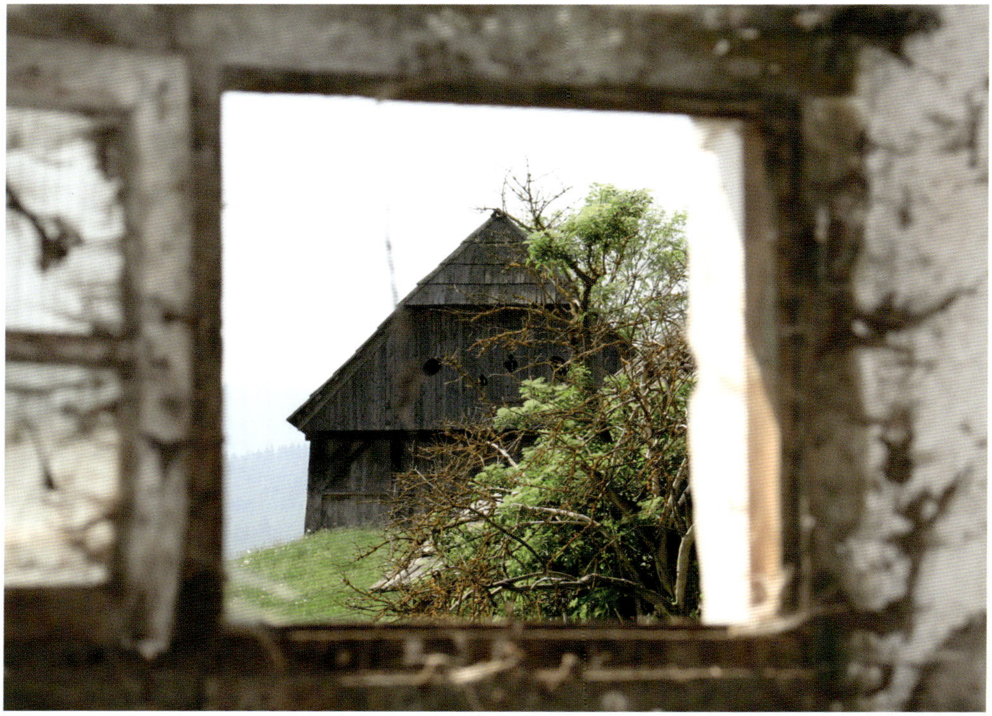

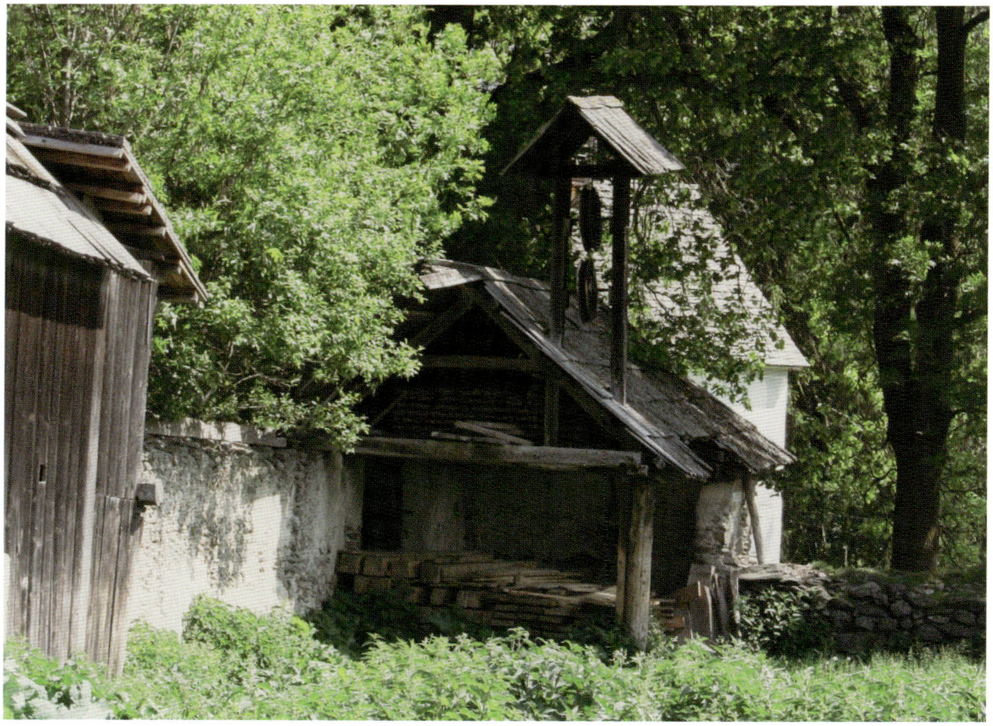

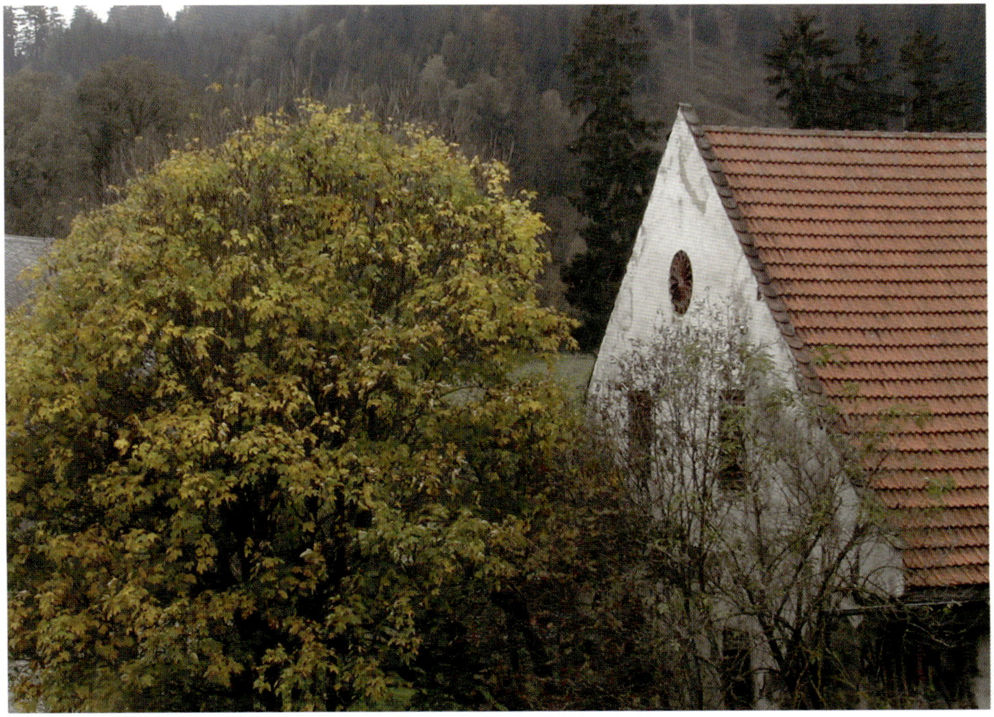

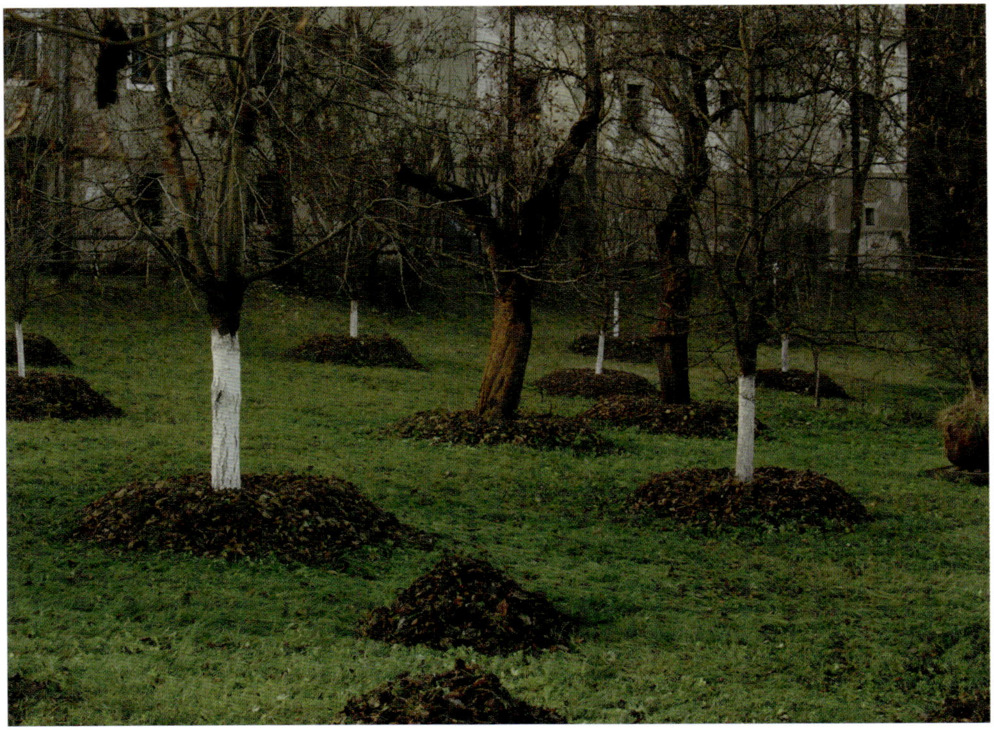

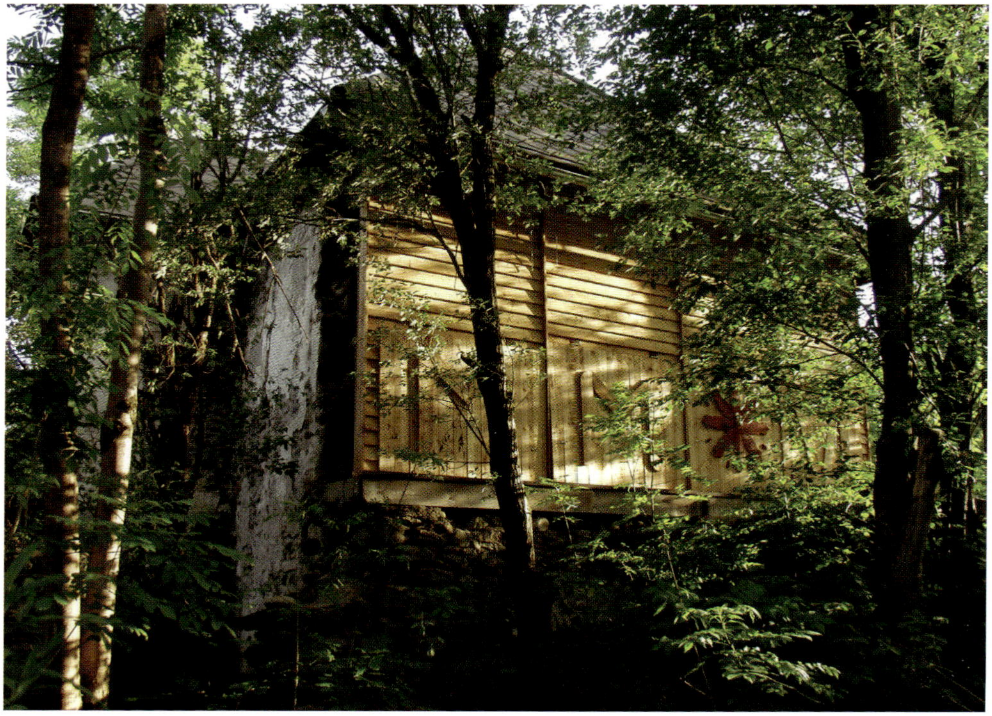

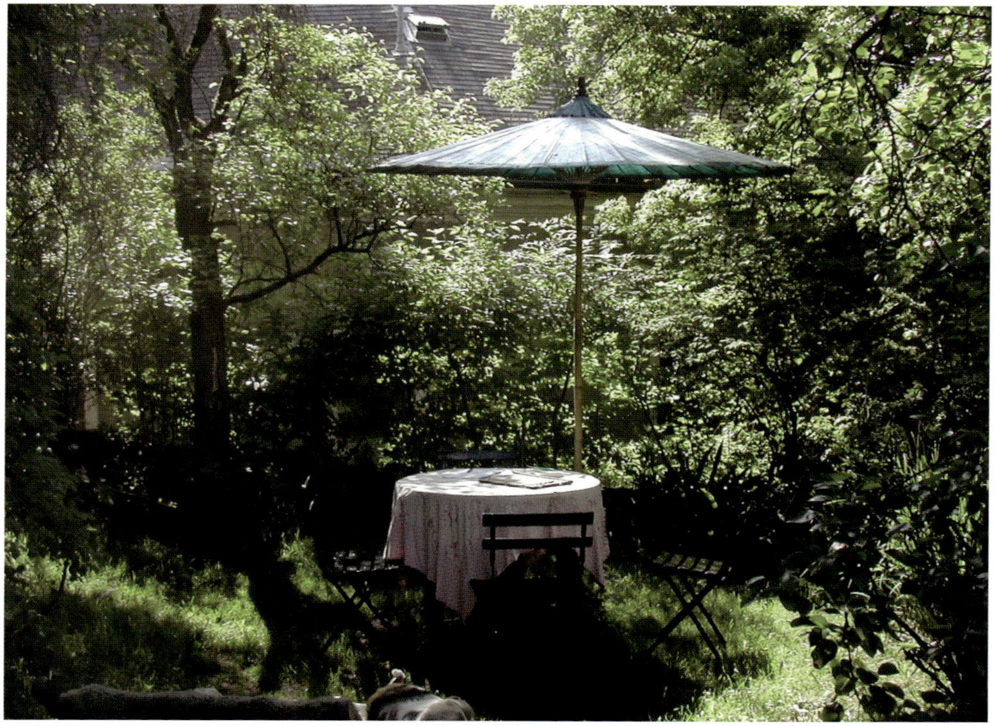

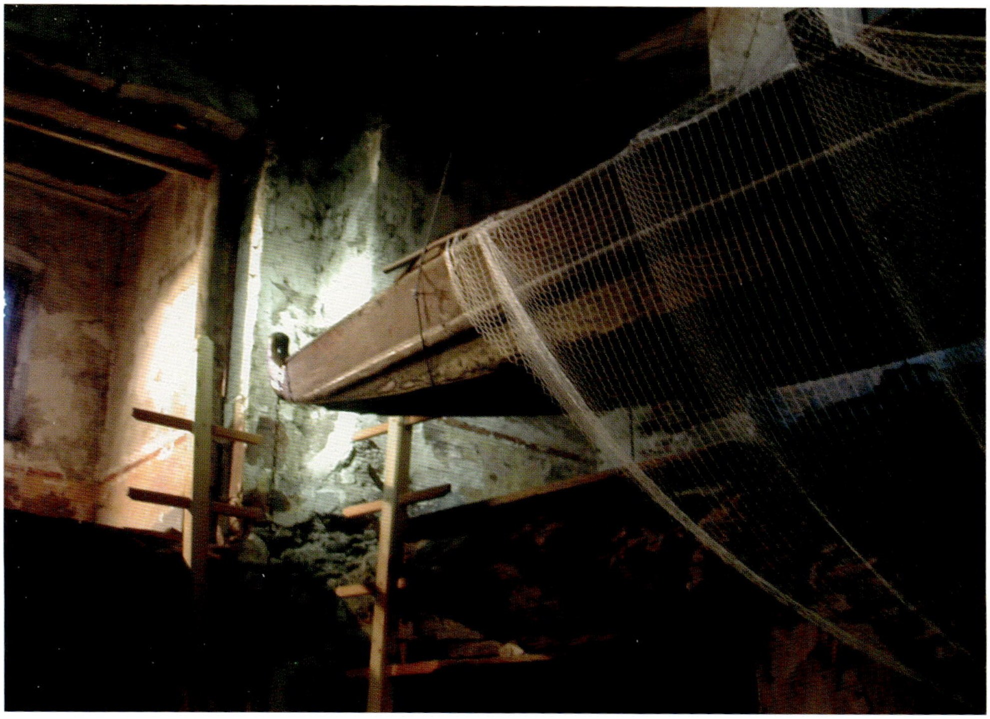

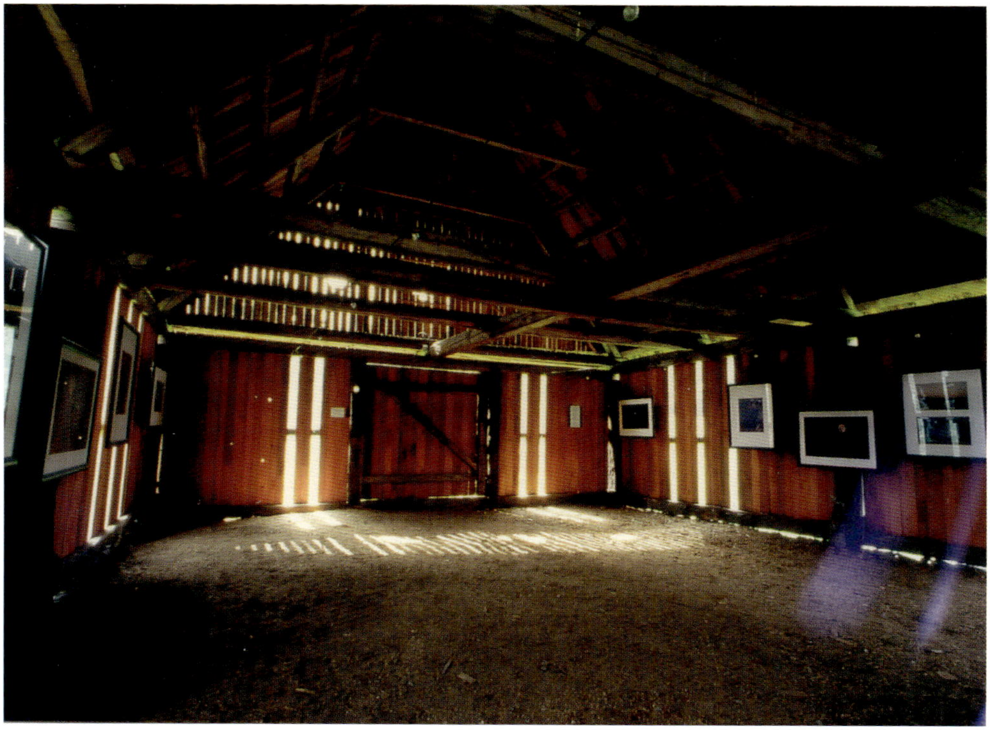

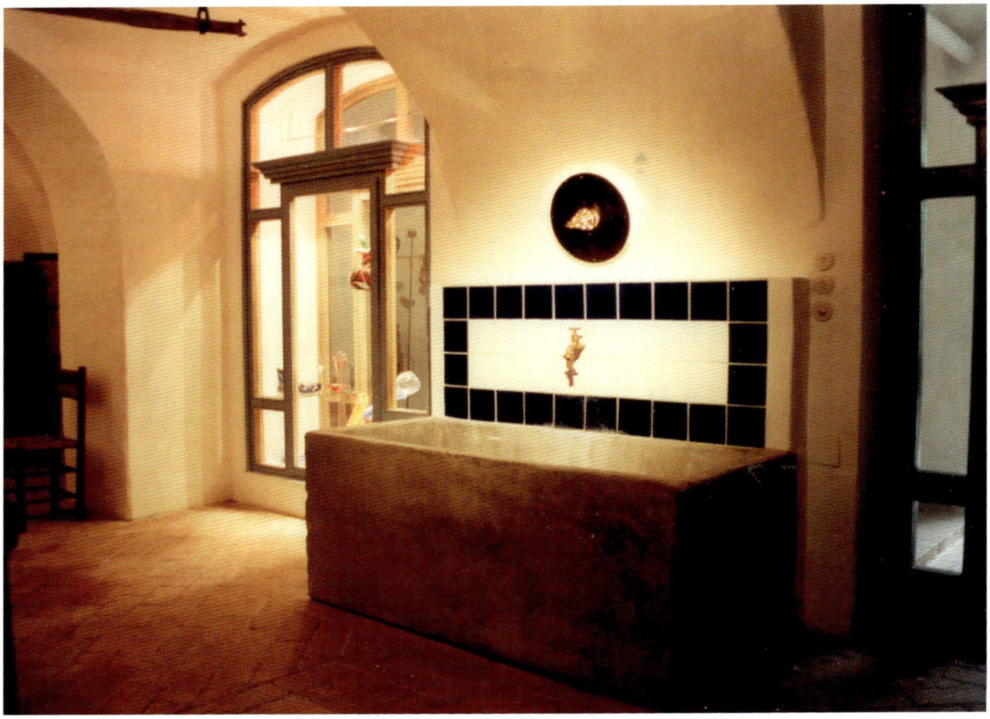

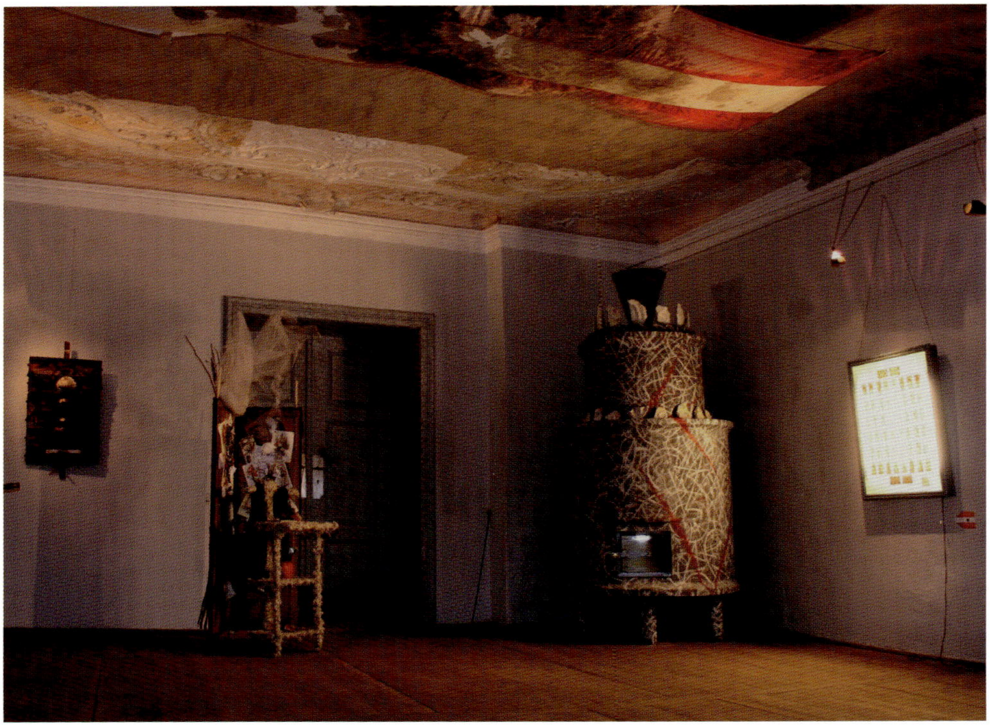

131

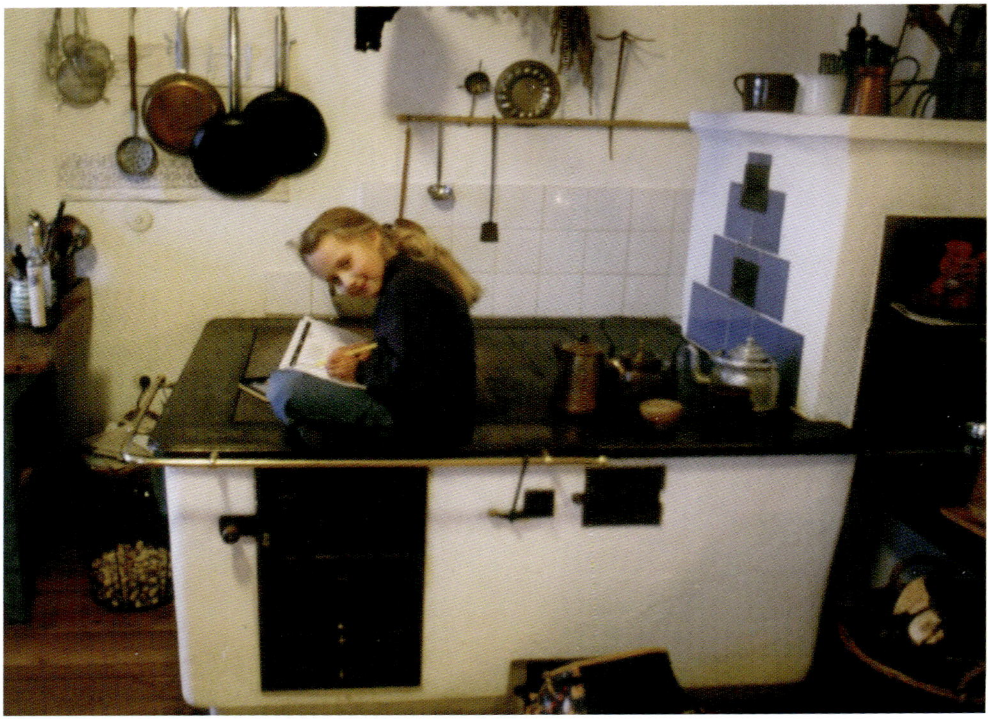

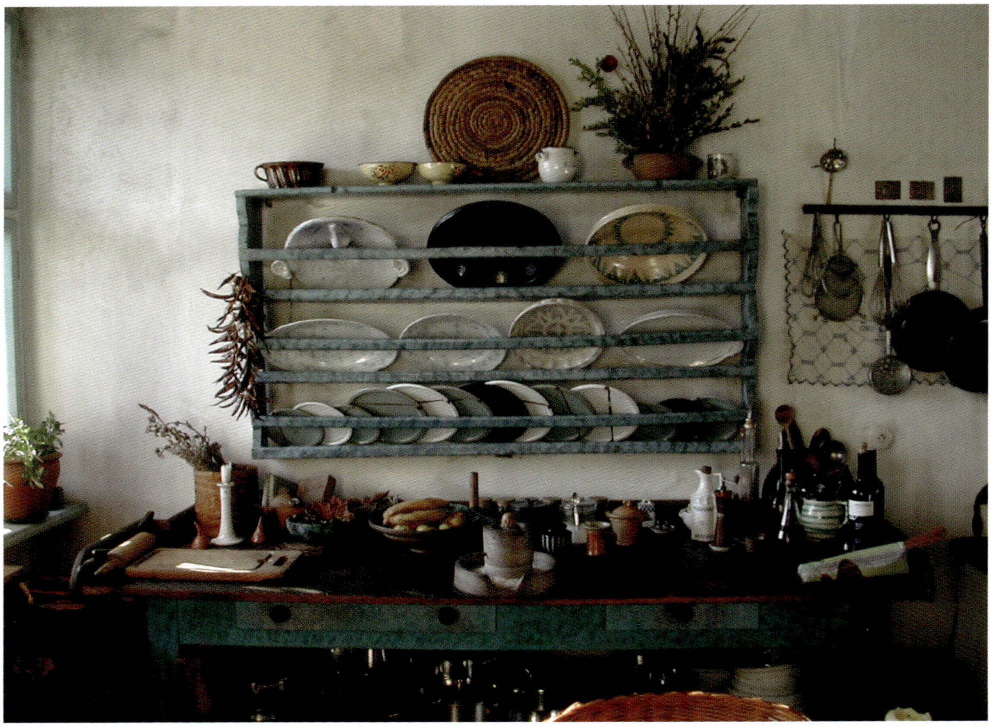

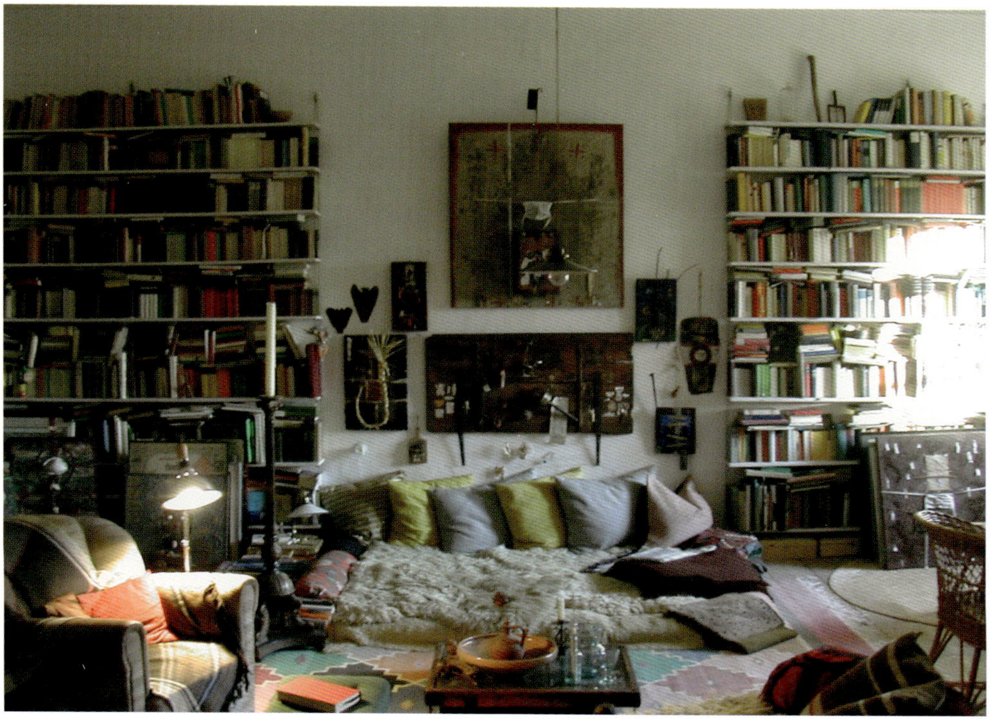

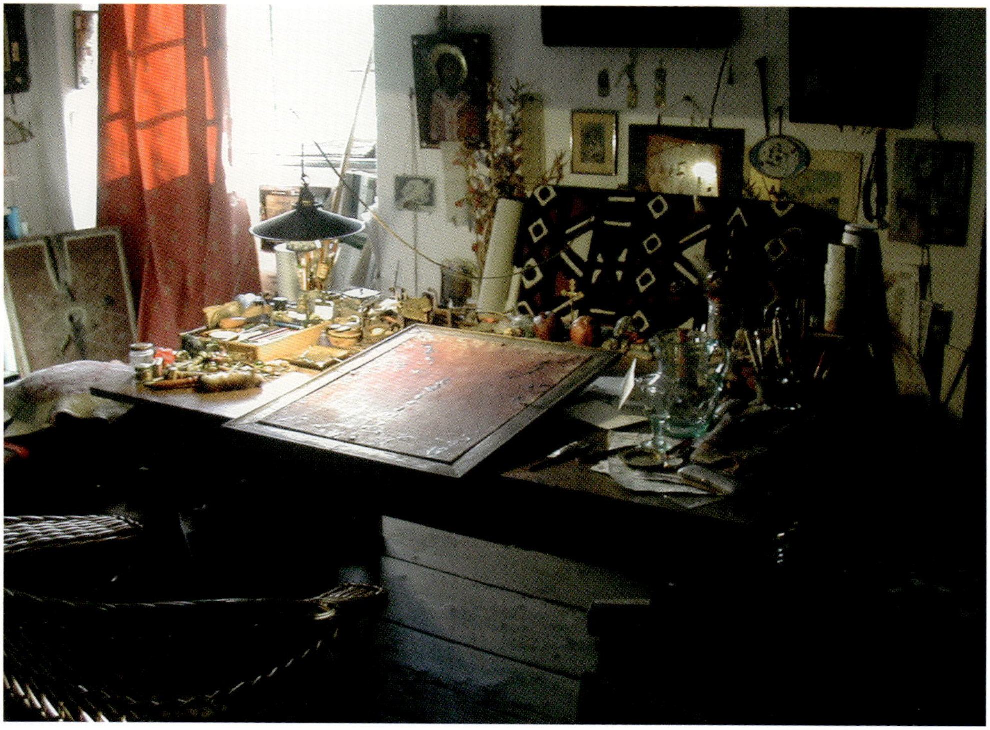

134

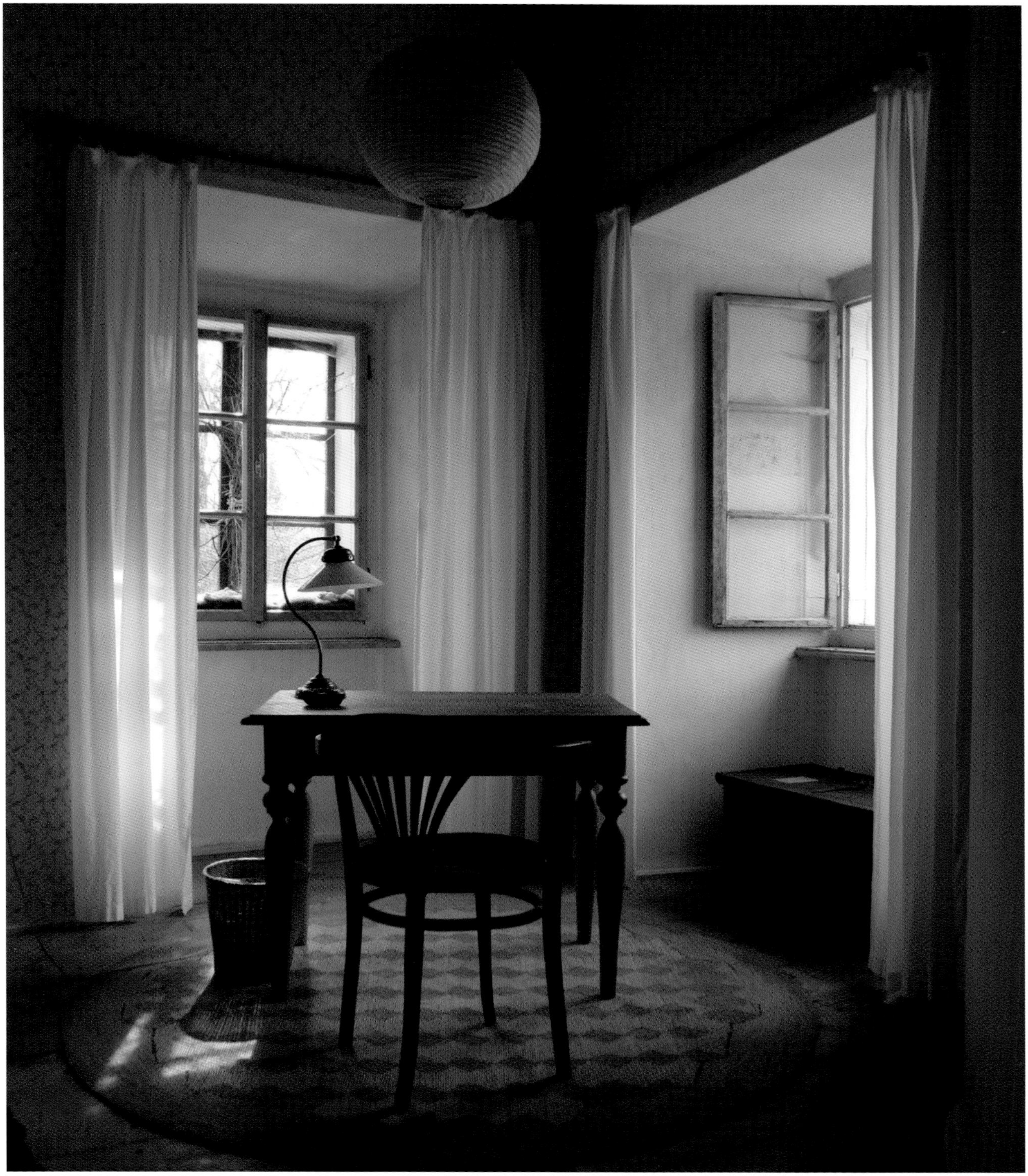

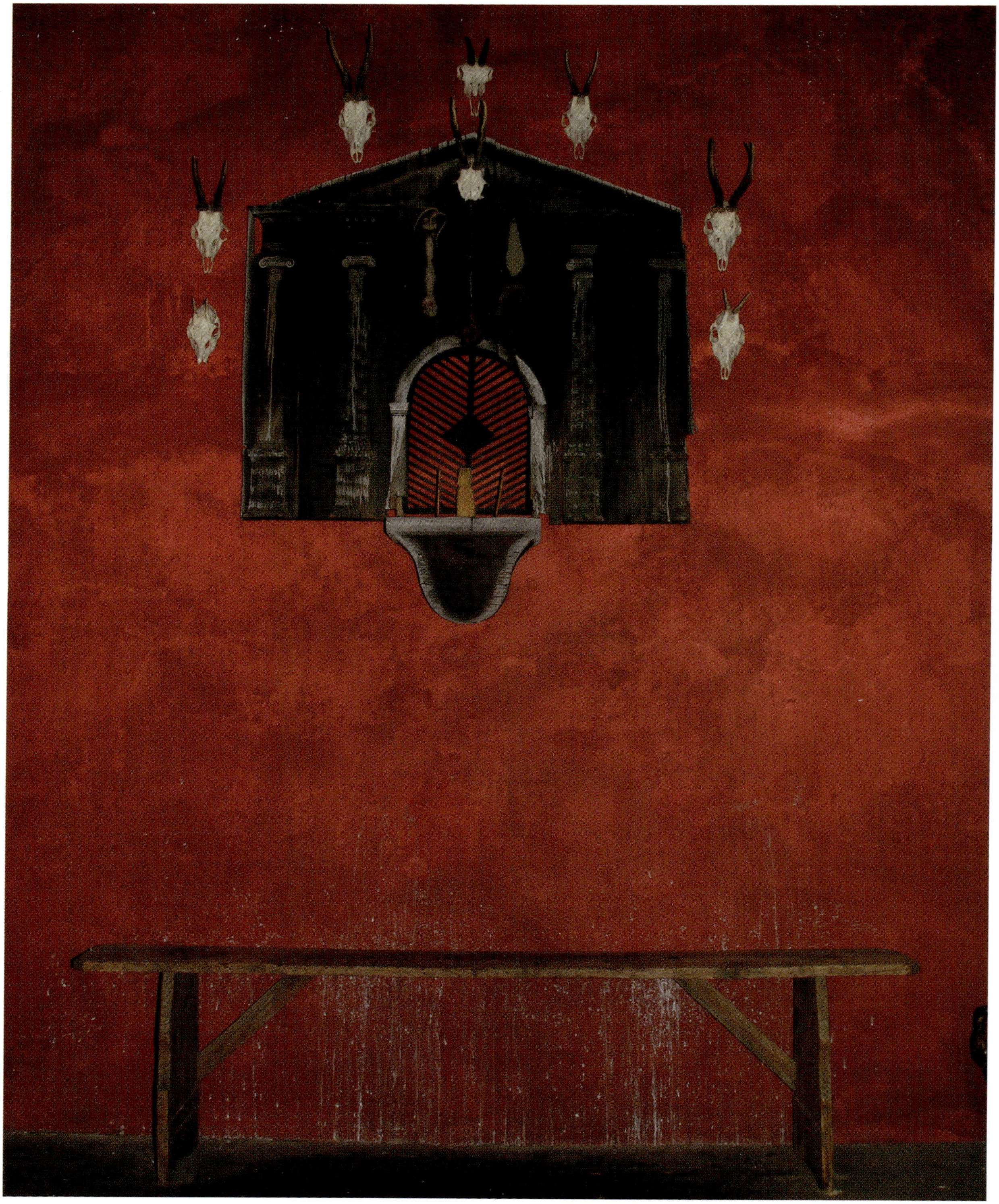

137

DAS ANDERE HEIMAT-
MUSEUM/KZ-GEDENKSTÄTTE
installationen

139

GEMEINSAM
EINGEBROCKT.
EINSAM
AUSGELÖFFELT

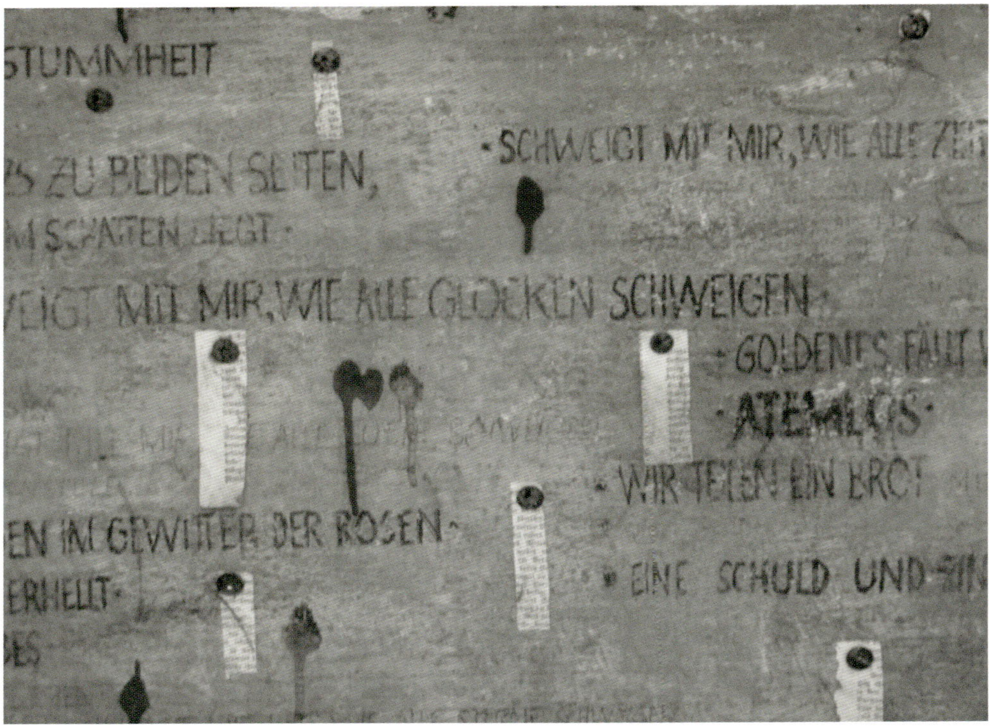
STUMMHEIT
SCHWEIGT MIT MIR, WIE ALLE
ZU BEIDEN SEITEN,
IM SCHATTEN LIEGT
WIE ALLE GLOCKEN SCHWEIGEN
GOLDENES FÄLLT
ATEMLOS
WIR TEILEN EIN BROT
IM GEWITTER DER ROSEN
EINE SCHULD UND

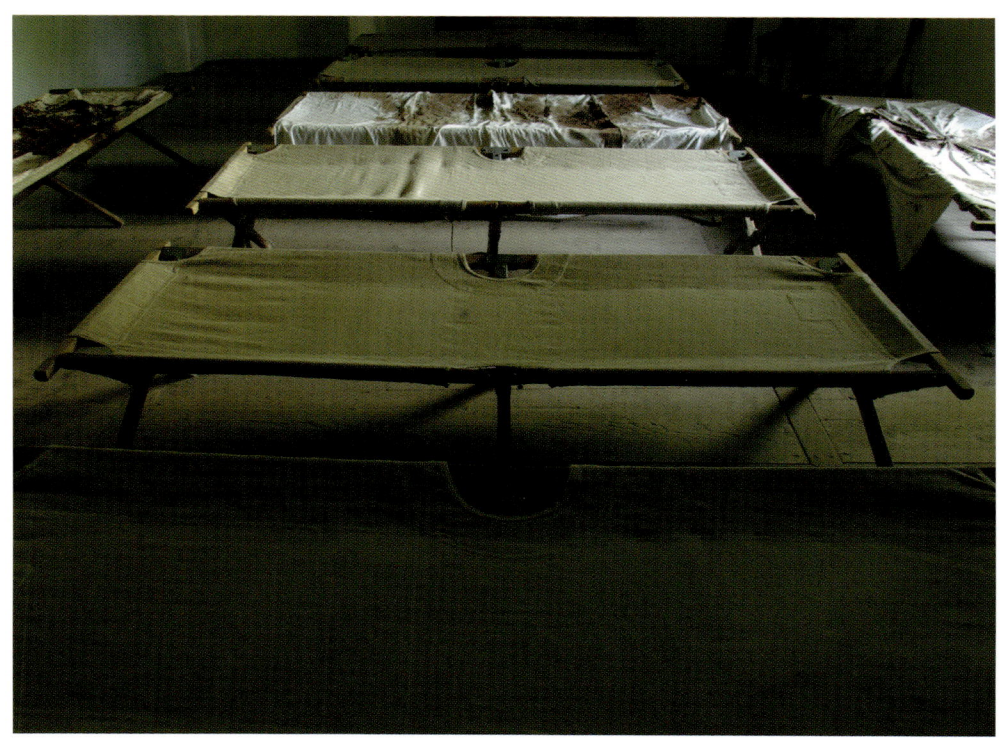

4) In den Knochen in den Deinen verscharren die vergewaltigten Leiber der Deinen den traurigen Blick vergangene Gewesene als wiederkehrendes Bildnis der Gewalt des Vergessens.

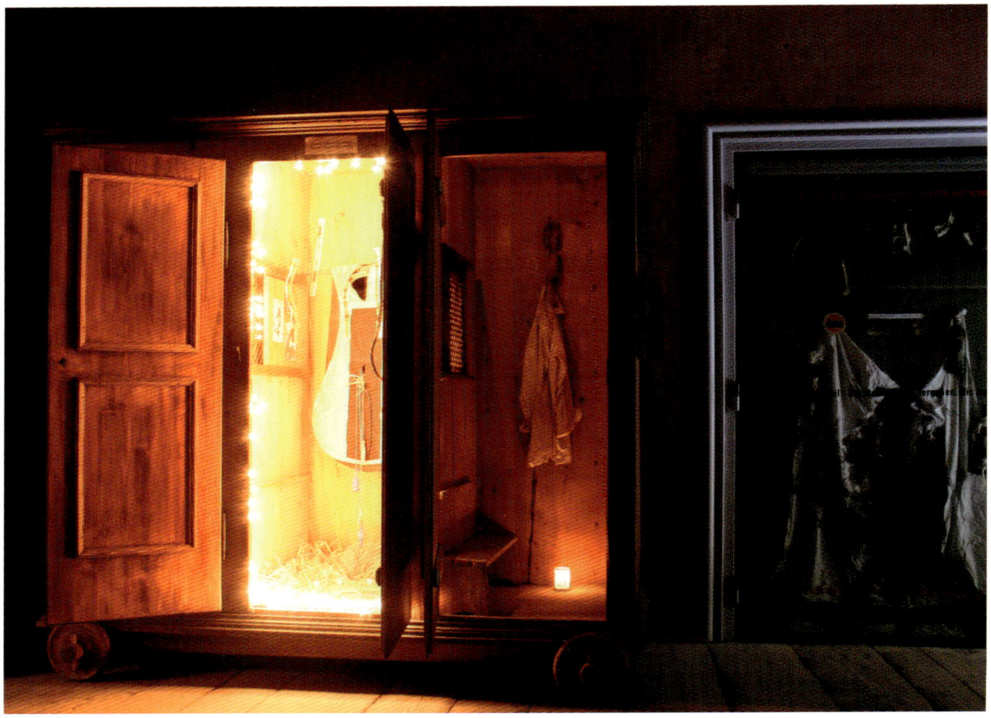

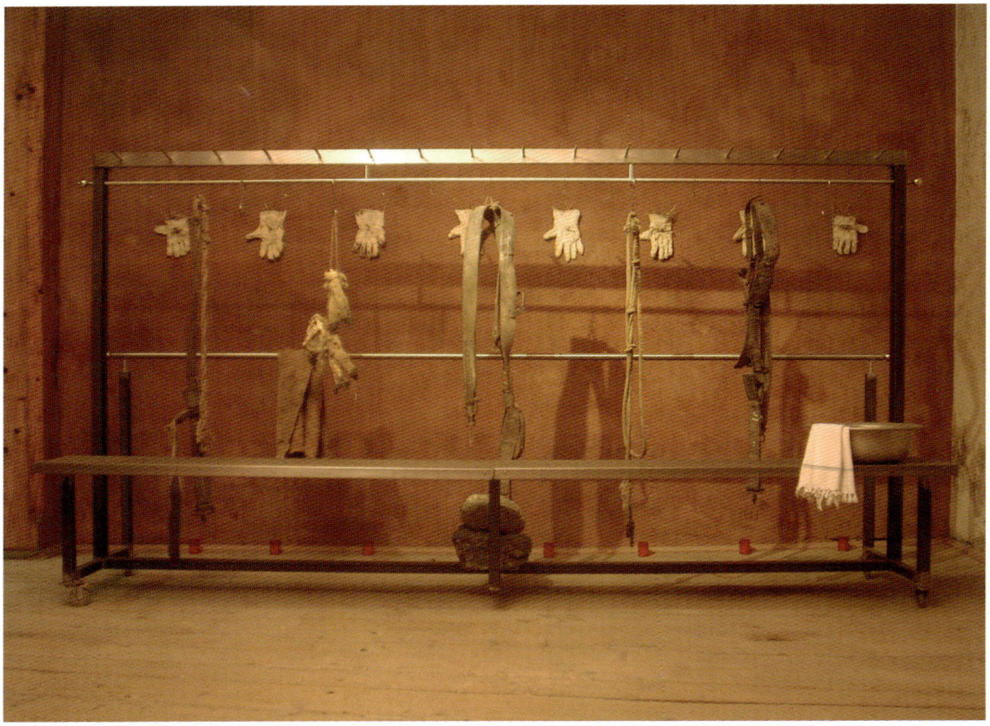

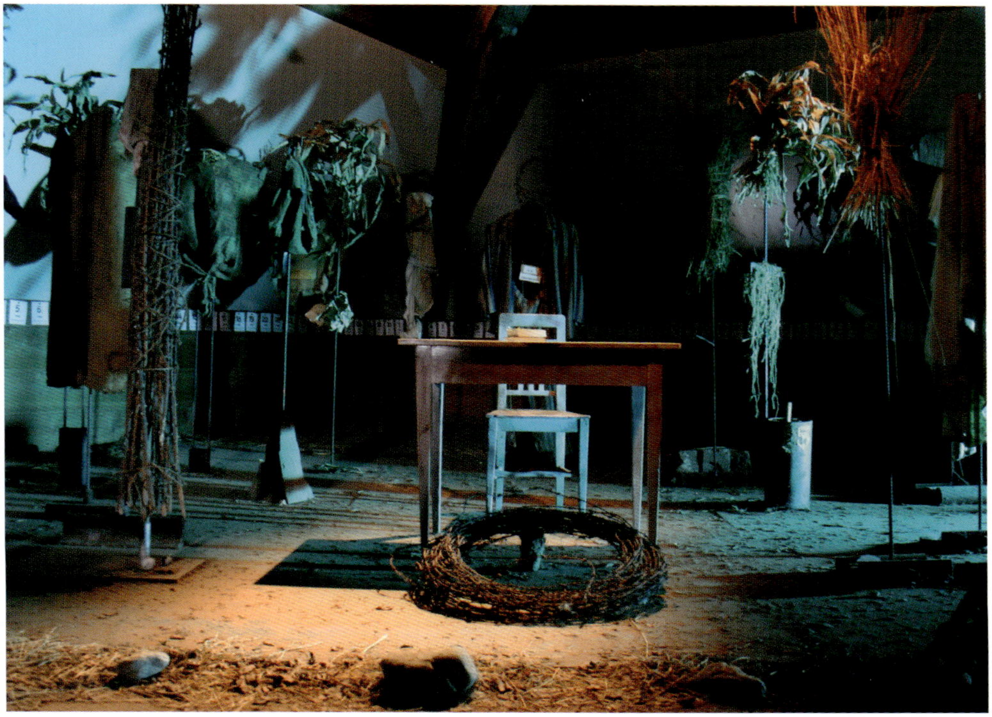

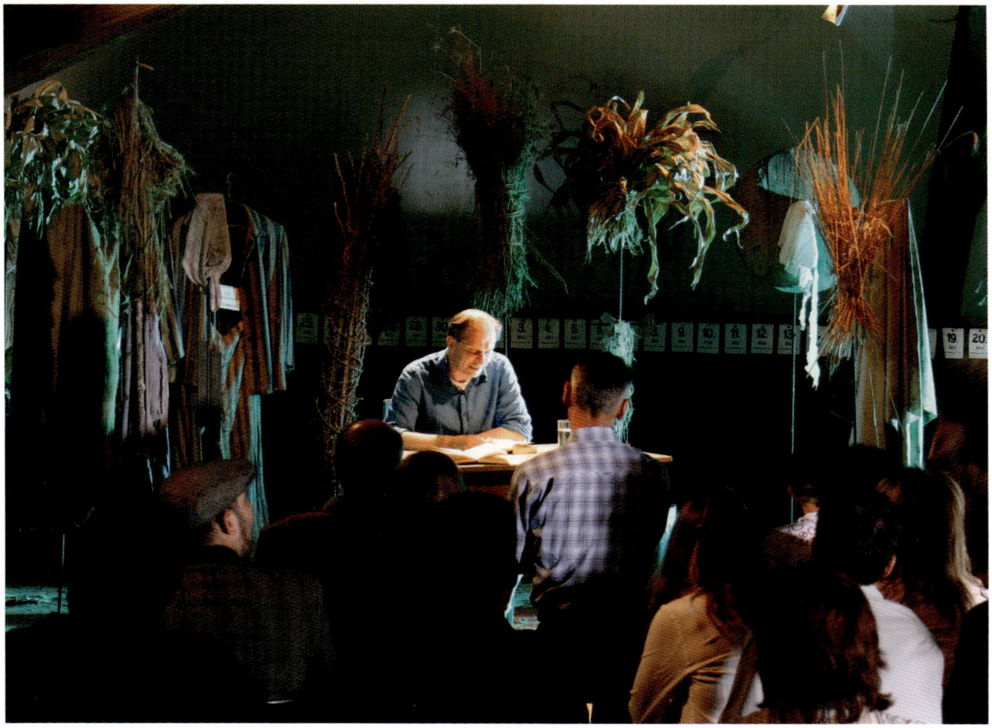

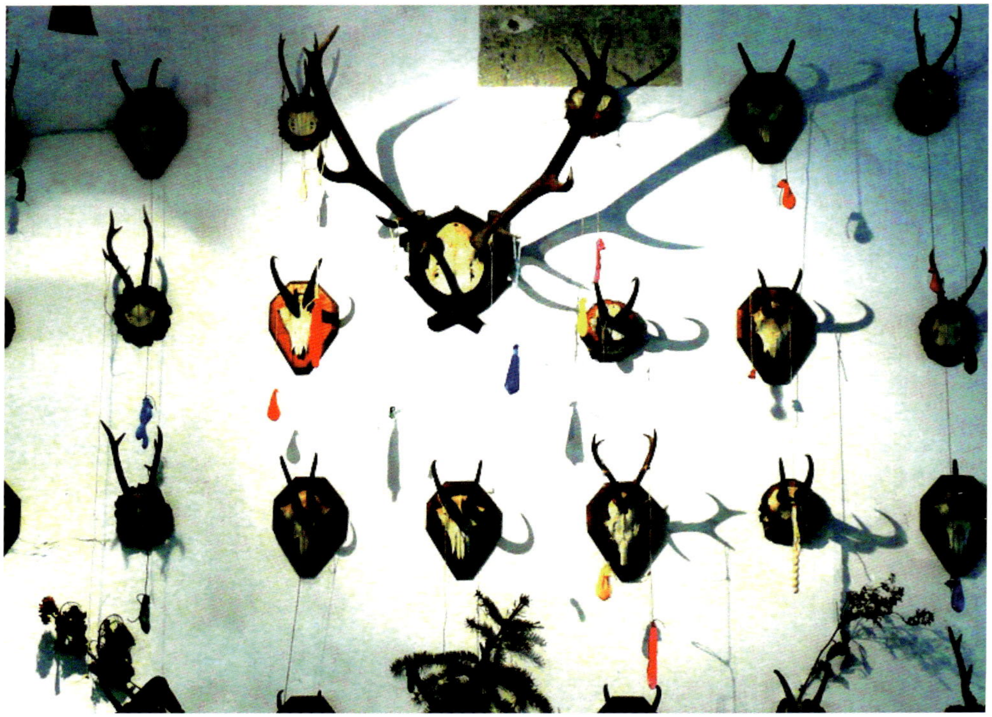

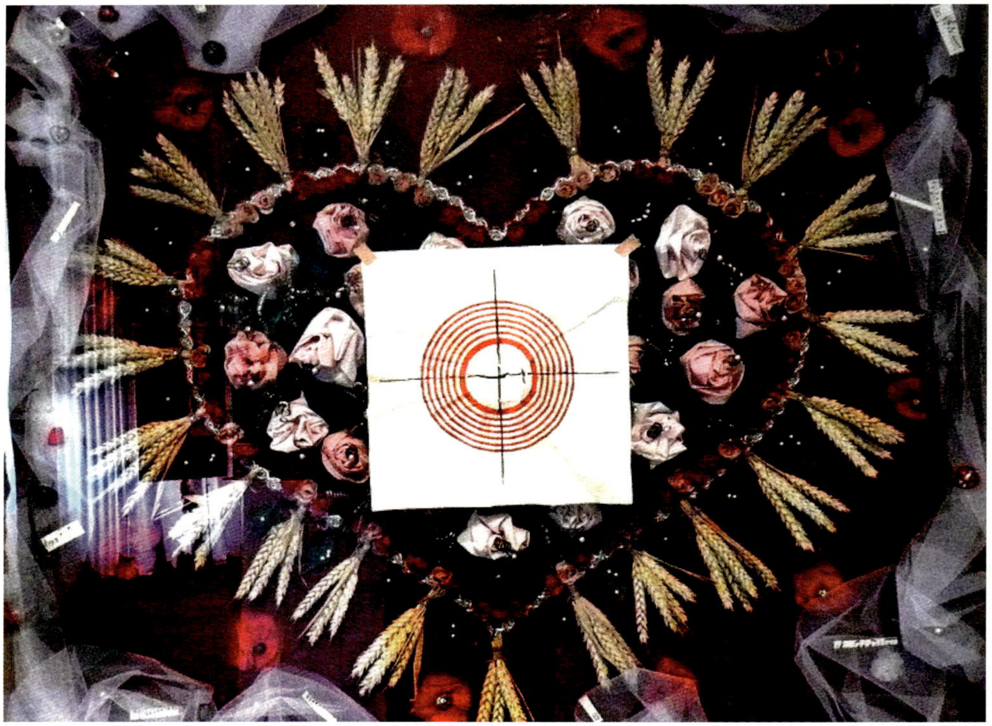

145

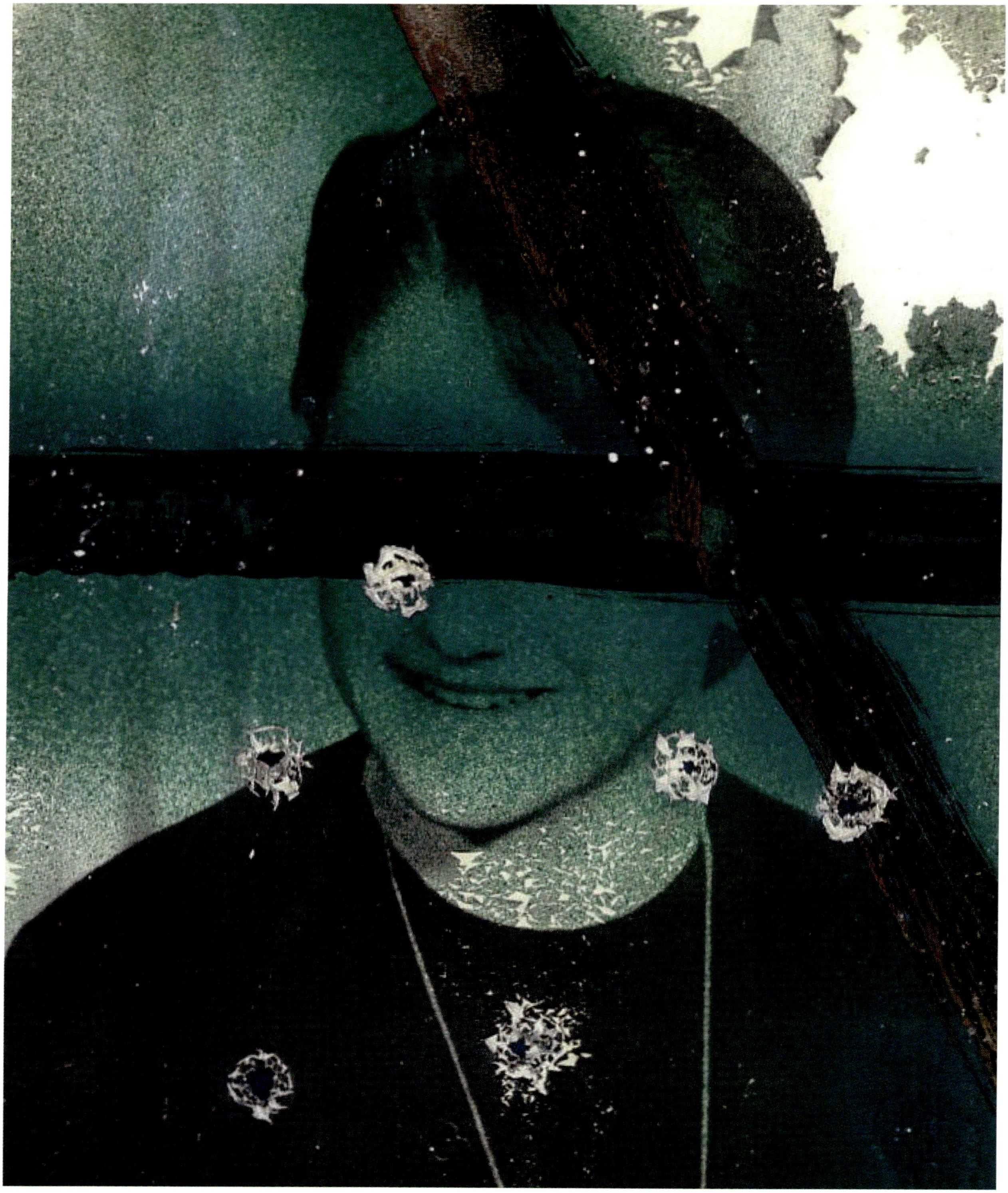

ERINNERTE WUNDEN Beim Wiederaufbau der Erinnerung

www.mei-heim.at

SCHLOSS LIND • DAS ANDERE HEIMATMUSEUM
JAHRESPROGRAMM 2002

DER REAL EXISTIERENDE NATURPARK

PRO:VINZ • Heimat bis ins Detail

ANMERKUNGEN

archiv schloss lind:
(unveröffentlichte manuskripte)

flickwerk (fw)
das seufzerbuch (sb)
tagebuch (tb)

publikationen von ARAMIS:

1. wallfahrten zu den exotischen gefilden   katalog 1994
2. AEIOU   katalog 1996
3. heu & stroh   katalog 1997
4. alpenländische identitäten   katalog 2000
5. wieviel bildung braucht demokratie   symposionsbericht 2001
6. das A.H. – ein inventarisierungsversuch   katalog 2003
7. linder totentanz   katalog 2008
8. locus amoenus   katalog 2009
9. inventarisierungsversuch II   katalog 2010
10. lektionen   DVD-film 2004
11. das sternbild der hausfrau   ORF-CD 2004
12. der dritte krieg   DVD-film 2006

literaturnachweis:

julian bierwirth, streifzüge 53, 2011; s 12 ff
stefan meretz, streifzüge 53, 2011; s 20
farkas, wallfahrten zu den exotischen gefilden, st. marein 1994; s 6
staudinger, andreas: pirsch. materialien für ein topisches theater, kaiserverlag 2008; s 95
roger fornoff: die sehnsucht nach dem gesamtkunstwerk: studien zu einer ästhetischen konzeption der moderne, olms verlag 2004; s 13
walter benjamin: das passagen-werk, erster band, suhrkamp-verlag 1982; s 272 ff
jocks, heinz-norbert: leben auf dem friedhof der dinge; in: kulturforum bd. 209; s 39
anita farkas: kollektives gedächtnis und erinnerungsbedarf in der steiermark, klagenfurt 2001
bernhard kathan: erinnerung und erinnerungsarbeit, innsbruck 2011; s 72 ff
erich hackl, die presse („spectrum"), wien 2000

bildmaterial:

das bildmaterial stammt ausschließlich aus dem „archiv schloss lind": ein großteil der bilder ist jedoch nicht präzis zuzuordnen und dürfte von ARAMIS stammen. folgende photographen ließen sich anhand von recherchen eruieren:
florian lierzer (s 121), gerhard maurer (s 66, 134, 135), gerhard petrlic (s 77, 85, 119, 120, 121, 123, 131, 136), barbara kramer (s 118, 124, 125), maria matheisch (s 141), wolfgang stadler (s 75, 117, 142), wolfram orthacker (s 57, 110, 114, 116), photos aus dem film „DER KINOLEINWANDGEHER" (josef winkler), focus-film (s 118, 126, 143)